AF377969

TROIS ANS
POUR
CHANGER SA VIE

CHRISTELLE MUSTEL

Table

AVANT-PROPOS

Nous rêvons tous d'un monde meilleur, nous essayons parfois de transformer les autres. Pour ma part, inspirée par le précepte de Mahatma Gandhi, « soyez le changement que vous voulez voir dans le monde », j'ai décidé de commencer par moi-même.

« Trois ans pour changer sa vie » est écrit avec le coeur. C'est le récit de mon expérience : ce que j'ai vécu, ressenti, perçu, compris, les grandes étapes de mon parcours, qui est loin d'être terminé puisque nous évoluons constamment.

Pourquoi livrer au public un cheminement si personnel ?

J'espère répondre simplement à certaines des questions que vous vous posez peut-être. Si vous êtes en pleine remise en question, que vous avez envie d'une nouvelle vie, besoin d'être plus en phase avec vous-même, j'aimerais vous donner le courage nécessaire – courage qu'à un moment donné, j'avais vraiment perdu – vous montrer que tout est possible, que vous n'êtes pas seuls dans votre quête.

Je partage également les techniques que j'ai découvertes pour atteindre la sérénité, car il n'est pas toujours facile de savoir par où commencer lorsque l'on veut entreprendre un travail sur soi-même.

Même sans tout transformer radicalement, nous

pouvons améliorer certains aspects de notre vie pour trouver la paix intérieure, mener l'existence que nous avons désirée, apprécier les escales sur notre route, reconnaître les instants de bonheur et la chance que nous avons. Il n'est jamais trop tard.

Je souhaite que ce témoignage transmette l'énergie du changement, qu'il vous donne l'impulsion dont vous aurez besoin dans les moments d'incertitude.

Parce que j'ai changé ma vie grâce à l'aide de nombreuses personnes que je remercie, je tenais à ce que mon projet se réalise dans le même esprit d'échange, c'est pourquoi il a été financé par le crowdfunding, via Mymajorcompany. Vous avez été nombreux à participer, à offrir généreusement votre soutien ; nous accomplissons de bien meilleures choses en réseau, dans le partage.

Ce que j'ai réussi, beaucoup d'entre nous le peuvent aussi, mon histoire n'a rien d'extraordinaire.

Nous avons tous nos doutes au fond de nous jusqu'à ce qu'une petite voix intérieure vienne à notre secours. Parfois cette voix se manifeste dans la réalité, comme un clin d'oeil du destin, à travers une rencontre, une découverte…

Voici comment tout a changé pour moi…

Et si tout changeait aussi pour vous ?

PREMIÈRE PARTIE

Ce matin-là...

Ce matin-là, je ne savais pas, en me levant, que me casser le petit doigt allait changer ma vie...

Je me retrouve dans cette chambre d'hôpital, à passer en revue ma chute de cheval, j'essaie de comprendre. Ce fut si soudain, si brutal. Je me demande ce qui a pu se passer, comment et pourquoi. Je me souviens de moi sur le cheval, puis l'accident et, sans avoir rien compris, je me suis retrouvée au sol. J'ai regardé autour, les autres étaient toujours en selle. J'avais la nausée, la tête qui tournait et une peur m'envahissait. J'étais allongée, il faisait si froid, je grelottais. Camille, la monitrice, est venue vers moi.

— Que s'est-il passé ? demandai-je, en état de choc.

— Le cheval t'a éjectée en levant le postérieur, me répondit-elle.

Voyant que j'étais en colère contre moi, que je rageais d'être tombée, Camille m'a dit :

— Tu n'aurais rien pu faire, essaie de te calmer, ce n'est pas ta faute.

En attendant les secours, elle m'a enlevé mon gant. Je ne sentais rien, je ne sentais plus mes mains à cause du froid. J'ai crié, choquée, en découvrant mon petit doigt tordu, en équerre. J'avais aussi mal aux cervicales et au pied. Lorsque les pompiers m'ont emmenée, j'ai commencé à me réchauffer sur le trajet vers l'hôpital, et là, j'ai ressenti la douleur. Gauchère, j'ai paniqué en voyant l'état de ma main gauche. Les pompiers tentaient de me distraire, de me faire sourire. Lionel, un cavalier, m'avait accompagnée aux urgences. Il me soutenait en attendant le médecin, entre deux radios, au milieu de tous ces brancards. J'ai enfin vu ce docteur qui a manipulé mon doigt pour le redresser, la douleur a été si vive qu'elle m'a porté au coeur. J'ai ensuite été conduite dans une chambre. Lionel est reparti.

Cette nuit est l'une des plus longues de ma vie. Elle me paraît interminable. Les questions, les images se bousculent dans ma tête alors que les douleurs s'amplifient. Les médecins m'ont mis une attelle à la main et une minerve au cou car mes cervicales sont un peu touchées. Je me dis malgré tout que j'ai eu de la chance, vu la taille du cheval, que ce ne soit pas plus grave, car j'ai chuté violemment. J'ai vraiment eu très peur.

J'ai beaucoup de mal à trouver le sommeil. Les infirmières passent régulièrement me voir, me dorloter, gentilles et souriantes. Je pense : « J'aimerais être comme elles, aider les autres, prendre soin des gens », je les trouve remarquables, patientes.

Leur compagnie me réconforte car je suis triste, toute seule dans cette chambre. En entendant d'autres patients gémir, je me dis : « Je voudrais avoir un truc, être capable de calmer les douleurs. » Je ne supporte pas de les entendre, c'est comme si je ressentais leurs blessures. Cette expérience est très étrange.

Je me culpabilise d'être allée au centre équestre aujourd'hui, car je n'étais pas en forme et il faisait très froid. Mais mon envie d'être avec les chevaux a été la plus forte. J'avais besoin de ce moment. J'ai donc traversé la forêt en pleine nuit, avec mon scooter, coûte que coûte !

Je les aime tellement que pour moi, ce n'était pas un effort. Petite, je m'étais fabriqué un cheval de bois. J'avais pris une bouteille en plastique que j'avais recouverte d'une chaussette pour faire la tête, mis des boutons pour les yeux, de la laine pour la crinière et la queue, et un manche à balai en guise de corps. Je l'avais baptisé « Petit Lewik ». Il m'a accompagnée pendant des années. Aujourd'hui encore, dès que j'entends le mot « cheval », que j'en vois un, j'ai des étoiles plein les yeux, mon coeur se met à battre très fort, je me sens remplie d'amour, je vibre.

Les heures sont longues, je me retourne dans mon lit. Je regarde ma montre, elle affiche deux heures du matin, je suis en train de cogiter : « Que vais-je faire de ma vie ? Comment la changer ? » Cela me préoccupait déjà avant ma chute, mais ce soir, les questions se bousculent dans ma tête, comme une avalanche qui dévale la montagne. Comme je grelotte de froid, je me suis couverte de mon manteau, les seuls vêtements que j'ai avec moi sont ceux de l'équitation. Je ne veux pas les retirer car ils sont imprégnés de l'odeur rassurante des chevaux.

Ma vie se met alors à défiler. Je repasse en accéléré le film de mon existence jusqu'à cette nuit...

Mon enfance

Je suis née en région parisienne, à Poissy, dernière-née d'une famille de trois enfants, j'ai six ans d'écart avec mon frère, Dominique, et sept ans avec ma soeur, Béatrice.

Enfant, je me posais déjà un tas de questions sur la vie, la mort, des questions existentielles. Je me demandais d'où l'on venait, pourquoi on mourait. Je voulais tout comprendre. Je pensais que l'on venait des étoiles, que l'on retournerait étoile. Lorsque je les voyais, je me demandais comment parvenir à les toucher. Je me demandais d'où je venais, comment les rejoindre. J'aimais les voir illuminer le ciel.

L'année de mes cinq ans m'a beaucoup marquée. Ce fut une année de souffrance sur divers plans. Un soir, en rentrant de l'école, j'ai cherché partout mon « Petit Lewik ». Lorsque j'ai demandé à mes parents s'ils savaient où il était, ils m'ont dit qu'ils l'avaient découpé, car il prenait trop de place. Mon « Petit Lewik », mon compagnon, était donc mort. C'était mon jouet préféré, je l'emportais partout avec ma petite mallette remplie d'accessoires pour jouer au docteur.

Je me souviens de cette année comme si c'était hier.

Mes parents nous ont annoncé que nous allions déménager en Normandie. Ils avaient fait construire une maison, dans un petit village du Perche, pour nous offrir une vie meilleure, proche de la nature, dans une maison au lieu d'un appartement. Je suis issue d'un milieu modeste, mes parents étaient tous les deux ouvriers avant leur retraite. Mais avec leurs moyens, ils nous ont donné tout ce qu'ils pouvaient.

Au moment du déménagement, je suis tombée malade et, pour des raisons pratiques, mes parents m'ont confiée à ma grand-mère. Je me suis vraiment sentie abandonnée, j'étais malheureuse, j'aurais voulu partir avec eux tout de suite, même si je ne voulais pas quitter mes copines. Un peu plus tard, lorsque j'ai découvert notre maison en Normandie, je n'en croyais pas mes yeux ! Il y avait un grand jardin, de la place pour que notre chienne et notre chat puissent gambader à leur guise, un grand salon, une belle chambre pour ma soeur et moi, mon frère avait une chambre rien que pour lui. Une nouvelle vie s'offrait à nous, bien plus belle que celle de banlieue parisienne.

L'été suivant, je suis partie en vacances chez ma grand-mère avec mon frère et ma soeur. Un matin, un accident stupide est arrivé. Alors que ma mamie servait le petit déjeuner, mon café au lait s'est renversé sur moi. J'ai hurlé de douleur, brûlée de la poitrine jusqu'aux cuisses. On m'a conduite à l'hôpital où je suis restée presque trois semaines. Pour une petite fille de mon âge, c'était très long. Mes douleurs étaient insupportables, surtout pendant les changements de pansement. Je criais en suppliant que l'on m'aide à ne plus avoir mal. Je m'en souviens comme si c'était hier. À cinq ans, me retrouver dans une chambre d'hôpital sans personne pour me tenir la main était une dure épreuve.

Mes parents ont pu venir de Normandie, mais beaucoup plus tard, car des soucis les retenaient. Je harcelais ma grand-mère pour savoir où ils étaient, quand ma mère viendrait.

J'avais besoin d'eux. Je questionnais les infirmières tous les jours :

— Je vais sortir quand, je vais sortir quand ?

— Peut-être dans deux jours, me répondaient-elles à chaque fois.

Les jours passaient, le temps me paraissait une éternité. Je partageais ma chambre avec une autre petite fille avec qui je m'amusais. Malheureusement pour moi, elle a quitté l'hôpital quelques jours après mon arrivée. Pour surmonter mes peurs, lorsque je me suis retrouvée seule, je me suis réfugiée dans une bulle imaginaire pour me protéger et je me suis créé un ami. Je mettais ma robe de chambre autour du traversin, je lui parlais et le promenais partout. La nuit, j'avais parfois l'impression de sentir une présence dans ma chambre. À partir de là, j'ai commencé à avoir peur de dormir seule. Cela a duré jusqu'à l'adolescence. Quand maman est venue me voir, j'étais aux anges.

J'ai enfin pu sortir, une semaine après son arrivée, quel bonheur et quelle libération de quitter cet hôpital !

C'était l'été, et de retour à la maison, j'ai eu envie d'aller à la piscine m'amuser pour rattraper le temps perdu. Je n'avais pas imaginé que les autres enfants se moqueraient cruellement de moi à cause de mes bandages. Je me suis vraiment sentie rejetée, pas normale. J'ai souffert de ma différence, mon corps était marqué par les brûlures, et je ressemblais à une momie. Blessée par ces moqueries, je n'ai plus voulu remettre les pieds à la piscine. Nous n'imaginons pas à quel point le vécu d'un enfant se répercute ensuite sur sa vie d'adulte.

Un peu plus tard, ce sentiment d'abandon que j'avais éprouvé à l'hôpital, à la perte de mon cheval de bois, pendant le déménagement, s'est renouvelé. À l'âge de huit ans, je suis partie en vacances à Hyères chez mon parrain et ma marraine, et aussi chez ma tante Monique, un rayon de soleil, une voix avec l'accent du Sud, toujours de bonne humeur, une vraie battante. Chez elle, c'était le refuge pendant l'été.

Un jour, le téléphone a sonné, ma mère voulait me parler. Elle m'a annoncé que mon père était parti de la maison car ils ne s'entendaient plus. J'ai laissé tomber le combiné, tout s'écroulait autour de moi. Je pense que ce fut la fin de mon enfance… Au retour à la maison, ma mère était effondrée. Heureusement, quelques mois après, mes parents se sont réconciliés.

À cause de ces événements, j'ai perdu beaucoup de repères. Je me suis renfermée sur moi-même, ayant trop vite compris les problèmes et le monde des adultes.

Il ne me semble pas avoir vécu l'enfance normale d'une petite fille. C'est un âge où je pensais que je n'aurais jamais le temps de vivre tout ce que j'avais à vivre dans ma vie. J'avais la sensation que j'allais mourir jeune. C'est sûrement à cause de cela que dans ma vie d'adulte j'ai eu l'impression de perdre du temps sur tout. Le temps était devenu mon ennemi.

J'ai très peu connu mes grands-parents paternels, cette chaleur m'a sûrement manqué, la transmission, les histoires racontées par une voix rassurante et rieuse. Je me souviens vaguement de mon grand-père maternel, mort durant ma quatrième année. Il ne me reste que ma grand-mère maternelle.

Quelques années ont passé, ma soeur est partie de la maison pour se marier. Peu après, mes parents ont rencontré des difficultés financières et ont dû revendre notre maison. On y était très bien, j'aimais y vivre, passer du temps dans le jardin.

Nous avons donc déménagé dans un appartement que je n'aimais pas. J'avais l'impression que nous devenions moins riches. Même si j'avais ce qu'il me fallait, de l'amour, je ne pouvais m'empêcher de me comparer aux autres, de voir tout ce qu'ils possédaient et que nous n'avions pas, comme une belle maison, une belle voiture, de beaux vêtements. J'avais envie de toutes ces choses que je ne pouvais pas avoir. Ainsi, à l'école, je me sentais facilement à l'écart, inférieure aux autres et une partie de moi en voulait à mes parents.

J'ai commencé à grandir dans la peur de ce que les

autres pensaient de moi, j'imaginais qu'on ne m'aimait pas. J'ai compris des années plus tard que j'avais créé moi-même l'éloignement et la souffrance dans lesquels je vivais. Mais j'avais sûrement besoin de faire ce chemin pour mieux comprendre ces expériences. Si j'enviais mes camarades, j'avais de la chance sur d'autres plans. Mon père n'hésitait pas à m'accompagner à des boums chez des copines le mercredi quand je le lui demandais. Ma mère avait arrêté de travailler pour moi, alors que mon frère et ma sœur n'avaient pas eu cette chance.

L'année de mes quatorze ans, nous avons de nouveau changé d'habitation, pour une petite maison HLM. C'était déjà mieux que l'appartement, il y avait un jardin. Mais je subissais les moqueries des autres qui me disaient que j'étais pauvre, j'en ai souffert en silence. Il est arrivé que durant un hiver, nous ayons dû dormir, mon frère, mes parents et moi dans la même pièce car ils ne pouvaient pas payer le chauffage. Nous dormions dans le salon où nous allumions un feu de cheminée et faisions bouillir de l'eau pour nous laver. Je me souviens de cet hiver durant lequel j'avais froid avant de partir à l'école et quand je rentrais. Je me sentais honteuse, et j'avais peur que les autres le remarquent. Ma grand-mère m'offrait des cadeaux et des vêtements, quand j'allais la voir durant les vacances. Cela m'aidait à me sentir mieux. Au fil des années, j'ai su que ce dont j'avais le plus besoin de sa part, c'était de chaleur, d'affection et non de cadeaux, car elle a toujours eu un peu de mal à m'exprimer sa tendresse.

Adolescente, et même au début de ma vie d'adulte, je ne voulais pas de cette vie. Je n'avais pas envie d'être sur terre, je pensais que je me sentirais mieux dans le ciel avec les étoiles, à veiller sur les gens. J'ai deviné qu'avec la terre, j'avais une histoire d'amour à construire. L'un des grands challenges de ma vie. On m'a souvent dit que je n'avais pas les pieds sur terre. C'est en partie vrai, mais pas comme on l'entend. Je me suis souvent demandé si notre vie était bien réelle, si elle n'était pas un rêve, dont j'allais me réveiller.

A l'âge de quinze ans j'ai rencontré mon amour de jeunesse. J'étais au collège, il avait quatre ans de plus que moi. Je vivais à la campagne, lui était parisien, et ses parents avaient leur résidence secondaire dans la région.

L'année suivante, mes parents se sont de nouveau séparés. Depuis ce moment, j'ai été au milieu de leurs disputes et règlements de comptes. Ils se plaignaient auprès de moi à tour de rôle, l'un me reprochant de prendre le parti de l'autre. J'essayais d'être neutre, mais ce n'était pas facile. Mon adolescence ressemblait à un champ de bataille. J'ai parfois souhaité qu'ils divorcent, je voulais que tout redevienne calme. Peu à peu les choses se sont tassées et mon père est de nouveau revenu vivre à la maison.

Dans le même temps, je vivais ma première histoire d'amour, avec des hauts et des bas, marquée par des ruptures et des retrouvailles. Lorsque j'ai eu dix-neuf ans, M. m'a quittée pour une autre fille, cela m'a brisé le coeur. Cela faisait quatre ans que nous étions ensemble. Lorsque j'ai découvert que sa nouvelle amie avait plus d'assurance que moi, que sa famille était riche, je me suis sentie inférieure, en colère. J'étais venue à Paris pour mes études et pour me rapprocher de lui, je n'ai pas eu le temps d'en profiter. J'ai toujours pensé que pour ses parents, je n'étais pas assez bien pour leur fils. J'en ai longtemps voulu aux miens sans qu'ils le sachent, à cause de notre manque d'argent. Ce fut une vraie déchirure, je l'aimais tellement que j'ai pensé ne pas m'en remettre, j'ai eu envie de mourir, je me suis détestée. Qu'avais-je fait pour mériter cela ? À partir de ce moment, j'ai mis en place des barrières. Mon coeur s'est durci, les portes se sont fermées.

Pendant mon enfance et mon adolescence, j'étais à l'écart des autres et je ne me sentais pas dans la norme. Néanmoins, j'ai le sentiment profond que je ne serais pas celle que je suis sans les blessures et rejets que j'ai subis. Je réalise que j'ai eu très tôt l'avantage d'observer, d'analyser.

De plus, mes parents m'ont transmis des valeurs dont je mesure aujourd'hui la richesse. Petite, mon père essayait de me faire prendre conscience de l'importance de bien respecter la terre, en triant les déchets par exemple, mais je ne le comprenais pas, tout comme lorsque ma maman ne voulait pas que j'écrase les araignées, considérant que c'étaient les créatures de Dieu, des âmes, des êtres vivants. Mon père mettait régulièrement des graines pour les oiseaux dehors, s'occupait bien des fleurs, maman elle, était passionnée de plantes, et l'est toujours.

Ils m'ont rapprochée de la nature et des animaux. Ils m'ont rapprochée de mon élément, de la terre que je devais aimer dans cette vie.

La route a été longue pour le comprendre et elle le sera encore pour percevoir ce que j'ignore. Je sais au fond que mes épreuves ont été nécessaires et qu'elles m'ont rendue plus forte.

L'instabilité, qui suis-je ?

Mon rêve était de soigner et de travailler avec les animaux, mais je ne savais pas vers quel métier me diriger. Je ne me voyais pas poursuivre de longues études de médecine ou de vétérinaire, car je n'étais pas douée pour les matières scientifiques. J'ai donc choisi de préparer un brevet de technicien supérieur d'assistante de direction sur deux ans, pour entrer au plus tôt dans la vie active, gagner de l'argent et travailler dans des sociétés prestigieuses. Comme j'aime rendre service et parler anglais, cette formation me semblait adéquate. J'ai donc débarqué à Paris, où j'avais la chance d'avoir été acceptée dans plusieurs écoles. Avant de passer mon bac, à l'occasion d'un week-end, en voyant la tour TF1, je m'étais dit : « Un jour, j'aurai un bureau ici ! »

Pendant la formation, je vivais chez ma grand-mère à Poissy, j'avais une heure trente de transports le matin et le soir. J'ai dû fournir des efforts d'adaptation, j'avais obtenu un bac littéraire, alors que les autres élèves venaient de bacs professionnels, ce qui impliquait qu'il y avait des matières que je ne connaissais pas. Je découvrais donc les techniques du secrétariat, les outils informatiques. J'étais plus lente au début, mais j'ai rattrapé mon retard. Parfois, je restais pour travailler à l'école le soir, car je n'avais pas d'ordinateur à la maison. Certaines filles de la classe avaient des parents chefs d'entreprise, ou dans le milieu administratif. Au moment de chercher des stages, elles avaient plus de facilités que moi qui n'avais pas de réseau sur Paris. Je complexais encore une fois, mais avec la rage de réussir qui m'habitait, je m'en suis bien sortie. J'ai trouvé facilement des stages très intéressants, j'ai travaillé dur, et j'ai eu mes examens haut la main.

À l'issue de mes études, j'ai eu la chance de trouver rapidement mon premier emploi en tant qu'assistante de direction dans une grande banque française où j'avais travaillé pendant l'été. J'ai pu louer mon premier appartement et commencer à profiter de la vie parisienne, à sortir et à découvrir la capitale.

Je m'entendais très bien avec mon manager, qui était une référence pour moi, et j'ai beaucoup appris de cette collaboration. J'appréciais son originalité. Cela me faisait sourire qu'il arrive au bureau en scooter, c'était l'un des rares grands patrons de la banque à le faire. Il pratiquait des loisirs passionnants, comme le bateau, l'avion. J'aimais travailler avec lui. Un jour, au cours d'une conversation, il a senti que j'étais fascinée parce qu'il prenait des cours de pilotage. Il m'a aussitôt proposé de venir voir l'aérodrome de Saint-Cyr-l'École. J'y suis allée quelques jours plus tard. Une fois sur place, il m'a lancé : « Je vous présente l'instructeur, maintenant c'est à vous ! » Le temps de me retourner, il était parti. Panique à bord ! Il m'avait fait la surprise de m'offrir une heure de vol, je n'y croyais pas. J'ai sauté de joie, c'était génial ! L'instructeur m'a laissé piloter, j'ai fait mon baptême de l'air. Nous avons survolé le château de Versailles, c'était spectaculaire, je m'amusais à monter, descendre, je me sentais dans cet avion comme aux commandes de ma vie, je vibrais. Pour quelqu'un qui aime la vitesse, les sensations fortes, j'étais servie. Quelle expérience extraordinaire, quel beau cadeau, si inattendu !

Quelques semaines plus tard, au retour d'un voyage, j'ai demandé à l'hôtesse si je pouvais voir la cabine de pilotage lorsque je suis montée à bord. J'étais curieuse de voir comment c'était dans un avion plus imposant. Elle m'a répondu : « Je ne pense pas, mais je vais me renseigner. » Trente minutes environ avant d'arriver à Paris, l'hôtesse m'a demandé de la suivre. Elle a fermé le rideau derrière moi et, discrètement, m'a fait entrer dans la cabine de pilotage. Je n'y croyais pas, je n'y pensais même plus. J'ai posé tellement de questions au pilote que, devant ma curiosité, mon enthousiasme, il m'a dit : « Dans cinq minutes j'amorce la descente sur l'aéroport de Roissy, si vous voulez assister à l'atterrissage avec nous, c'est le moment, attachez votre ceinture ! » Mon coeur battait la chamade dans l'excitation. J'ai pu voir l'atterrissage sur Paris de nuit, je n'oublierai jamais ce moment, surtout à l'approche de la piste éclairée, c'était magique. Rien qu'en racontant cette histoire, j'en éprouve encore plein de frissons. Tout cela grâce à mon manager. Malgré mon entente avec lui, et comme je n'ai pas trop le goût des chiffres, je ne suis restée que trois ans dans cette société. De nature curieuse, j'ai eu envie de découvrir d'autres univers et je n'avais que vingt-quatre ans.

Comme je m'ennuyais vite, j'ai enchaîné les emplois, pendant dix ans, dans de grandes maisons parisiennes : Cartier, Christian Dior Couture, TF1 et Canal Plus. Je travaillais dans l'univers du luxe, dans des quartiers chics, de beaux bureaux avec de nombreux avantages. Je côtoyais des directeurs vraiment agréables. Chez Dior, j'ai travaillé avec un président très charismatique. J'ai beaucoup appris sur le plan personnel et professionnel. J'ai affirmé mon caractère, développé mon exigence, ma patience.

J'ai été chanceuse dans mon expérience professionnelle : voir les robes des collections passer dans les couloirs chez Dior, aller sur les tournages, les plateaux télé de TF1, participer à des salons à Cannes, à de grands séminaires. J'ai bénéficié de formations intéressantes en marketing, communication, finance. Mes patrons étaient généralement conciliants. Mon premier directeur m'a dit que j'avais du potentiel, mais que mon impatience pouvait me perdre. Je n'ai jamais oublié cette remarque bienveillante car il avait raison, je suis d'une nature impatiente que j'ai dû tempérer au fil des années. Un autre responsable m'a souvent dit que j'avais de l'intuition. Il avait remarqué que je posais certains dossiers sur son bureau avant qu'il me les demande, que je répondais à ses questions avant qu'il ne les pose. J'ai dans l'ensemble toujours eu des compliments sur ce que je faisais, sauf à mon avis lorsque je leur demandais de progresser dans ma carrière. Je pense qu'à ce moment-là, ils ne me portaient pas dans leur coeur, car je n'étais pas du genre à lâcher facilement l'affaire !

Je faisais mon travail du mieux que je pouvais. Parfois, j'aimais être assistante, car j'ai le sens du service, le plaisir d'être utile, et j'aime m'impliquer dans des projets. Mais je me sentais en prison dans un bureau.

Longtemps je me suis crue instable, les recruteurs me faisaient comprendre que je ne savais pas me poser, que je ne rentrais pas dans les normes. Je me sentais coupable et je doutais de moi.

Aujourd'hui, je crois que ces changements m'ont construite et m'ont remplie d'une expérience incroyablement riche. J'ai eu la chance d'évoluer dans de beaux univers. Ainsi, j'ai souvent changé pour éviter la routine. J'étais convaincue qu'un jour je trouverais ma voie, que celle-ci n'était pas la mienne. J'ai toujours eu envie d'être autonome, de travailler pour moi et de ne dépendre de personne.

J'ai toujours eu une grande volonté de réussir pour avoir une belle vie, pour que mes parents soient fiers, mais aussi pour les aider. J'avais envie de leur donner tout ce dont ils ont besoin, pour qu'ils ne manquent de rien. C'était aussi l'une de mes grandes motivations. Lorsque je changeais de travail, je les sentais inquiets. Je rêve de gagner assez d'argent pour leur offrir un jour la maison qu'ils n'ont plus. Souvent, je m'imagine leur apporter les clés de leur nouvelle demeure. Je la vois avec un grand jardin où les chiens pourraient gambader librement, mon père serait là à planter de jolies fleurs, ils seraient à l'abri du besoin et pourraient profiter librement de leur retraite, voyager.

Un jour, alors que je travaillais chez Canal Plus, mon manager m'a reçue pour confirmer ma période d'essai. J'ai regardé par la fenêtre, j'ai vu tous ces immeubles qui me cernaient et je me suis sentie prisonnière dans ce bureau. Sans comprendre pourquoi, j'ai eu du mal à respirer, j'avais envie de partir, de me libérer. Il était très gentil, je ne sais pas ce qui a pu se passer dans ma tête à cet instant-là, mais j'ai été poussée à lui répondre : « Désolée, je ne vais pas rester. » Il fut surpris, et je l'étais autant que lui. Je n'avais pas d'autre job en vue, mais dans mon for intérieur, je ne pouvais plus continuer. Ma réponse était venue spontanément. Il m'a laissé du temps pour réfléchir, mais je n'ai pas changé d'avis.

J'entends encore un collègue me dire au moment de mon départ : « Au fond, on rêve tous de faire comme toi, on ne le fait pas parce qu'on n'ose pas, tu nous donnes une claque. » Moi qui pensais être fofolle d'agir ainsi, j'avais fait des envieux ! Cela m'a confortée dans ma décision, tout comme ma dispute avec Aurélie, une amie que j'aimais beaucoup. Nous nous étions connues à TF1 et nous avions tout de suite sympathisé. Nous nous rejoignions souvent pour une pause-café où le fait de croiser le beau présentateur Nikos Aliagas nous donnait le sourire ! Nous faisions les quatre cents coups. Nous étions même parties aux Baléares sur un coup de tête ! Après notre querelle, aucune de nous n'a fait l'effort de tempérer. Peu de jours avant, j'avais également vécu une rupture amoureuse. Rien ne me retenait plus à Paris.

J'ai donc écouté mon coeur, mon âme, qui me réclamaient une pause. J'ai décidé de travailler dans l'immobilier. J'y songeais depuis un moment, me disant que c'était un bon moyen d'être autonome, et pourquoi pas, à terme, de diriger ma propre agence. Avec mon parcours, je pensais avoir toutes mes chances de réussir dans l'immobilier de luxe. J'ai ciblé la région de mes parents, que je connaissais bien, car ce serait plus facile pour commencer. J'ai passé des coups de fil à plusieurs agences et j'ai trouvé tout de suite un poste de négociatrice à Bellême, un joli village au coeur du Perche, secteur très prisé des Parisiens le week-end, aux nombreuses résidences de charme. Les patrons de l'agence se sont engagés à me former. Ils m'ont recrutée car mon cursus était intéressant pour leurs clients parisiens et étrangers. J'étais très enthousiaste à l'idée de commencer ce nouveau travail, différent de ce que j'avais connu jusqu'à présent. Tout s'enchaînait bien.

Pour moi, parisienne, ce changement n'a pas été si facile. Mes débuts à l'agence ont nécessité quelques efforts d'adaptation... Un jour, je suis arrivée en talons et tailleur pour une visite et je me suis retrouvée dans une maison ancienne où il y avait un jardin avec des herbes hautes, de la boue, et des toiles d'araignées. J'ai dû repenser mes tenues vestimentaires ! J'ai aussi patienté pour que mes collègues m'apprécient telle que je suis. J'ai dû apprendre le jargon de l'immobilier. Cela ne m'a pas empêchée de prendre rapidement des mandats, de négocier et conclure des ventes. Cela me plaisait beaucoup de conseiller les clients, de trouver une maison qui réponde à leurs attentes. J'aimais organiser mes rendez-vous, sillonner les routes de campagne, gérer ma clientèle qui venait de tous les horizons. Avec mes collègues, les liens se sont tissés, nous avons commencé à déjeuner ensemble plus souvent, à prendre des pots. Nous formions une belle équipe. J'adorais me retrouver dans de vieilles maisons perdues en pleine campagne, imaginer comment elles seraient redécorées par leurs nouveaux propriétaires. Du manoir classé à la petite maison de bourg, chaque demeure était une surprise. Et j'étais au contact de la nature tous les jours.

J'approchais ce qui me plaisait, mais j'ai dû y renoncer après quelques mois, à l'arrivée de la crise de l'immobilier. Financièrement, ce n'était plus viable car je n'étais payée qu'à la commission. J'ai donc pris la décision de rechercher un travail sur Paris. J'ai pensé que je devais y retourner, que j'avais sûrement des choses à y vivre, qu'il y avait encore des étapes à franchir, je l'ai pris avec beaucoup de philosophie. J'ai pensé : « Si c'était à refaire, ce serait sans hésitations, rien ne m'arrêterait ! Dans cette agence, sans expérience, on m'a confié la vente et la négociation de biens, on m'a fait confiance, formée à ce métier, j'ai eu de la chance. »

J'étais fière d'être allée au bout de mon rêve, d'avoir pris ma vie en main, d'avoir décidé, et non subi. Je me suis donné cette liberté de réussir autrement. J'avais désiré ce nouveau travail mais ce n'était pas encore le bon moment, ou peut-être n'était-ce pas encore le bon changement pour moi ?

Découverte des médecines douces

Avant de quitter l'agence, je suis passée dire au revoir à un collègue, François, qui, au hasard de la conversation, m'a parlé d'une personne qui soignait par les pieds. Il m'avait dit qu'elle l'avait soulagé d'une entorse, que c'était génial. J'ignore pourquoi il m'avait raconté cela. Je ne connaissais pas cette méthode appelée « réflexologie plantaire ». J'avais testé le magnétisme à l'âge de vingt ans, pour le stress, en consultant un vieux monsieur qui habitait une ferme ; il posait ses mains sur des zones qui semblaient nécessiter un rééquilibrage. Il avait travaillé sur mon ventre et ma tête. À la fin de la séance, mon corps me semblait lourd, mais allégé, j'étais mieux qu'en arrivant. Les jours suivants, j'avais moins de préoccupations. Il m'avait dit : « Tu es jeune, tu as tout pour toi, alors arrête de te prendre la tête. La vie est belle. »

J'ai donc décidé de consulter Chloé la réflexologue, car mon ventre était dur, gonflé et me faisait souffrir. J'avais déjà essayé des traitements qui ne fonctionnaient pas et j'espérais trouver des réponses lors de cette séance. Lors du premier rendez-vous, j'appréhendais. J'avais une boule au ventre, je me demandais ce que j'allais y faire, c'était n'importe quoi. Bizarrement, j'avais l'impression d'aller dans une « maison de sorcières ». Lorsque je suis arrivée, j'ai voulu me garer et en reculant, ma voiture a glissé dans le fossé. Du coup, j'ai passé ma première consultation avec Chloé, son mari, une amie Stéphanie et son mari, à essayer de sortir ma voiture de là. Ils m'ont offert un thé pour m'apaiser :

— Tu avais peur de venir ?

— J'avoue que j'étais intriguée par ce rendez-vous, je n'ai pas l'habitude.

— Tu as eu peur que nous soyons des sorcières ? m'ont-elles demandé en rigolant.

— ...Non... ai-je répondu, gênée.

Elles avaient senti mon appréhension. Je n'en revenais pas, c'était exactement ce qui m'était passé par la tête. Puis elles ont conclu que ce n'était sûrement pas le bon jour pour mon soin. Nous avions pu faire connaissance et je me suis sentie plus en confiance lorsque je suis revenue le lendemain.

J'ai découvert la réflexologie. Chloé m'a massé les pieds, c'était très agréable, parfois elle appuyait sur des points, m'expliquant qu'ils correspondaient à des organes du corps. Les pressions étaient censées dénouer les tensions. Elle me disait qu'en fonction des zones, cela pouvait être médical ou lié à des émotions enfouies, c'est pour cela que la zone du corps concernée devenait douloureuse. Elle a laissé son doigt appuyé sur le gros orteil, qui correspond à la tête, me demandant si j'avais des migraines. En effet, j'en souffrais beaucoup, j'étais stupéfaite. Concernant mon ventre, j'avais accumulé beaucoup de stress et gardé trop de choses pour moi, cela se répercutait sur l'intestin et l'estomac. Elle a aussi détecté que le coeur était « bloqué ». Cette séance m'a bien soulagée. Au bout d'une heure, elle m'a expliqué que mon problème était d'ordre émotionnel, et serait à l'origine de mes maux. Après ce premier traitement, j'ai réalisé qu'un réel travail m'attendait pour aller mieux, et que mes problèmes n'étaient pas ceux auxquels je pensais. Je n'avais pas envisagé qu'ils pourraient être liés aux émotions. Chloé a évalué qu'il faudrait plusieurs séances pour tout débloquer car il y avait des choses anciennes à laisser partir.

Elle m'a expliqué que j'avais inconsciemment mis en place des protections. La première s'était installée naturellement au niveau de mon ventre, après mes brûlures d'enfant et tout le stress accumulé pendant ma jeunesse. La seconde protection était celle du coeur, suite à ma rupture et aux séparations de mes parents. J'avais particulièrement grossi au niveau du ventre, alors qu'enfant j'étais maigre. D'ailleurs, j'ai toujours détesté mon ventre. J'ai essayé des régimes et fait du sport pour le perdre, sans succès. J'ai dû m'y habituer. Aujourd'hui, je n'ai plus ce problème, il est parti sans régime, naturellement, parce que j'ai mené un travail sur moi, que je me sens mieux, moins stressée et bien dans ma vie.

J'ai eu beaucoup de chance que François m'ait parlé de Chloé. Après quelques séances de réflexologie,

Stéphanie s'est occupée de moi, pour travailler sur d'autres plans avec les énergies. Elle posait les mains sur mon corps, l'écoutait, comme s'il lui parlait. En fonction des endroits où elle posait ses mains, elle devinait quel était le problème. Elle m'a tout de suite parlé de l'hôpital, de l'abandon en général, du rejet.

Pour elle, c'était de là que provenait ma peur que l'on me quitte, ma difficulté à construire une histoire d'amour... Mon corps était imprégné de toutes ces peurs, dont celle que l'on ne m'aime pas. Elle essayait d'enlever les blocages, de « nettoyer le corps », de le débarrasser des vieilles croyances.

J'étais heureuse d'avoir trouvé une méthode pour aller mieux.

Des questions sans réponse

Mon départ de Normandie a été difficile pour mes parents et pour moi. Et je n'ai pas emballé mes affaires de l'agence de gaieté de coeur. Aux entretiens d'embauche, les responsables de recrutement ne comprenaient pas qu'une assistante ait eu envie de tenter un autre métier. Je me suis sentie rangée dans une catégorie, étiquetée. J'ai donc dû dire que j'étais partie pour des raisons personnelles en Normandie, pour que cela paraisse plus cohérent avec mon parcours, et supprimer cette expérience de mon curriculum vitae.

Mais ma bonne étoile a été là pour m'aider à retrouver un poste de rêve. J'ai été recrutée au département Duty Free, par le groupe Rémy Cointreau, dans le domaine des spiritueux. J'y suis restée quatre ans.

J'aurais pu avoir un sentiment d'échec de reprendre un travail d'assistante, mais j'étais très heureuse d'avoir couru le risque pour tenter quelque chose que j'aimais. Je n'avais pas de regrets.

Au début, je me sentais un peu comme un oiseau dans sa cage. Remettre mon tailleur d'assistante a été difficile après autant de liberté. J'ai relativisé car j'avais des collègues sympas, un bon manager, et besoin d'argent. Mon poste était intéressant, je travaillais à l'international avec plein de challenges à relever. Je me disais que j'accomplirais ce travail de la meilleure manière possible. Malgré tout, je pensais : « Comment imaginer que je pourrais me réhabituer à cette vie de bureau ? J'ai passé plus de dix ans à exercer ce métier. Si j'ai aussi souvent changé d'entreprise, ce n'est pas parce que la société ne me convenait pas. » Je l'ai compris jeune, mais je ne savais pas vers quoi m'orienter, je n'osais pas me l'avouer. Peut-être que je désirais des choses inaccessibles ? Que j'avais des choses à comprendre ? J'étais une bonne assistante, j'essayais donc de me convaincre que j'étais faite pour ça, que je pourrais m'y résoudre. Ma voix intérieure reprenait alors le dessus : « Christelle, tu ne vas pas rester secrétaire pendant vingt ans. »

Je savais que si je changeais, rien ne serait facile, comment partir d'une belle entreprise où l'on bénéficie d'avantages, pour l'inconnu ? J'étais estimée et respectée dans ce job, mes compétences étaient reconnues, j'avais un curriculum vitae intéressant, je me sentais valorisée. Pourquoi y renoncer ? Au fond, j'en avais envie, et je tournais en rond à chercher. Cela faisait tellement longtemps que je me demandais pour quoi j'étais faite. C'était si désespérant de ne pas trouver, et d'avoir l'intime conviction qu'il y avait autre chose.

Aujourd'hui, je n'ai plus honte de ces changements, je me sens riche de toutes mes expériences. Sans l'aide de personne, j'ai réussi à décrocher des jobs dans des sociétés prestigieuses, j'ai pu changer de direction quand je l'ai souhaité, j'en ai eu le courage. Je ne pense pas être instable, mais plutôt une femme qui sait ce qu'elle veut, qui se donne les moyens et essaie différentes voies pour trouver sa place.

Ce n'est qu'au travers de remises en question que l'on trouve des solutions et que l'on s'aperçoit que l'on est plus solide qu'on le pensait.

Début du travail sur moi-même

Depuis très longtemps, j'observe le comportement des autres, leurs réactions, je cherche à les comprendre. Toutes mes questions m'ont aidée à une certaine prise de conscience. Grâce à l'envie d'y répondre, de me rassurer, de reprendre confiance en la vie, j'ai entrepris un réel travail d'introspection.

À l'heure où j'écris ces lignes, j'ai trente-trois ans, cela fait un an que je suis chez Rémy Cointreau. J'ai continué la thérapie que j'avais commencée avant mon départ de Normandie.

Pendant quelques mois, Steph et Chloé m'ont aidée, encouragée, accompagnée. J'ai fait beaucoup de séances de soins énergétiques, cela me plaisait. Je voulais comprendre « ce que disait mon corps ». Un jour, parce que j'avais progressé, Stéphanie m'a conseillé de voir quelqu'un qui pourrait m'aider à un autre niveau. Une dame, maître Reiki1[1], praticienne en massages : Sylviane. Elle a pensé que ce serait positif, car je devais travailler sur d'autres problématiques.

---

1 *Le Reiki est une technique ancienne, japonaise, de guérison par apposition des mains sur le corps, redécouverte par Mikao. Rei signifie esprit, sagesse et Ki, l'énergie universelle de vie, le Prâna pour les indiens, le Chi pour les chinois. Le but du Reiki est de soulager les souffrances et d'apporter un bien-être intérieur, aider le corps à s'auto-guérir.*

J'appréhendais chaque rendez-vous car toutes ces techniques étaient nouvelles. J'avais peur de ce qu'on allait me révéler. Dès la première séance, Sylviane l'a compris. Elle s'est montrée douce, très à l'écoute, avec son visage lumineux et ses beaux yeux bleus.

Elle m'expliquait tout avec patience, j'étais agréablement surprise. Pour mon premier soin, elle a placé ses mains sur mon corps, me disant ce qu'elle ressentait, alternant avec des mouvements de massage. J'ai senti la chaleur envahir chaque endroit où elle posait ses mains, qui devenaient bouillantes, puis un apaisement. Par moments, mon corps était lourd, comme enfoncé dans la table, j'avais l'impression de ne plus pouvoir bouger. C'était l'effet du courant énergétique.

Elle voyait en moi une petite fille seule et abandonnée qui avait besoin de réconfort. Par ses soins, elle voulait réconforter cette petite fille, qui avait besoin que l'on s'occupe d'elle.

Lorsque je suis rentrée à la maison, très sereine, j'avais envie de dormir, de profiter de ce bien-être. Le lendemain, j'ai encore eu besoin de repos. Le jour suivant, j'ai repris des forces, je me sentais mieux dans ma peau, dynamisée. Je devais y retourner quinze jours plus tard, pour bien ancrer ce qui venait d'être fait. Lors de la seconde séance, Sylviane a travaillé sur la colère que j'avais intériorisée, les raisons pour lesquelles je me culpabilisais. Elle trouvait que ce n'était pas juste.

De sa voix douce, elle m'a dit : « Tu es une belle personne, tu as le droit d'être heureuse maintenant. » Elle m'a expliqué que le gros de notre travail serait de faire grandir la petite fille en moi, pour donner jour à la femme que je devais être. Je n'avais pas encore pris ma place en tant que femme. Une part de moi avait peur de grandir, de se retrouver dans le monde adulte. Elle a vu aussi que je voulais tout faire pour que mes parents soient heureux, qu'ils aient ce qu'il faut. C'est vrai, je me culpabilisais souvent de partir en vacances alors que mes parents n'y allaient pas. J'avais même acheté un terrain pour leur construire une maison, mais j'ai dû le revendre. « Maintenant, tu as ta vie, tu as le droit de faire des choses pour toi, ce que tu ne t'autorises pas », me disait-elle. Au fil des séances, nous abordions de nouveaux sujets.

Pendant une année, j'ai vu Sylviane une fois par mois, puis j'ai espacé les rendez-vous car je commençais à aller mieux. Je sentais les moments où je devais y aller, quand mon corps me réclamait un soin. Un jour, je lui ai dit : « Ce matin, mon corps m'a dit j'ai besoin des mains de Sylviane », ce qui l'a fait rire. Elle m'a accompagnée pour évacuer les douleurs des ruptures de coeur, pour que je me sente mieux au travail. Elle savait que je voulais changer de métier, elle me conseillait de patienter : « Lorsque tu auras évacué des blocages, tu trouveras, tout arrivera naturellement. » Elle a beaucoup travaillé sur l'amélioration de ma confiance en moi. Souvent, au travail, je me sentais à l'écart dans certaines situations. Elle me montrait la cause de mes réactions à ces moments-là. J'ai aimé qu'elle s'occupe de moi, elle m'a toujours apaisée, bien comprise, et j'ai vraiment senti que j'évoluais au fil de nos séances. Elle m'a beaucoup libérée.

Sylviane m'accompagne toujours, c'est une belle personne, qui travaille avec le coeur. Chaque séance avec elle me fait du bien, m'amène à réfléchir sur moi, sur ma vie, à fournir des efforts pour comprendre, changer des attitudes. Comme nous travaillions sur l'émotionnel, il m'est arrivé, les jours suivant le soin, d'être en « crise », de m'énerver pour rien, d'avoir besoin d'extérioriser la colère enfouie depuis longtemps qui était remontée à la surface. Un jour, j'étais triste en sortant, j'ai laissé couler les larmes, j'étais soulagée. D'après Sylviane, c'était ce que l'on appelle des « crises de guérison ». Les émotions sortent pour que nous puissions les libérer plus facilement ensuite. Heureusement, ces moments étaient assez rares.

Au début, j'ai souvent eu envie de baisser les bras car je réalisais qu'il me faudrait du temps pour me sentir vraiment en harmonie avec moi-même. Lorsque nous éclaircissions un problème, un autre apparaissait. Sylviane m'a expliqué que c'était comme un oignon que l'on épluche : on enlève une couche, puis une autre, et encore une autre. J'avais l'impression de devenir folle à force de réfléchir. Mais j'étais décidée à changer, à comprendre, pour aller mieux. J'avais pensé que quelques séances suffiraient mais sur un tel chemin, c'était impossible. J'ignorais que j'allais aborder un travail régulier, en profondeur, sur moi.

Sylviane m'a dit un jour : « Toi aussi, dans quelque temps, tu aideras les autres. » Je n'ai pas compris, je n'y croyais pas, surtout en voyant tout ce que j'étais en train de déblayer dans ma vie. Au fur et à mesure des séances, je changeais physiquement. Mon visage s'affinait, mon regard retrouvait de la lumière. Je commençais à me libérer, à retrouver la saveur de la vie sans culpabilité, à m'assumer.

J'ai poursuivi les soins régulièrement, avec d'autres personnes, en fonction de mes progrès. Parallèlement, je continuais à travailler chez Rémy Cointreau. J'ai commencé à lâcher prise sur la question « quoi faire de ma vie ? » en me concentrant avant tout sur mon bien-être. Je me disais : « Tout viendra en temps et en heure. Tu as un emploi, tu peux payer tes soins, t'offrir des voyages, profiter de la vie et de tout ce qui se présente à toi maintenant. » J'ai compris qu'en allant mieux, en étant en paix avec moi-même, en étant libérée, en prenant confiance, tout se ferait au bon moment, quand je serais prête.

J'ai acheté le livre d'Eileen Caddy, La Petite Voix, que m'avait conseillé Chloé. Chaque jour, on peut ouvrir une page au hasard, trouver un texte sur lequel méditer, qui pourra être l'attitude à adopter pour la journée. En général, j'ouvre une page avant de dormir. Ce sont de jolis textes relatifs au divin, il y en a un pour chaque date. J'ai continué avec L'Alchimiste, de Paolo Coelho, que j'ai beaucoup aimé, puis avec Le Courage d'être soi, de Jacques Salomé.

J'ai repris plaisir à lire, ce que je faisais rarement autrefois. Je n'aimais pas lire à l'école et, dès que je pouvais, j'évitais de lire ce que demandaient mes professeurs. Les ouvrages de développement personnel sont les livres qui m'ont le plus intéressée. Aujourd'hui encore, je lis peu de romans, je préfère les livres spirituels qui me font évoluer, m'aident à me construire.

Grâce aux soins et aux livres, je suis plus à mon écoute, je commence à m'ouvrir. J'ai appris à faire plein de choses pour moi. Je suis reconnaissante que ces personnes aient croisé mon chemin. Sans elles, je serais toujours en train de tourner en rond. J'ai fait confiance à mon collègue, je me suis écoutée, j'ai été réceptive, j'ai suivi cette petite voix intérieure qui me disait « Vas-y ! ». Nous avons tous cette intuition et nous ne l'écoutons pas, trop pris par nos occupations.

Ce n'est que dans le calme et la sérénité que l'on trouve ses réponses, il est plus facile de s'écouter, de ressentir son intuition. On m'a souvent dit que j'étais intuitive, et sans le savoir, j'étais déjà à mon écoute plus jeune. Je sentais des choses arriver. Ces soins m'ont confortée dans cette idée. Parfois, les personnes qui s'occupaient de moi me donnaient les clés, mais pas les réponses, ce qui m'obligeait à me poser les bonnes questions et à faire des choix en suivant ma voix intérieure. Lorsque l'on s'écoute, les choses se passent bien, comme une rivière qui coule librement...

Les cadeaux de la vie, comédie musicale à Broadway

Ce soir, j'ai du plaisir à me souvenir d'une expérience agréable que j'ai vécue. Grâce à l'écoute de cette voix intérieure, je m'étais déjà ouverte, plus jeune, à recevoir ces brefs moments de bonheur, comme un sourire, même celui d'un inconnu...

J'étais partie quelques jours à New York avec le comité d'entreprise de la banque pour laquelle je travaillais au début de ma carrière. Je m'étais un peu écartée du groupe car j'avais peur de m'ennuyer. J'avais besoin d'être seule pour vivre mon aventure à moi. Je me baladais dans la ville pour la visiter sous la pluie, lorsqu'un homme m'a interpellée :

— Excusez-moi, je cherche la rue... j'ai vu que vous avez un plan. Pouvez-vous m'aider ? me dit-il en anglais.

— Vous vous moquez de moi ? Vous êtes américain, je suis française, vous n'avez pas besoin de mon aide.

— Oui, je suis américain, mais je vis à Hong Kong, je ne connais pas très bien New York, je ne suis venu qu'une fois ici, il y a très longtemps.

Intriguée, je lui ai demandé ce qu'il faisait ici, pourquoi il vivait à Hong Kong. Il travaillait dans la finance, il était en déplacement professionnel. Je lui ai raconté que je travaillais aussi dans une banque, pour la zone Asie. Nous avons ainsi échangé quelques minutes sur le trottoir.

Puis il s'est présenté :

— Je m'appelle Owen. Il pleut, je vous offre un café ?

Il était très grand et bien plus élégant que moi, avec mon jogging et mon sac à dos ! Malgré cela, je me suis décidée à accepter :

— Allez, pourquoi pas ?

Nous sommes entrés dans un petit bar prendre un chocolat chaud. Nous avons parlé travail, voyages... Il continuait de pleuvoir. Je souriais, j'étais ici, à New York, avec un homme charmant, d'environ quarante-cinq ans, mais il n'y avait pas la moindre ambiguïté dans nos échanges. Son allure d'homme d'affaires m'impressionnait. J'avais honte de ma tenue ! En même temps, ce n'était pas un congrès. Il m'a ensuite proposé spontanément : « J'ai deux places pour une comédie musicale à Broadway ce soir, mais je suis seul, est-ce que vous voulez m'accompagner ? »

Étonnée, je me suis dit intérieurement : « Ça ne ferait pas rencard, là ? » puis : « Tu rêves, Chris ! Si tu acceptes, tu es folle et inconsciente : tu es là, à l'autre bout du monde, avec un inconnu, c'est presque flippant ! » Il est vrai que je n'avais que vingt-trois ans. En même temps, Owen était rassurant... Mon côté folie me soufflait : « Vas-y, profite de la vie ! » et mon côté plus raisonnable contredisait : « Fais attention !

» Finalement, en me demandant s'il avait remarqué cette conversation intérieure entre mon petit ange, mon démon et moi, j'ai répondu :

— OK, à quelle heure nous retrouvons-nous ?

— 19 h 30, dans le hall de mon hôtel, le Mandarin Oriental.

Nous nous sommes quittés. J'étais toute gaie, je n'en revenais pas : « Moi, Christelle de Normandie, aller à Broadway voir une comédie musicale ? C'est complètement fou ! » J'étais impatiente d'y aller. En revenant dans ma chambre, ma première question, qui aurait hanté n'importe quelle jeune femme dans cette situation, a été : « Mais qu'est-ce que je vais bien pouvoir porter ? Je n'ai pas pris de vêtements pour ce genre d'occasion ! » J'ai fouillé, retourné ma valise en panique : « Ouf, une paire de talons, une chemise, gagné ! » Je l'ai donc jouée chic-décontracté avec un jean, une chemise blanche, la veste en cuir que je m'étais achetée l'après-midi, et dans laquelle j'avais trouvé quatre-vingt dollars, et des talons hauts. J'étais sauvée par la paire de chaussures habillées que j'avais pensé à emporter. Il est vrai que je pars rarement sans une paire de talons !

Le soir, j'ai rejoint Owen en bas de son hôtel très luxueux ! Il était très élégant. Nous avons pris un taxi pour aller voir Miss Saigon. J'étais si heureuse ! Jusqu'à notre arrivée, je n'y croyais pas. C'était le premier spectacle musical que j'allais voir de ma vie. Je ne fus pas déçue : j'étais captivée par les décors, la mise en scène, les mélodies, c'était merveilleux. À l'entracte, j'ai eu l'impression d'être dans un film. Je regardais autour de moi, j'appréciais la chance que j'avais d'être là.

En sortant du théâtre, nous avons dîné, puis nous nous sommes quittés après une belle soirée. Je n'ai pas dormi de la nuit, ma tête était remplie de ces instants. Le lendemain, nous avions rendez-vous pour prendre un café. Owen m'a proposé de venir à Hong Kong lui rendre visite, de lui faire signe si je voyageais en Asie. Nous ne nous sommes jamais revus, mais j'en garde un beau souvenir.

Je ne me suis pas posé de questions. J'aurais pu penser qu'il était mal intentionné, mais je me suis fait confiance. À chaque fois que j'ai écouté ma petite voix intérieure, les choses se sont bien passées. À l'inverse, lorsque je ne suis pas convaincue ou que j'ai un doute, il y a un souci. Quand on vit de manière positive, de belles opportunités nous sont offertes. Si l'on part avec un esprit mal tourné, une pensée négative, les choses ne se passent pas comme on veut. Cette expérience m'a montré qu'il faut s'écouter, ouvrir les bras aux cadeaux du ciel, aux rencontres, être dans l'instant. Parfois, il faut vivre sans se poser de questions, juste apprécier ce qui se passe, rester dans la joie des enfants. J'aime leur spontanéité naturelle. En grandissant, je me suis efforcée de préserver cet aspect de ma personnalité. Je ne voulais pas, en prenant de l'âge, devenir aigrie, perdre le soleil que j'avais dans le coeur. Ainsi, je me suis toujours réservé des moments de folie.

Je ne sais pas pourquoi je me remets à penser à tous ces moments, aujourd'hui sur mon lit d'hôpital. Peut-être que je dois me focaliser sur le positif, sur les belles choses qui me sont arrivées, pour continuer à garder le cap ? En tous les cas, j'ai le sourire.

Les chevaux me réveillent

Même si je me retrouve allongée ici à cause d'un cheval, cela ne change pas mon amour pour les chevaux. Je les ai toujours aimés, ce sont des animaux sublimes. C'est pour cela que je m'étais fabriqué mon « Petit Lewik ». Enfant, j'aimais regarder des dessins animés d'Amérindiens, j'étais fan de Zorro pour la relation qu'il partageait avec son cheval Tornado. Je rêvais de galoper avec lui. Quand mon père regardait des westerns, je m'arrêtais juste pour les scènes avec des chevaux. Je me suis souvent imaginée traversant les plaines au grand galop. Je n'ai jamais raté une occasion de les caresser dans la nature. À l'âge de huit ans, j'ai pris quelques cours d'équitation, mais c'était trop cher pour mes parents, je n'ai pas pu continuer. En grandissant, cette envie a persisté. J'ai toujours rencontré des gens qui avaient des chevaux, des camarades de classe que j'enviais d'avoir leur propre cheval. Ces animaux m'ont toujours fascinée, je me sens transformée à leur contact, je reprends une certaine force intérieure, comme s'ils allumaient un feu en moi. Ils représentent la liberté, la puissance, la douceur, la spontanéité, l'amour.

À trente ans, j'ai eu envie de faire des choses que je ne m'autorisais pas auparavant, et monter à cheval en faisait partie. J'ai pris des cours en Normandie, les week-ends, près de chez mes parents. Lorsque je travaillais dans l'immobilier, j'en profitais pour y aller plus souvent. J'aimais prendre la route après mon travail, pour une leçon, donner à manger aux chevaux, aider mon moniteur. Le centre se situe en haut d'une colline, un lieu très agréable.

À mon retour sur Paris, cela me manquait trop, alors je me suis inscrite dans un centre équestre en région parisienne. Je montais à cheval après le bureau, c'était ce que j'attendais le plus dans la semaine, un moment privilégié. Je ne voulais pas manquer mon heure. Ici, c'était différent, les chevaux avaient moins de place qu'en Normandie, ils étaient en stalle et cela ne me plaisait guère de les voir ainsi, alignés les uns à côté des autres, face à leur mangeoire, sans espace pour bouger, se coucher, avec une chaîne au cou pour les retenir. Certains étaient dans un box plus grand, mais ils étaient peu nombreux. J'avais de la peine de les voir dans ces conditions.

Ce soir, je suis allée au centre malgré le vent glacial et la pluie. Dans la forêt, j'ai dû faire attention pour ne pas glisser avec mon scooter, à cause de la faible visibilité, du gel et des feuilles mortes. Je suis arrivée en tremblant, je ne sentais plus mes mains ni mes pieds, mes cheveux étaient trempés. Après avoir préparé mon cheval, j'étais encore frigorifiée. À cause du temps, nous étions deux groupes à faire la reprise dans le manège. Nous avions vraiment peu de place pour faire courir les chevaux. Mon cheval bai brun était très grand, il m'impressionnait. Je crois que c'est la première fois que j'en montais de cette taille. Il avait du mal à tenir en place. Je sentais qu'il voulait aller plus vite, il avait tendance à dépasser les autres, je devais le ralentir constamment. Cela me déplaisait, et j'ai pensé intérieurement : « Il fait froid, je sors ce cheval juste pour le faire marcher, alors qu'il a besoin de se réchauffer, de se défouler, le pauvre. » Quand nous avons pris le petit trot, j'ai commencé à stresser car il voulait aller plus vite. Il avait toujours le nez collé sur le postérieur du cheval devant, il était évident qu'il n'avait pas assez de place. J'ai fait mon possible pour garder la distance. Quelques minutes plus tard, j'étais au sol.

Ma montre affichait cinq heures trente, les yeux me piquaient, mes paupières étaient lourdes, j'ouvrais et fermais les yeux sans cesse. Finalement, je me suis endormie, après ces quelques heures de visionnage de souvenirs. Au petit matin, les infirmières sont venues me réveiller pour m'annoncer que je pourrais sortir le lendemain. J'étais soulagée, cela voulait dire que je n'avais rien de grave. Avant que je ne parte, le médecin m'a prescrit un arrêt de travail et des séances de rééducation pour ma main.

Une semaine après ma sortie, j'ai dû refaire un séjour à l'hôpital pour des examens complémentaires, car j'avais des vertiges. Cela a traîné deux jours, car le matériel n'était pas disponible, puis le médecin n'était pas là pour analyser mes résultats...

Dans ma chambre, il y avait une dame qui ressemblait physiquement à ma mère, elle avait à peu près le même âge. Lorsqu'elle a reçu de la visite, j'ai eu un déclic en réalisant que mes parents n'étaient pas venus me voir. Les larmes aux yeux, j'ai senti que j'avais besoin de ma mère, de sa tendresse et qu'elle n'était pas là. Les souvenirs de mes brûlures d'enfance sont remontés à la surface. Je me suis sentie à nouveau comme cette petite fille abandonnée, sauf que cette fois je n'avais plus mes amis invisibles. J'ai compris qu'il était temps de mettre à plat ce qui me pesait. J'ai écrit une lettre à ma mère dès ma sortie, sans lui faire de reproches, mais en ouvrant mon coeur, avec douceur, ce qui m'a soulagée.

Quelques mois plus tard, je suis retournée à l'hôpital pour un examen de santé, et sans que je le demande, maman m'a accompagnée. Ce que je lui avais écrit avait fait son chemin.

Cette expérience m'a permis de prendre du recul, de comprendre que ce que j'avais vécu n'était pas un hasard. Cette étape qui était nécessaire dans ma vie, s'est avérée très positive car j'ai pu alléger mon coeur.

Ma chute de cheval a également changé ma vision de l'équitation. Je me suis rendu compte que ce qui me plaisait, c'était le contact avec les chevaux, m'en occuper, passer du temps avec eux, apprendre à les connaître, et non pas les monter pendant une heure pour repartir tout de suite après, comme je le faisais. Depuis quelque temps, j'avais la conviction de ne pas les respecter, de ne pas les traiter correctement. C'était un peu comme si j'avais pris mon scooter, machinalement, pour mes besoins personnels. J'ai donc mis fin à ce type d'équitation qui ne me convenait plus, que de moi-même je n'osais pas vraiment stopper.

Cependant, un blocage s'est créé lorsque j'ai chuté. J'ai pensé que c'était un signe, que monter à cheval n'était peut-être pas fait pour moi. À cette époque, je voulais faire un stage pour apprendre à masser les chevaux. Je me suis demandé pourquoi j'avais été éjectée, j'en ai conclu que je devais être une mauvaise cavalière. Je ne suis plus retournée monter à cheval. Le choc était très ancré en moi, les sensations, la peur. Je me suis souvent remémoré cette scène.

Au début de ma convalescence, j'étais énervée que mon corps soit immobilisé, je me sentais diminuée, moi qui ne suis pas du genre à rester sans rien faire. Ensuite, j'ai profité de cette période de tranquillité forcée, pour chercher des formations sur des techniques de soins. Il était trop tard pour des études d'infirmière ou de médecine. J'ai eu le déclic lors de mes séances de rééducation. En prenant soin de mes mains, je sentais parfois ma main gauche devenir chaude, j'avais comme des fourmillements. C'était la première fois que je ressentais l'énergie de ma main, sans en avoir conscience à ce moment-là. J'ai repensé à la réflexologie : « Pourquoi ne pas essayer d'apprendre cette méthode ? Je pourrais aussi soigner les pieds en utilisant mes mains, pour apporter du bien-être. » J'ai gardé cette idée en tête, me concentrant avant tout sur la rééducation de ma main.

Plus tard j'ai compris que le cheval, en m'envoyant à terre, m'avait fait un cadeau. Il m'avait mise face à ma problématique. Je voulais donner un sens à ma vie, mais je ne bougeais pas, je me posais tout un tas de questions, mais sans y réfléchir sérieusement. Mon séjour à l'hôpital m'a permis de réaliser ce qui me plairait : aider les gens, les apaiser, les soigner, leur sourire, leur donner du réconfort.

Aujourd'hui, beaucoup de mes clients me demandent comment je suis passée de l'assistanat de direction à la réflexologie, comment m'est venue cette idée. Voici la réponse.

Rencontre avec des messagers

(mars 2010)

J'ai souvent prié pour recevoir les signes, pour trouver ma voie. Un jour, j'ai reçu les messages que j'attendais, quand j'ai été prête à les entendre…

Deux mois se sont écoulés depuis mon accident. Un soir, alors que je rentrais sous la pluie d'un dîner chez une amie, j'ai croisé un homme au coin d'une rue.

— Bonsoir.

— Bonsoir, ai-je répondu par politesse. Il faisait nuit, j'étais pressée de rentrer.

Au moment où j'allais le dépasser, il m'a demandé :

— Êtes-vous écrivain ?

J'ai pensé : « Super, j'avais bien besoin de ça ce soir ! »

— Non, pas du tout. Pourquoi cette question ?

— Vous devriez y songer, je vous vois bien écrire.

— N'importe quoi ! Ce n'est pas mon métier. Et sur quoi, d'abord ? Je n'y ai jamais pensé et je n'ai aucun sujet à traiter.

— Votre histoire, votre vie… m'a-t-il dit d'un regard fixe.

Le prenant pour un fou, j'ai continué :

— En plus, qui cela pourrait intéresser, ma vie ?

Puis il a disparu dans l'obscurité, je ne l'ai jamais revu.

Les jours suivants, les pensées se sont bousculées dans ma tête, elle explosait. Une nuit, ne trouvant pas le sommeil, j'ai eu envie d'écrire. J'ai pris un bloc et j'ai commencé à coucher mes idées sur le papier. Durant la nuit entière, j'ai écrit tout ce que j'avais sur le coeur, mes ressentis. Ensuite, j'ai rangé mes notes, sans y revenir.

Quelques semaines plus tard, le 29 mars 2010, j'ai fait une rencontre qui a été un grand déclencheur pour moi. J'ai suivi mon intuition, écouté cet homme, qui a trinqué à ma santé et à ma réussite, sans que je sache pourquoi. Cet homme, c'est Philippe.

Ce soir-là, j'étais sortie avec Mylène, une collègue, pour me détendre après le bureau. Nous étions installées au bar, sur des chaises hautes. Pendant qu'elle me parlait, j'apercevais derrière elle un homme, grand, les cheveux grisonnants, qui me regardait. Il avait du charisme, un regard intense. À plusieurs reprises, je me suis demandé : « Où ai-je bien pu le croiser ? » Son visage me semblait familier. J'avais la certitude que nous devions nous parler quand il s'est approché de nous.

— Je peux vous proposer une coupe de champagne ?

— Pourquoi pas ? Avec plaisir, lui répondis-je, sans hésitation.

Il a commandé une bouteille au bar. Mylène m'a dit :

— Ça c'est de la drague !

— Pas du tout, je crois que c'est autre chose… en pensant intérieurement : « … ou alors, il nous drague vraiment, et je me trompe… eh bien, au moins, nous aurons deux coupes de champagne offertes ! »

Je sentais qu'il avait un message à me donner, peut-être des réponses pour m'éclairer sur les questions que je me posais. J'avais un bon feeling à son égard et je sentais que nous allions devenir amis. Je commençais à m'intéresser à la spiritualité. J'ai remarqué qu'il portait un ange autour du cou. En esquissant un sourire, j'ai imaginé que, pour un temps donné, il serait mon ange gardien. Nous avons sympathisé et j'ai essayé de savoir dans quoi il travaillait, mais comme dans un jeu, il ne voulait rien révéler. Échanges de paroles, de regards… Pourtant, ça n'était pas une scène de drague entre homme et femme. C'était mystérieux. Ma voix intérieure me disait de lui parler. Quand Mylène s'est absentée, il en a profité pour me dire :

— Je vois plein de choses pour toi, je dois te le dire.

— Je t'écoute.

— Tu vas utiliser de plus en plus tes mains, peut-être soigner, guérir.

Je l'ai entraîné dehors car j'avais besoin d'en savoir plus. Il a ajouté :

— Sache que tu n'es plus seule, si tu te crois seule en ce moment. Je serai toujours là pour toi.

J'étais stupéfaite, car il est vrai que j'étais dans une période de solitude, il n'y avait personne pour répondre aux questions que je me posais sur ma vie. Je n'avais pas de petit ami, j'avais besoin d'une épaule sur laquelle me reposer.

Il a poursuivi :

— Renseigne-toi sur des formations dans le secteur des soins.

Il m'a parlé, lui aussi, d'écriture. C'était comme si je venais de rencontrer un guide. Nous sommes retournés dans le bar pour finir notre coupe de champagne. J'étais contente qu'il soit là. Sa présence était protectrice.

Quand j'ai entendu la chanson de Barry White, Let the Music Play, j'ai commencé à bouger. Il m'a lancé :

— J'adore Barry White, on danse ?

Je me suis laissée envahir par la musique.

— Tu veux danser sur le bar ?

— Allez !... Dans la folie du moment.

Philippe, qui connaissait les barmen, leur a demandé de nous faire de la place. Entraînés par la musique, nous avons grimpé sur le bar et continué à danser. Petit à petit, les clients s'en allaient. La soirée s'est prolongée jusqu'au petit matin.

Nous nous sommes beaucoup amusées, Mylène et moi, avec ces inconnus, sans nous poser de questions. Philippe m'a dédié plusieurs chansons, dont Free, de Stevie Wonder : « Free like the river, Flowing freely through infinity, Free to be sure of, What I am and who I need to be... », ces paroles résonnent encore.

J'étais heureuse, légère. À la fin, il a trinqué à mon futur succès... À sept heures, avant de se quitter, il m'a discrètement glissé la carte du restaurant où il travaillait en me disant : « C'est là que tu peux me joindre, à n'importe quelle heure. » Au moment où j'ai lâché prise avec mes questions, il s'est enfin livré ! Ce qui est amusant, c'est que j'ai souvent réservé des tables pour mes chefs dans ce restaurant, situé sur cette jolie place parisienne. J'avais travaillé juste à côté pendant des années.

Avant de s'engouffrer dans un taxi, Philippe m'a donné rendez-vous deux mois plus tard, jour pour jour, pour faire le point sur ma vie. Elle devait commencer à changer. Dès qu'il est monté dans la voiture, les questions se sont bousculées. Je venais de rencontrer quelqu'un qui me rassurait. « Vais-je le revoir ? Est-ce que je serai capable de me débrouiller toute seule pendant deux mois ? Se souviendra-t-il de ses promesses ? » Le seul numéro que j'avais était celui du restaurant… Il ne me restait plus qu'à rentrer chez moi. Cette fois, j'avais l'impression que plus rien ne serait comme avant. J'attendais le bus, heureuse de ma rencontre, de m'être amusée. Le soleil se levait sur Paris, le ciel était rose, il y avait une magnifique atmosphère matinale sur la ville encore calme, sans voitures. J'ai levé les yeux au ciel, rassurée, comme si on me protégeait de là-haut.

J'ai essayé d'oublier ses mots, mais ils étaient gravés dans mon esprit. Avant de rentrer, je me suis offert quelques viennoiseries. J'ai pris mon petit déjeuner et je me suis couchée avec de belles pensées, ravie de cette rencontre et de cette soirée inattendue, j'avais le sourire. J'ai dormi toute la journée, et après j'ai eu envie d'écrire. J'ai réalisé, à ce moment-là, qu'un jour je pourrais peut-être partager avec d'autres mes expériences, celles d'une jeune femme de trente-trois ans en train de renaître.

Le lundi, au travail, je continuais à m'interroger. J'avais envie de recontacter Philippe, d'avoir d'autres informations. N'ayant pas son numéro de téléphone personnel, j'étais gênée de l'appeler au restaurant, mais après tout, il me l'avait proposé. Je n'allais pas très bien. J'ai fini par le contacter.

— Coucou, c'est Christelle, tu te souviens ? Barry White, le bar. Je me demandais si tu serais disponible pour un café ?

— Passe, tu es toujours la bienvenue.

— Je ne veux pas te déranger.

— Viens, va jusqu'au bout de ta démarche...

Un peu nerveuse, je suis arrivée place du Marché-Saint-Honoré. Philippe m'a accueillie avec le sourire. Je me suis installée en terrasse et j'ai commandé un verre de brouilly que j'ai savouré paisiblement. Je me sentais un peu seule, à observer des couples et des groupes d'amis arriver. Philippe m'a apporté un plaid pour me couvrir et m'a servi une spécialité maison à déguster. D'un seul coup, je me suis sentie envahie de sérénité, prête à apprécier ce moment. Le ciel était splendide, avec de belles couleurs, les nuages prenaient des formes originales. Furtivement, je regardais Philippe en train d'accueillir ses clients. Il les recevait tous avec bonté, très attentionné, chaleureux, comme il l'avait fait avec moi qu'il connaissait à peine. Il venait me parler entre deux clients. Je lui ai posé des questions sur sa vie. Il m'a confié qu'il était divorcé, qu'il avait deux enfants et qu'il souffrait de ne pas les voir assez souvent. Avec son travail, c'était compliqué d'avoir une vie de famille. Malgré cela, il ne laissait rien paraître. Le vent s'est levé, je suis partie, constatant qu'il avait de plus en plus de clients. Il m'a laissé son numéro de portable. J'étais la bienvenue, quand je voulais.

Au cours de la semaine suivante, nous avons échangé quelques messages. Philippe me remontait le moral. Chaque jour, je pensais : « Il faut que tu tiennes pendant deux mois, sois forte. » Il me disait : « Sois patiente, laisse s'écouler ce délai, lâche prise, tu verras. ». Le fait de savoir qu'il était là pour moi me rassurait. Je me suis fixé pour but de tenir sans son aide, de lui montrer comment j'avais évolué. De temps en temps, je recevais des messages de lui : « bonjour » ou « bonne nuit ». Des mots simples, qui suffisaient à me faire sentir que j'étais entourée. Nous n'attendions rien l'un de l'autre.

Est-ce la vérité ? Donner, ne rien attendre ? Ne pas demander ? Laisser les choses se faire ? Prendre ce qui est à prendre, naturellement ? Accepter l'aide que l'on nous offre ? Lorsque je pense aux belles histoires, rencontres ou anecdotes que j'ai vécues, elles sont arrivées par hasard, comme des cadeaux que j'ai su accepter.

Magie ou pas ?

Avant que je quitte le restaurant, Philippe m'avait offert un anneau : « Cette bague te protégera, te donnera de la force, et grâce à elle, tu ne te sentiras plus seule. Tu verras, fais-moi confiance, tout va changer pour toi. Tu me la rendras dans deux mois. » En portant cet anneau, je me sentais protégée, c'était mon porte-bonheur. Je l'ai pris comme un anneau magique. Je devais le porter tout ce temps pour qu'il ait son efficacité.

Quand je suis rentrée chez moi, j'avais envie de vivre intensément. J'ai porté cet anneau jour et nuit, j'en ai pris grand soin. J'ai commencé à écrire plus, à sortir, à bouger, plus rien ne pouvait m'arriver, ni m'arrêter, la vie prenait une belle tournure.

Depuis ma sortie de l'hôpital, je ne m'étais pas trop préoccupée de rechercher des formations. Je me suis rappelé ce que m'avait dit Philippe, sur mes mains, les soins. J'ai donc cherché de manière plus sérieuse, d'autant que Sylviane, me l'avait dit aussi. Je me suis renseignée sur diverses formations en réflexologie et sur les soins énergétiques. Après tout, c'étaient les premiers soins que j'avais moi-même reçus et qui m'avaient fait du bien. J'ai contacté des écoles, envoyé des dossiers. J'ai trouvé des cours à suivre le week-end, ce qui était nécessaire avec mon job à plein temps. J'ai vraiment été très heureuse lorsque j'ai su que j'étais acceptée dans l'école qui me plaisait le plus. Des portes s'ouvraient sur un nouvel univers.

J'ai bouclé mon inscription et peu après, je suis partie en Sardaigne. J'aime cette île, que j'ai découverte en septembre. Elle a une très belle énergie. Il ne m'arrive que de bonnes choses là-bas.

Je retourne à Cala Gonone car je suis tombée amoureuse de ce village, situé en contrebas des montagnes, avec un panorama exceptionnel, la mer à perte de vue, des couleurs, le ciel qui change chaque jour, avec plein d'arcs-en-ciel. C'est un endroit où je me suis sentie bien tout de suite.

Après avoir déposé mes valises dans la chambre, je me suis promenée sur la plage. Je pensais à quel point j'avais aussi envie de rencontrer mon grand amour.

Je me remémorais ce qu'avait dit Philippe : « Tu vas rencontrer un homme important, l'amour, il sera un porte-bonheur pour toi… »

En rentrant de la plage, j'ai senti un objet sous mon pied. Je me suis baissée pour le ramasser : c'était une bague. Je l'ai essayée, elle était très jolie, en argent, typiquement sarde, et juste à ma taille. Toute contente, j'ai décidé de la garder. Je me sentais bien avec cette bague. Je regardais celle de Philippe me disant : « Dans quinze jours je dois la lui rendre, ma vie est censée avoir changé. »

Deux jours plus tard, avant de prendre ma douche,

j'ai enlevé l'anneau de Philippe pour le poser sur le bord de la baignoire. Malheureusement, il a glissé et je n'ai pas réussi à le récupérer. J'étais paniquée, car cela ne faisait pas deux mois que je l'avais, et Philippe m'avait demandé de le lui rendre. « Mince, sans elle je suis perdue, elle est censée me porter chance. » Quand je l'ai appelé en panique pour m'excuser du fait que je ne pourrais pas lui rendre la bague, il m'a répondu : « Ne sois pas désolée, tu n'en avais plus besoin. Cette bague était là pour te réconforter ; j'ai pensé qu'elle t'aiderait à passer cette période difficile. Tu en avais besoin à ce moment-là, tu avais besoin de quelque chose auquel te raccrocher, maintenant tu peux y arriver seule. Tu vas voir, de belles choses t'attendent. » Je me suis sentie stupide, naïve, j'étais en colère contre moi : « Ma pauvre Chris ! Tu as vraiment cru que tu avais une bague magique ? » Peut-être que l'homme de ma vie c'était la même chose. Était-ce un simple encouragement pour que je ne baisse pas les bras ?

Puis j'ai souri et je me suis calmée en prenant conscience qu'au moins, elle m'avait aidée à traverser cette période difficile. Qu'est-ce que cela voulait dire ? Changement de guide, de repères ? J'avais perdu la bague mais j'en avais trouvé une autre à la place, par anticipation, qui ne me quittait plus ! J'ai réalisé que la bague de Philippe avait eu le pouvoir que je lui avais attribué. Quoi qu'il en soit, j'ai bougé ma vie, j'ai eu cette volonté juste parce que je croyais porter une bague magique, c'est ce qui compte. Il avait raison, je devais me raccrocher à quelque chose, mais le moment était venu de vivre par moi-même... J'ai continué mes vacances dans la sérénité. Philippe m'envoyait quelquefois un « bonjour », un « coucou », juste pour me rappeler qu'il était toujours là.

Tout cela montre bien que c'est notre volonté, la pensée, la force que nous mettons dans les choses, qui nous poussent à agir. Tout ne dépend que de nous, de personne d'autre. Nous avons parfois simplement besoin d'un coup de pouce, d'un déclic. Nous avons tous la force de changer, de modifier le cours de notre vie. Il suffit juste d'y croire, de le vouloir avec son coeur, de le penser très fort.

La réflexologie

Au retour de Sardaigne, j'ai commencé mes cours de réflexologie. Je les considérais comme un hobby. Après quelques heures de cours, je me suis réellement demandé ce que je faisais là !

Je voyais des pieds, les pieds de personnes que je ne connaissais pas, sur lesquels je devais m'entraîner, j'étais presque dégoûtée. J'aime masser, mais des gens que je connais, pas des inconnus. Je n'arrivais pas à me concentrer sur le cours, à me souvenir des gestes à pratiquer. Certaines personnes possédaient d'autres techniques de soins, connaissaient déjà ce domaine.

Je m'interrogeais : « Qu'est-ce que tu fais là, Chris ? Au secours ! » Tout cela n'avait rien à voir avec l'univers dans lequel j'évoluais habituellement. Je me demandais pourquoi je m'étais inscrite. Je n'avais pas franchement envie d'y retourner le lendemain. Le soir, en rentrant, j'ai essayé de regarder un peu le cours, de m'y plonger, de me mettre dans le bain.

Le lendemain, c'était beaucoup mieux. Le cours débutait par des exercices de mise en forme, d'éveil du corps, de l'énergie, et de Qi Gong[2]. Mes mains

---

2 *Le Qi Gong est une des cinq branches de la médecine traditionnelle chinoise. Il se définit comme une «gymnastique de l'énergie» qui associe des mouvements lents, des postures dans le but de favoriser l'auto-guérison.*

s'approchaient et s'éloignaient l'une de l'autre sans que je les commande. Il y avait comme une force d'attraction. J'ai commencé à sentir l'énergie dans mes mains, à aimer cela. J'avais déjà ressenti ces sensations dans ma main gauche qui était différente depuis mon accident de cheval. Le cours a commencé à me plaire, j'étais plus à l'aise. Je me suis souvenue que Philippe m'avait dit que ce serait une discipline qui pourrait m'aider à me ressourcer. C'était un signe.

J'ai donc fait des efforts pour me concentrer et finalement cela m'a passionnée. En m'entraînant sur une autre élève, j'ai eu un déclic. J'ai voulu poursuivre ma formation en m'y consacrant vraiment. Après mon premier week-end de stage, c'était étrange de retourner au bureau, avec ce que j'avais vécu pendant le week-end.

Ce fut ainsi après chaque session de cours, j'avais du mal à atterrir. Un jour, au bureau, je me suis assise au fond de ma chaise, j'étais dans un bureau paysager et j'ai regardé tout le monde : je voyais les gens, très concentrés, stressés, plongés dans leur travail, et je me suis vraiment demandé ce que je faisais ici. J'ai compris que l'univers du soin et du bien-être me plaisait, que j'y étais bien. C'était la clé que j'attendais pour ouvrir une nouvelle porte.

J'attendais d'aller aux cours avec impatience. J'aimais les discussions avec les autres élèves, venant de tous les horizons. Nous apprenions différents protocoles de massage pour les pieds, les mains et pour la tête. Le soir, je révisais, je m'entraînais sur des amis pour faire les bons gestes, les enchaînements. J'ai tout de suite préféré me focaliser sur les pieds, j'avais le feeling, un certain ressenti. Le prof nous racontait des anecdotes. Un jour il nous a parlé de l'école Wat Po en Thaïlande, qu'il avait fréquentée. Cela m'a donné envie d'y aller, de voir comment cela se passe en Asie, et je me suis fait une promesse : « Un jour, moi aussi j'irai suivre mon cours à Wat Po ! »

Vers la fin du cursus, nous devions appliquer un protocole entier sur un autre élève, de mémoire. Je me souviens d'avoir été très inspirée par une musique sur laquelle je me suis laissée aller. J'étais bien, à lui masser les pieds. J'ai aussi travaillé à l'intuition, j'avais l'impression que mes mains étaient guidées, que ce n'était pas moi qui faisais les gestes. C'est comme si j'avais toujours connu cela, que des souvenirs me venaient. J'ai vu la personne se détendre et cela m'a fait plaisir de lui faire du bien. Elle a beaucoup aimé mon soin. Mon professeur m'a dit : « Je t'ai regardée, tu étais en état quasi méditatif. » C'est vrai, j'étais avec elle, dans une bulle, concentrée, il n'y avait plus rien autour, elle était aussi très réceptive. Je me suis réjouie : « C'est ce que je veux, apporter du bien-être, j'ai trouvé un moyen d'y parvenir ! » Mon coeur battait, je frissonnais.

À plusieurs reprises, j'ai eu envie de renoncer à ma formation, car beaucoup de personnes étaient dans ce domaine, et pour moi tout était nouveau, j'avais tellement à apprendre. J'écoutais, je me faisais toute petite. Malgré cela, je n'ai pas lâché car une partie de moi se sentait à sa place. C'était une évidence. J'en avais assez de m'effacer ou de me comparer par manque de confiance en moi. Je me sentais plus en phase avec moi-même. Je suis donc allée jusqu'au bout.

L'Italie vient à moi

(juin 2010)

Au mois de juin, j'ai sympathisé avec Daniele, un italien de mon âge, rencontré dans une soirée à Paris. Lors de notre premier rendez-vous, il m'a appris qu'il pratiquait les soins énergétiques, en plus de son travail dans l'agronomie, et qu'il avait enseigné une discipline nommée le Pranic Healing[3] lorsqu'il vivait en Italie. Au cours d'une autre soirée, il m'a dit que ses parents possédaient une petite maison en Sardaigne, à une heure au nord de Cala Gonone ; quelle coïncidence, nous avions de nombreux points communs ! Je lui ai raconté :

— Je vais souvent en Sardaigne, j'aime cette île et cela ne me déplairait pas de m'y installer, ou ailleurs en Italie. Je prends des cours intensifs d'italien. C'est un début pour concrétiser cette envie.

— Tu es folle ! Tu sais, c'est assez dur pour le travail là-bas. C'est magnifique, mais j'y ai vécu enfant, et l'hiver c'est calme pour une personne qui vient de Paris.

— Peut-être, mais j'adore, donc si je peux je pars, lui ai-je répondu.

---

3 *Pranic Healing, en français : Guérison Pranique. Une technique mise au point par Grand Maître Choa Kok Sui. C'est un art ancien de guérison par les mains.*

Daniele a commencé à me faire pratiquer l'italien pour m'entraîner et pour que je ne perde pas ce que j'apprenais en cours.

Quelques jours plus tard, je suis retournée à Cala Gonone, j'ai séjourné dans mon charmant hôtel habituel, où il y a une jolie terrasse sur le toit avec vue sur mer. J'avais sympathisé avec le personnel l'année précédente. Un soir, j'y suis montée pour prendre un cocktail. En observant la mer, je me suis vue en train de faire des massages. J'ai tout de suite proposé à Ilaria à la réception : « Si je reviens en août, que j'achète mon matériel, est-ce que l'on pourrait mettre en place des séances de massages de pieds pour les clients ? » Elle a aimé le concept et demandé l'accord à la direction. Serenella, l'une des responsables, a trouvé que c'était une bonne idée de service aux vacanciers, validée par Francesco, le propriétaire, un monsieur d'un certain âge, trop gentil. Je n'en revenais pas.

À mon retour, lorsque j'ai vu Daniele, je lui ai annoncé :

— Je retourne en Sardaigne en août pour faire de la réflexologie, je suis tellement contente. Je serai installée sur une magnifique terrasse. Je suis en train de tout préparer. J'ai déjà commandé ma table de massage, mon matériel, il ne me reste plus qu'à expédier ! Ilaria, la réceptionniste de l'hôtel avec qui j'ai sympathisé, m'a proposé son aide pour la mise en place. Elle m'a déjà acheté des bougies, et va me faire de la publicité !

— J'y serai certainement au même moment, nous aurons sûrement l'occasion de nous voir.

— Avec plaisir, je pourrai t'offrir une séance découverte !

Daniele m'a aidée pour créer mes affiches et mes cartes de visite en italien.

Dans la foulée, je suis retournée prendre un verre avec Philippe comme convenu, heureuse de lui montrer que tout commençait à bouger. Nous avons fêté notre rencontre, les deux mois, et ces bonnes nouvelles. Je l'ai remercié une fois encore pour ce qu'il m'avait apporté. Les changements étaient là…

DEUXIÈME PARTIE

Découverte de la méditation

(juillet 2010)

L'été 2010 fut pour moi un très bel été. Je n'ai cessé de faire des allers-retours en Sardaigne. J'avais l'impression d'y vivre et l'idée de m'y installer me tentait vraiment. Je pouvais commencer à parler avec les gens du pays, sans avoir besoin que l'on me traduise tout, car l'année précédente, je ne pouvais pas dire un mot. Je me sentais comme chez moi.

Je voyais aussi régulièrement Daniele. Même si je le trouvais beau – il a de superbes yeux bleus – je n'imaginais pas quoi que ce soit entre nous. Je ne me posais pas ce genre de questions. Nous passions d'agréables moments, à pique-niquer dans un parc, ou à prendre des apéritifs en terrasse. Un soir il m'a demandé :

— Aimerais-tu méditer ? Je pense que ce serait un bel outil pour toi.

— Cela fait un moment que j'ai envie d'essayer, mais cela me paraît compliqué. Je me souviens d'un cours de yoga avec une amie, Caterina, dont j'étais ressortie très zen. J'avais apprécié mais j'avais eu beaucoup de mal à garder mon sérieux, surtout lorsque nous avions dû faire des grimaces pour relâcher le visage ! Néanmoins, je veux bien essayer.

Nous nous sommes donné rendez-vous dans la semaine.

En arrivant chez Daniele, j'ai aimé l'odeur de l'encens qui parfumait son appartement, lumineux, très agréable. J'ai découvert sa décoration, ses bouddhas, ses livres spirituels dans la bibliothèque, son univers. Pendant qu'il préparait des boissons, j'ai remarqué le portrait d'un homme sur plusieurs cadres.

— Qui est l'homme sur ces photos ?

— C'est Master Choa Kok Sui, mon Maître, il m'a tout appris, dont le Pranic Healing et l'Arhatic Yoga. Je l'ai suivi pendant des années jusqu'à ce qu'il quitte son corps physique. J'organisais les conférences, j'assistais à des retraites de yoga. Je l'aime beaucoup.

Il m'a parlé de ses enseignements, m'a ouvert l'esprit sur des concepts que je ne connaissais pas. Déjà intéressée par la spiritualité, son discours n'a fait que piquer davantage ma curiosité. J'ai adoré l'écouter. Daniele avait commencé ses pratiques spirituelles vers l'âge de dix-huit ans et peu avant cela il était devenu végétarien par conviction, ne voulant pas « manger tout ce qui a des yeux ». J'ai réalisé que j'aime tellement les animaux, les chevaux, que je devrais peut-être revoir mon régime alimentaire. Puis l'heure de méditer est arrivée.

J'appréhendais, me demandant si j'en serais capable. Quelque part je méditais déjà à ma manière. J'aime passer de longs moments à observer des paysages, dans le silence. C'est une forme de méditation contemplative.

Certains méditent en étant concentrés dans des activités artistiques comme la musique, la peinture, c'est une autre forme de méditation. Là j'allais découvrir une vraie méthode.

J'ai aimé son espace dédié, avec des petits coussins, des photos, des bougies, son tapis de méditation que nous avons baptisé « tapis volant ». Avant de commencer, il m'a dit : « Allez, viens, je t'emmène en voyage. » J'ai souri.

Il m'a expliqué le déroulement de la « méditation des Coeurs Jumeaux » que nous allions pratiquer, une bénédiction pour la Terre et ses habitants, basée sur la prière de Saint François d'Assise. Elle commence par une invocation à Dieu (ou n'importe quel nom que l'on veut donner), à tous les grands êtres spirituels, aux anges. Ensuite, nous visualisons des moments heureux de notre vie en nous concentrant sur le chakra[4] du coeur et en nous adressant à nous-mêmes des mots d'amour. Puis nous répétons la même chose en nous centrant sur le chakra couronne, situé au-dessus de la tête. Nous levons les mains devant nous en imaginant la Terre de la taille d'une balle, face à nous. Et nous envoyons à la Terre, à tous les êtres et en particulier à ceux qui souffrent, de la joie, de l'amour, de la tendresse, de la

---

4 *Les chakras sont les centres d'énergie du corps. Ce mot, dérivé du sanscrit, signifie « roue ». Les chakras distribuent et régulent l'énergie du corps, des organes. Les chakras principaux sont au nombre de sept, ou onze selon les traditions.*

lumière, de la compassion, le pardon, la bonne santé, de la chaleur, la guérison.

Ensuite nous avons fait cinq minutes d'exercices et d'étirements pour préparer nos corps à recevoir l'énergie et nettoyer les méridiens[5]. Une fois en position, nous avons fermé les yeux, respiré profondément. Je les ai ouverts pour regarder Daniele, j'avais envie de rire. Une fois que je me suis reprise, Daniele a mis la méditation, guidée par la voix de Master Choa Kok Sui. En entendant son accent prononcé, il est d'origine chinoise, j'ai eu de nouveau envie de rire, j'avais du mal à me concentrer. Ensuite j'ai commencé à me détendre, grâce à sa douceur et à la musique. Au bout de dix minutes, il y eu un moment où j'avais du mal à tenir la position, à garder les yeux fermés. Je me trouvais ridicule. Les pensées reprenaient le dessus. Heureusement je me suis de nouveau laissée aller jusqu'à la fin. Lorsque le moment est venu d'ouvrir les yeux, je me suis dit : « Dommage, c'est trop tôt, mon corps commençait à être serein ! » J'étais tout simplement bien, ravie avec

---

5 *L'énergie vitale circule dans tout l'organisme par des canaux appelés « méridiens », invisibles à l'oeil nu. Ils distribuent l'énergie dans tout le corps et les organes de la tête aux pieds, jusqu'au bout des doigts. Notre santé et notre vitalité dépendent de la bonne circulation de cette énergie, le Qi. Si l'énergie circule mal, qu'elle est bloquée à certains endroits, cela peut provoquer des désordres sur le plan émotionnel ou physique. Ainsi des disciplines telles que le tai chi, le qi gong, favorisent la circulation de l'énergie par des mouvements. Dans la méditation des Coeurs Jumeaux, il y a certains de ces exercices.*

Daniele à mes côtés.

C'est comme si je n'avais plus été présente pendant tout ce temps. J'ai eu envie de m'allonger pour rester dans cet état. Mais il ne fallait pas. Nous nous sommes relevés pour les étirements, car il faut évacuer l'excès d'énergie accumulée pendant la méditation et permettre au corps de bien se réveiller.

Une grande première pour moi, je m'en suis félicitée : « Génial, bravo ! J'ai médité ! Je suis trop contente ! » En fait, la méditation était plus simple que je ne le pensais. Les vingt minutes sont passées vite. Heureusement que c'était guidé, car je crois que je n'aurais pas pu rester tout ce temps sans aucune pensée. J'ai trouvé que c'était une belle méditation. C'était comme si je donnais quelque chose de moi. J'ai ressenti beaucoup de chaleur dans mes paumes de mains à ce moment-là, j'ai eu l'impression de tenir la Terre dans ma main. J'avais envie de la serrer contre mon coeur.

Lorsque nous avons chanté intérieurement OM... OM... OM...[6], j'ai eu envie de rire là aussi ! Je me disais : « Si quelqu'un me voyait... la honte, je dois être ridicule, il ne manquerait plus que je sois habillée tout en blanc ! »

Après, nous avons aussi observé un silence de quelques minutes pour notre propre méditation, sans

____

6 *OM : voir dans un prochain chapitre intitulé « Om, mon premier mantra », ou le chapitre « Les mantras » à la fin de cet ouvrage, dans la partie relative aux techniques.*

voix, notre moment à nous. J'avais plein de pensées sur les choses à faire dans ma journée, les questions que je me posais, et je commençais à ne plus tenir. Puis, prise par surprise, j'ai vécu un instant de silence et de paix apaisante. Nous sommes revenus à nous en remuant un peu, pour sentir à nouveau notre corps. Nous avons imaginé nos propres racines enfoncées dans la terre, pour nous ancrer et ne pas partir trop là-haut.

Nous avons béni la Terre une nouvelle fois, avec bienveillance, demandé qu'elle se régénère, et remercié encore les guides spirituels.

J'étais vraiment dans une bulle de sérénité, je sentais l'énergie dans mon corps m'apaiser. Je n'aurais pas imaginé autant de bienfaits, malgré les moments où mon esprit vagabondait.

Quelques jours plus tard, j'ai eu envie de recommencer. J'ai demandé à Daniele s'il voulait bien refaire cette méditation avec moi, pour que je m'en imprègne, que je la comprenne bien. Cette fois, c'était plus facile de chasser les pensées de la journée et de me concentrer. Pendant les silences, de belles images surgissaient dans mon esprit : des éléphants, plein de couleurs, on m'offrait un livre, des fleurs. C'était stupéfiant de se promener comme dans un autre monde. J'ai compris plus tard que je découvrais mon univers intérieur.

C'est ainsi que Daniele m'a initiée à la méditation. J'ai eu la sensation de voyager sur son coussin et son tapis... Même si nous nous connaissions peu, je l'ai regardé différemment, nous avons partagé quelque chose de très fort. Je me souviendrai toujours du moment où nous avons ouvert les yeux ensemble, avec de grands sourires, c'était beau, comme si je me voyais en lui, et lui en moi. J'ai été touchée qu'il m'invite dans cette expérience, me livre ses connaissances. J'ai adoré cette découverte.

L'amour

Le mois d'août est enfin arrivé. Je suis repartie à Cala Gonone avec Mylène. Daniele nous a rejointes pour quelques jours et nous avons passé de merveilleuses journées, avec des amis sur place, à nous baigner dans de belles criques, manger dans des restaurants très sympas. Comme promis, j'ai offert sa séance de réflexologie à Daniele, qui a profité du panorama exceptionnel sur le golfe. Cela m'a fait plaisir, je lui apportais aussi quelque chose.

Un soir, j'avais un peu trop bu pendant le dîner. J'ai eu du mal à le supporter. Avec la chaleur et les quelques verres de mirto[7] à la fin du repas, j'étais incapable de rentrer à pied ! Nous avions passé une bonne soirée, mais pour le retour à notre appartement, j'ai dû m'appuyer sur Daniele et Mylène. Je n'arrêtais pas de dire :

— J'ai envie de voir les étoiles, de dormir sur la plage, je ne veux pas rentrer.

— Je vais me coucher, dit Mylène.

— D'accord, je vais sur la plage, bonne nuit.

— Je t'accompagne, si tu veux, proposa Daniele.

— Avec plaisir.

---

7 *Liqueur à base de myrte, très présente en Sardaigne et en Corse.*

Nous sommes restés sur la plage, à parler toute la nuit. Il faisait un peu frais, mais j'étais bien, c'était magique d'être sous une coupole d'étoiles, il n'y avait que nous, le bruit de la mer, quelques bateaux arrêtés, le reflet de la lune sur la mer. Nous avons vu quelques étoiles filantes. Daniele est allé chercher son iPad pour observer les constellations, et nous avons allumé des bougies. Un petit chien nous a tenu compagnie. Le temps a passé très vite. Au petit matin, nous avons admiré le lever de soleil sur la mer. J'ai demandé à Daniele : « Vite va chercher ton appareil, c'est superbe. » Le ciel était rose-orangé. Il est allé vite dans sa chambre, heureusement nous étions juste en face. Daniele a commencé à me faire plein de portraits, je lui ai emprunté son appareil pour le photographier à mon tour et immortaliser ces couleurs. Puis, pressés comme deux enfants, nous sommes vite montés en voiture jusqu'au sommet de la montagne, pour prendre des clichés avant qu'il fasse jour complètement. Cela en valait la peine, le spectacle était grandiose de là-haut.

Nous avons contemplé le lever du soleil sur la mer, la lumière était parfaite pour « notre shooting[8] ». Nous nous sommes photographiés mutuellement, car malgré les cernes dus à notre nuit blanche, nous voulions des souvenirs de ces instants. Nous sommes descendus sur le port pour prendre notre petit déjeuner. C'était inoubliable. Une heure après, nous sommes rentrés nous reposer, chacun de notre côté.

---

8   *La photo de la couverture du livre fut prise ce matin-là.*

Nous avons ainsi passé trois nuits à regarder les étoiles, à être bien ensemble, partager l'instant, parler de spiritualité, sans qu'il y ait le moindre baiser.

Daniele m'a dit : « J'aimerais bien t'emmener dans tous mes voyages. » Je souriais intérieurement : « Voilà l'Italien type ! Paroles, paroles... » Lorsqu'il est reparti à Paris, j'ai eu un pincement au coeur, cela m'ennuyait, j'aimais sa présence. J'ai compris qu'il serait important pour moi, dans ma vie.

J'ai continué mes vacances, mes séances de réflexologie, mes premiers clients... Pendant la semaine, j'ai pu me rendre compte, à chaque rendez-vous, que les clients appréciaient mes soins, ainsi que le personnel. Les filles de l'hôtel sont devenues des amies. Tout était parfait, autant dire que je n'avais pas très envie de rentrer à Paris. J'avais l'impression d'habiter sur place, d'y avoir ma petite vie, je me sentais bien. Les soirées sous les étoiles avec Daniele m'ont manqué. Un attachement s'était créé.

C'est en septembre, à mon retour, que notre histoire a réellement commencé, quand nous avons pris le temps de bien nous connaître. J'ai enfin craqué pour son accent italien si mignon ! Nous méditions ensemble, je lui disais en plaisantant qu'il était un génie sur un tapis volant.

J'ai passé mon premier degré en Reiki. Sylviane m'avait annoncé, trois mois auparavant : « Tu es prête maintenant. » J'avais attendu ce moment tout l'été avec impatience. Fin septembre, j'ai suivi son stage, reçu divers enseignements et fait ma première initiation. Cela signifiait que je pouvais commencer à utiliser mes mains par imposition, pour apaiser les gens. J'ai dû appliquer des protocoles d'auto-traitement pendant vingt-et-un jours car le corps devait s'adapter à la nouvelle énergie, l'intégrer. En général, durant cette phase, de vieilles choses sont évacuées : des blocages, des peurs, des souffrances, de la colère. J'étais très contente de pratiquer une technique en plus de la réflexologie, l'énergie est quelque chose qui m'a toujours attirée. Le Reiki consiste également à travailler avec des modes de pensées tournés vers l'amour, des principes qui me plaisent tels que : « Juste pour aujourd'hui, ne te mets pas en colère », « Juste pour aujourd'hui, ne te fais pas de soucis », « Exprime ta gratitude envers tout ce qui vit ». C'était pour moi une pierre de plus à l'édifice, sur mon chemin.

Parallèlement, avec Daniele, nous construisions notre histoire. Très vite, nous avons éprouvé le besoin d'être tous les jours ensemble, la complicité était là. Je vivais notre relation au jour le jour, dans l'instant, sans penser au lendemain, en profitant du bonheur qui m'était offert. C'est assez rare chez moi qui suis toujours à me soucier du futur. J'étais dans une optique différente, à aimer les moments que nous partagions ; je me satisfaisais de ces bonheurs simples en me disant que j'avais beaucoup de chance de vivre tout cela. Petit à petit, Daniele m'a fait de la place dans sa salle de bains, puis il a libéré une étagère dans sa chambre pour poser mes affaires. Cela me touchait. Il a commencé à s'occuper de son appartement, à le décorer pour le rendre plus chaleureux. Un peu plus tard, il m'a confié le double des clés, pour me permettre de partir après lui le matin, et de venir l'attendre quand il rentrait de déplacement.

Il s'est tout de suite montré attentionné envers moi. Un soir, il a recréé une petite plage chez lui, installé une machine à étoiles, et mis le bruit de la mer en fond musical, pour nous rappeler nos soirées sur la plage et fêter notre premier mois ensemble. Lorsque j'étais dans mon bain, il m'apportait des cocktails, vêtu d'un paréo, comme un serviteur. Nous vivions des moments simples et beaux. Daniele voyage beaucoup pour son travail. Je l'ai accompagné à Rome. Il était donc sincère sur la plage.

Pour notre premier Noël, je lui ai offert un sapin, que j'ai décoré. Il neigeait, et de son appartement situé en hauteur, nous pouvions voir la neige tomber dans le parc en face, c'était très romantique. Daniele est allé en Italie pour fêter Noël dans sa famille et nous nous sommes retrouvés ensuite, pour échanger nos cadeaux. Nous avons célébré notre premier Jour de l'An tous les deux, préparé notre petit dîner, parlé et médité jusqu'à quatre heures du matin. Nous étions heureux de commencer la nouvelle année ensemble.

Notre premier jour de 2011 a débuté par une belle méditation. Ensuite, nous avons fait la liste de nos projets pour l'année : nos souhaits personnels, nos voyages, ce que nous aimerions vivre spirituellement, professionnellement, nous avons listé tous nos désirs.

J'avais trouvé le génie de la lampe d'Aladin, pur, aimant faire plaisir aux autres, prêt à les aider. J'aime me noyer dans ses grands yeux bleus. Je vais bien quand il est à mes côtés. C'est mon « génie bleu ».

Je rêvais secrètement que mon fiancé soit italien. Cela m'est arrivé vraiment…

Je pensais partir de Paris pour aller en Sardaigne, et c'est un italien qui m'a retenue à Paris !

Est-ce mon envie ? La bague magique ? Peu importe, mon coeur s'est ouvert… J'ai remarqué aussi que lorsque j'ai commencé à trouver mon équilibre, certaines relations autour de moi se sont stabilisées, des amies ont elles aussi trouvé l'amour. Je ne saurais pas comment l'expliquer. Peut-être que lorsque nous changeons, cela se répercute autour de nous ?

OM – Mon premier mantra

Un soir, Daniele m'avait fait couler un « bain purifiant » : chaud, avec du gros sel, quelques gouttes d'huiles essentielles de tea tree. Il m'a dit de m'y plonger pendant vingt minutes et a mis de la musique relaxante, de magnifiques chants spirituels. C'est ainsi que j'ai commencé à aimer les merveilleuses chansons de Deva Premal et Mitten. Je les écoute maintenant très souvent pour me relaxer, dans mon bain, pendant mes soins, ou pour méditer. Même le Dalaï Lama adore leur musique. Daniele m'a expliqué qu'ils chantent des mantras. Je lui ai demandé :

— C'est quoi un mantra ?

— Lors de la méditation des Coeurs Jumeaux, Master Choa Kok Sui chante OM…OM…OM… neuf fois, tu te souviens ? C'est un mantra.

Je m'en suis effectivement souvenue, mais je n'avais pas très bien compris à ce moment-là.

— Ce que chante Deva Premal, c'est la même chose. Un mantra est un son, un chant, avec un pouvoir particulier. Par exemple, le OM, qui serait l'un des noms de Dieu, aide à mieux nous centrer, il est libérateur. Il existe plein de mantras comme Om Mani Padme Hum qui aide, entre autres, à dissiper les problèmes. C'est le mantra amené par Quan Yin, le Bouddha de la compassion.

Il a continué :

— Les mantras sont un mot ou un groupe de mots récités, qui nous permettent d'accéder à des états de conscience supérieure. Chaque mantra émet une vibration particulière. Souvent on utilise ces mantras en méditation. On les récite, on les chante. Les mantras agissent sur notre mental, nos émotions, sur le corps physique, nos centres d'énergie.

Ainsi, après ce mini « cours », Daniele m'a laissée profiter de mon bain, avec un bon cocktail de fruits, et m'a mis le mantra OM, me rappelant de le chanter intérieurement pour purifier l'aspect du corps énergétique, et à haute voix pour nettoyer le corps physique, en fermant les yeux. « Tu pourras aussi utiliser ce mantra pour méditer, assise sur un coussin en fermant les yeux. »

Je me suis centrée sur le mantra, j'ai fermé les yeux, j'ai essayé de me laisser aller. C'était impressionnant de ressentir les vibrations dans le corps à chaque OM. Petit à petit, je suis devenue relaxée, apaisée, en état quasi méditatif. J'ai essayé d'imaginer qu'à chaque OM mon corps se nettoyait, que les toxines, les impuretés, les mauvaises énergies partaient, j'avais conscience que quelque part, je chantais le nom de « Dieu ».

Bienfaits de la méditation

J'ai commencé à méditer seule de temps en temps car cela me plaisait, et à en ressentir les bienfaits. Une fois, j'espérais voir des images, mais je n'en ai pas vu. J'ai en revanche ressenti une profonde relaxation, une forte énergie. Les jours suivants, j'étais moins stressée, moins angoissée, je ressentais du bien-être. J'ai alors médité régulièrement. Une fois, j'étais si bien après, que je me suis endormie alors que j'étais restée quelques minutes supplémentaires les yeux fermés, allongée sur le sol. D'autres jours, j'avais une forme incroyable après, cela me rechargeait. J'ai d'abord médité une fois par semaine, puis deux, puis trois, certaines semaines tous les jours.

Je ressentais une ouverture sur le monde spirituel, j'approchais quelque chose qui semblait essentiel à ma vie, que j'avais toujours cherché. J'ai senti que la méditation me faisait du bien, c'est comme si je prenais la nourriture dont mon corps avait besoin. Daniele m'avait offert un bel outil pour ma construction et mon cheminement personnel.

Avec le temps, mon énergie changeait, j'étais plus forte et moins stressée. Je me sentais de plus en plus connectée au divin, à moi-même. Peu à peu, je me suis aperçue que je profitais de ce que j'envoyais à la

Terre. Je me suis sentie plus joyeuse, avec des pensées plus généreuses, plus apaisées. Comme si ce que nous faisions en méditation s'ancrait en

nous. L'énergie que nous envoyons à la Terre nous est retransmise. Lorsque nous envoyons de l'amour, nous en recevons en retour. Cela a changé beaucoup de choses en moi : mes perceptions, mon regard sur la vie, la manière d'affronter les situations, mes valeurs...

Lorsque je médite, c'est un voyage intérieur, loin de tout, je me sens coupée du reste du monde, je ne suis qu'avec moi-même, je donne, je reçois, je fais le vide, je me recharge. J'ai observé les changements : mon intuition s'est développée, je suis devenue plus à l'écoute, plus indulgente, plus dans le partage. Il m'arrive de faire des pauses, les jours où je ne suis pas courageuse. Mais très vite, le stress reprend sa place et je sais que la méditation me manque. Lorsque les coupures sont longues, il est difficile de s'y remettre.

Il m'est aussi arrivé de pleurer, pendant ou après. L'une des particularités de la méditation des Coeurs Jumeaux est « d'ouvrir » le coeur. Ainsi, lorsque des émotions trop lourdes nous pèsent, elles peuvent être libérées. Parfois je me sentais envahie par une vague de chaleur, d'amour. Lorsque j'ouvrais les yeux, j'avais envie de donner tout l'amour que j'avais. Ce que j'imaginais être une sorte d'obligation s'est révélé être un immense plaisir. La méditation fait maintenant partie de mon quotidien. Quand je pense que la première fois, c'était juste pour essayer, que je le prenais comme un jeu ! Je ne pensais pas y entrer aussi facilement et avoir envie de pratiquer autant. Je ne m'attendais pas non plus à ces effets, à cette évolution. Il m'est même arrivé, parfois, de pousser Daniele à méditer quand il était fatigué !

Je sens que ma vie change grâce à cela. Je suis de plus en plus sereine. J'ai changé ma façon d'être, de voir les gens, le regard que je porte sur des situations. Je gère mieux les conflits, les mauvaises nouvelles, les difficultés. J'arrive maintenant à mieux discerner ce qui est bon dans beaucoup de situations, dans les épreuves. J'essaie de me servir des enseignements dans mon quotidien, de développer un bon caractère ; lorsque je suis en colère, cela ne prend plus les mêmes proportions. Je suis de moins en moins en colère. Je n'attache plus autant d'importance aux petits tracas du quotidien.

Au cours des deux dernières années, j'ai conduit cette méditation avec des personnes de mon entourage, des inconnus, des clients, tous ont ressenti les mêmes bienfaits que moi. Aujourd'hui, j'ai envie de la faire découvrir, car c'est un bel outil, que j'ai expérimenté, qui m'a aidée. Je ne connais pas toutes les méthodes de méditation, mais je sais ce que celle-ci m'a apporté, et j'espère qu'il en sera de même pour ceux qui la pratiqueront régulièrement.

La méditation ne fait pas tout non plus. Dans ce parcours, il est important de travailler aussi sur soi, son caractère, de développer ses vertus, car méditer et mal se comporter ensuite n'a pas d'intérêt.

Nous avons tous des hauts et des bas. En ce qui me concerne, méditer m'a aidée à surmonter les périodes difficiles avec plus de force, les périodes où je vais mal durent moins longtemps. Bien sûr, cela dépend aussi de notre force intérieure. Nous avons tous des capacités différentes pour affronter les situations difficiles. Pour certains, il faudra plus de temps avant de ressentir les effets.

Je consacre désormais chaque jour du temps à la spiritualité. Même si je ne médite pas, je remercie des bonnes choses qui m'arrivent au quotidien, j'envoie de la lumière, de l'énergie, je me recentre, respire, je fais quelque chose de bien pour aider une personne, j'offre un soin, donne dans la rue en fonction de mes possibilités. Je me sens guidée pour faire mes choix, entreprendre, je me sens maintenant protégée. Il m'arrive de plus en plus de belles choses, de belles rencontres. Ma voix intérieure me parle plus, ou peut-être suis-je plus à son écoute ? J'ai pu construire cette relation à la Terre qui me manquait. Je ne pensais qu'aux anges, au ciel, aux planètes, aux étoiles. Aujourd'hui, j'ai appris à aimer la Terre. Selon les situations, j'ai pu mettre en pratique mes nouvelles connaissances. J'ai dédié un chapitre, à la fin du livre, à la méditation des Coeurs Jumeaux.

J'ai essayé de mettre en pratique dans de nombreuses circonstances les enseignements reçus, où la méditation m'a bien aidée. J'ai pu réagir mieux que par le passé, devenir plus tolérante.

Dans le silence, j'ai trouvé des réponses, écouté mon intuition. J'ai essayé d'être moins dans le jugement, plus courageuse, de voir les personnes, les événements, de manière plus positive, de balayer mes peurs, d'aller jusqu'au bout de mes envies.

Voir le positif en chacun

Je n'appartiens à aucune religion mais j'ai des convictions, comme le fait que l'amour apaise les colères, la haine et que son pouvoir peut même nous changer. En mettant de l'amour dans ce que l'on vit, on donne, on s'oublie, on pense aux autres, et les relations deviennent harmonieuses. Cela permet d'adopter une attitude positive qui change tout. Un jour on m'a dit : « Si tu penses à des situations négatives, tu en attires encore plus. Au lieu de s'arranger, elles s'aggravent. Si tu focalises sur les défauts d'une personne, tu attires encore plus à toi les aspects que tu ne souhaites pas. Il faut voir les qualités, voir le positif comme imaginer une belle collaboration pour tout renverser, tu verras... »

J'ai décidé de tester cela au quotidien et dans mon travail, car j'aime mettre en application ce que j'apprends, m'améliorer. Pour changer et pour que ma vie change, je suis prête à tout, et les efforts ne me font pas peur. J'ai donc essayé d'apprécier des personnes avec qui je ne m'entendais pas.

J'avais un collègue qui me gênait, difficile à comprendre. Lorsqu'il venait me voir, je me demandais, craintive : « Que va-t-il encore se passer ? » Je captais son stress et avais du mal à gérer ce qu'il dégageait. Je lui trouvais plein de défauts et me focalisais dessus.

Lui demander la moindre information me mettait mal à l'aise, j'appréhendais ses réponses, l'imaginant déjà en train de râler avant d'entrer dans son bureau. Et c'est ce qui arrivait. J'ai choisi de m'entraîner sur lui, pour voir si je pouvais améliorer la situation, et faire en sorte qu'elle me pèse moins.

J'ai commencé par regarder ses qualités, enfin à essayer d'en trouver ! À la fin de mes méditations, je lui envoyais de bonnes vibrations. J'imaginais que nous parlions de manière agréable, conviviale, des dossiers en cours, que je lui rendais plein de services. Petit à petit, son attitude a changé et, à ma grande surprise, il est devenu plus souriant, je me sentais mieux à son contact. Nous ne sommes pas devenus de grands amis, mais sa présence ne me dérangeait plus. Il y a même eu des moments de rires entre nous. Son stress, quand j'ai compris que c'était le sien, ne m'atteignait plus. Au contraire, j'essayais de rester zen, centrée, avec lui ou d'autres, de transmettre de bonnes ondes, pour ne pas dégager la même chose et allumer le feu. Une certaine harmonie s'était installée. Lorsque son comportement dérapait, je me demandais pourquoi. J'ai réalisé au fil du temps que moi-même j'étais tendue. C'est fou, il réagissait à l'énergie que j'envoyais ! Lorsque j'étais souriante, tout allait bien. En fait, il est devenu mon baromètre : lorsqu'il était désagréable, j'en déduisais que je devais l'être aussi ou que j'étais contrariée. Son attitude m'a finalement ramenée à travailler sur moi, il a été mon miroir…

Ayant compris cela, j'ai beaucoup apprécié de pouvoir apporter du calme dans des réunions par exemple. Une fois, quelqu'un m'a reproché, énervé, de ne pas avoir fait mon travail. Avant, j'aurais répondu de la même manière, me sentant agressée, sur la défensive. Ce jour-là, j'ai répondu en étant bien centrée. L'autre personne est redescendue d'un ton, et la situation n'a pas empiré.

Je l'ai aussi testé dans les transports, en décidant d'arrêter de juger les personnes que je croise. J'ai voulu arrêter des réflexions telles que : « Il n'a pas l'air sympa celui-là, ou elle semble coincée, je n'aime pas sa tenue… » Je regarde les gens de manière neutre, ou positive.

Nous avons tous nos qualités, nos imperfections. Attribuer trop de défauts à quelqu'un, c'est un peu le réduire, et on accentue cet aspect de sa personnalité. C'est tellement mieux de voir ce qu'il a de positif. Je me suis amusée une fois à dresser la liste des qualités d'une personne que je n'appréciais pas. C'est un bon exercice. J'ai eu envie d'arrêter d'être dans le jugement car ce n'est pas ma vraie nature. Rester dix minutes à la machine à café pour se plaindre de son patron m'est devenu insupportable. Il ne s'agit pas de devenir un enfant de choeur, mais d'arrêter de ne penser qu'au négatif pour attirer de plus en plus de personnes ou de situations positives. Il y a des moments où, bien sûr, plein de choses nous agacent, où des personnes nous sont insupportables, mais lorsque nous arrêtons de leur donner de l'importance et d'en parler à longueur de conversations, la situation ne prend pas autant d'ampleur et nous ne la subissons plus. Si quelqu'un nous dérange, à quoi bon espérer qu'il lui arrive quelque chose de mal ? Souhaitons-lui de trouver le job de ses rêves, et de partir dans les meilleures conditions. Il n'en sera que plus heureux, et nous aussi !

En voyant le positif, tout devient plus convivial. Les proverbes « on récolte ce que l'on sème » ou « qui sème le vent récolte la tempête » se vérifient. Amour ou haine, il nous appartient de choisir. L'amour aide à tout résoudre, c'est le seul mot dans le langage universel qui lève tous les obstacles. Accompagné d'un petit sourire, le tour est joué ! Personne ne peut se fermer à l'amour.

Accomplir de meilleures choses ensemble

J'ai souvent eu des complexes d'infériorité que j'arrivais plus ou moins à gérer. Un jour, j'en ai eu assez car cela m'entraînait dans des situations désagréables de concurrence et d'opposition, même dans le travail. J'ai décidé de supprimer ce schéma de pensées, en prenant conscience que travailler, vivre, c'est former une équipe, s'entraider, se dire que l'on va tous dans le même sens, avec des intérêts communs.

Lorsque j'ai débuté ma carrière, je me suis aperçue que certaines collègues, peut-être par jalousie, refusaient de m'aider, minimisaient mon rôle et se vantaient de leur expérience. Je me disais : « Je ne veux vraiment pas devenir comme elles, pas aimables, aigries au point de ne pas collaborer avec les autres ! » Plus tard, devant des filles plus jeunes ou plus jolies, il m'est arrivé à moi aussi de me braquer et j'ai parfois passé des moments difficiles dans la crainte que l'on me prenne mon travail. Lorsque j'en ai eu assez de vivre dans la peur, j'ai changé d'attitude, repensant à ce que je ne voulais pas, plus jeune. J'ai fait la liste de mes qualités, de mes compétences, de ce que j'avais accompli et je me suis dit : « Mais pourquoi douter de toi ? Fais plutôt profiter les autres de ce qu'on t'a transmis, il est juste que tu passes le relais à ton tour.

Tu as aussi des points à améliorer, cela pourrait s'avérer être un partage, elles t'apprendront peut-être elles aussi plein de nouvelles choses utiles. »

J'ai testé ma volonté de changer d'attitude lorsqu'une collègue est venue me demander conseil, j'ai fait des efforts. J'ai voulu inverser ma fâcheuse tendance de petit ours grognon. Au lieu de penser : « Que veux-tu, toi encore ? » je me suis ouverte pour l'accueillir avec le sourire et lui donner les informations dont elle avait besoin. J'ai réalisé que le but était que le projet sur lequel nous travaillions voie le jour, sinon c'était du sabotage. Je me suis montrée disponible, à son écoute, j'ai partagé ce que je pouvais. Et j'ai éprouvé du bien-être parce qu'il était juste d'agir ainsi, que c'était en phase avec mes valeurs : « C'est bon de donner ce que l'on a ». À partir de là, j'ai réussi à jouer mon rôle et j'ai aidé les autres sans arrière-pensée, ne me sentant plus menacée, travaillant du mieux que je pouvais en me rappelant que moi aussi, j'étais passée par là. Mes relations se sont améliorées et je me suis sentie bien à ma place !

Nous sommes tous différents et ce n'est pas un hasard. Nous avons chacun un rôle à jouer. À quoi bon se mettre en concurrence ? Plus on s'assume, mieux on est dans sa peau, avec les autres et dans sa vie. Peu importent nos vécus, nos peurs, nous devons voir ce qu'il y a de bon en nous, au lieu de focaliser sur nos manques, nos faiblesses ou sur les défauts des autres. Il y aura toujours des gens plus beaux, avec plus d'argent, et d'autres compétences. Essayons d'agir en gardant à l'esprit les intérêts communs, la notion de collaboration, la transmission du savoir.

C'est par exemple grâce à l'aide de personnes bien intentionnées que mon livre a pu voir le jour, dans un esprit de partage, et j'en suis heureuse.

Être soi

Avoir le courage d'être soi, agir sans se préoccuper de ce que pensent les autres, être dans le détachement de leurs opinions n'est pas très facile. J'ai longtemps souhaité réussir à m'assumer telle que je suis, agir sans me soucier du regard des autres. Avant cela, j'ai essayé de rentrer dans le moule, d'être comme on voulait que je sois.

Cela me flattait de travailler dans des sociétés prestigieuses, car mes parents étaient fiers, les gens impressionnés. Par moments, je rêvais de faire tout le contraire, être rebelle, vivre comme je l'entendais. Pourquoi est-ce que je ne me suis pas écoutée ? La peur du rejet, le manque d'amour de soi. Pendant des années, j'ai essayé d'être à la hauteur lors de dîners, de parler culture alors que je m'en fichais. Je voulais paraître « bien ». Je vivais à travers le regard des autres. Au fond de moi, je m'intéresse à la nature, au bien-être, aux grands espaces, aux animaux. Je n'osais pas raconter mes week-ends le lundi, par peur de ce que l'on penserait de moi, que l'on trouve mes activités nulles. Maintenant, je l'assume complètement. J'ai toujours aimé sortir, mais il m'arrivait de le faire à contrecoeur, pour faire plaisir. J'ai arrêté, désormais je ne le fais que par choix, lorsque que je suis tentée. Je veux être heureuse, occuper mon temps comme j'en ai envie, et non parce qu'il faut faire comme les autres. Je ne me remets plus en question.

Chacun a ses intérêts, sa vie, nous ne sommes ni plus ni moins bien que les autres. Je ne cherche plus à me valoriser, mais juste à vivre comme je l'entends, à être en harmonie avec mes aspirations profondes. J'ai l'impression d'avoir perdu du temps car j'ai découvert des choses très importantes vers l'âge de trente-trois ans, et il me reste encore beaucoup à apprendre. Je me suis souvent comparée aux autres et il peut m'arriver d'avoir, comme tout le monde, des moments de doute, mais ce n'est plus comme à cette époque, où mes doutes me déprimaient sur de longues périodes. Aujourd'hui, j'y réfléchis, je vois d'où ils viennent et j'essaie de ne pas leur accorder trop d'importance, de ne pas les laisser prendre le dessus. Nous avons tous des parcours différents, il faut l'accepter. L'un n'est pas mieux que l'autre, chacun a son propre chemin. Le mien a demandé beaucoup d'efforts et de pardon.

À trente-trois ans, je renais, j'ai l'impression que ma vie commence, que j'étais dans l'ignorance, que j'ai eu les yeux fermés très longtemps. Parfois, j'ai eu envie de revenir en arrière, ce qui m'aurait simplifié la vie. Mais à choisir, je suis ravie d'avoir ouvert les yeux, de m'être réveillée. J'essaie de ne pas être trop dure, trop exigeante avec moi-même, de ne pas me juger trop sévèrement. Car s'il est important de bien se comporter envers les autres, il est aussi important d'être doux envers soi, de ne pas s'insulter, se dévaloriser.

Un matin, je me suis réveillée en pensant aux belles choses qui m'attendent dans l'avenir. Je me suis projetée, et une énergie incroyable m'a envahie. Je me suis levée heureuse, émue de la chance que j'avais. Auparavant, j'avais fait des rencontres, amicales ou sentimentales, de personnes qui ne me correspondaient pas et je m'adaptais à elles, en m'oubliant. Aujourd'hui, je suis en harmonie avec ceux que je rencontre.

Si quelque chose ne me convient pas, j'assume, j'affirme mon point de vue, je m'efforce de ne pas penser à la manière dont les gens vont me juger, de ne pas me soucier du fait qu'ils pourraient ne pas m'aimer. Je ne suis pas encore parfaite sur ce point, mais je me suis beaucoup améliorée. Ce n'est pas en un jour que ces vieux schémas disparaissent. Nous voulons tous ce que nous n'avons pas, être ce que nous ne sommes pas. Nous devrions être heureux d'être à notre place pour le bon équilibre du tout.

Vouloir changer tout ce qu'il y a autour commence par soi-même, de l'intérieur, afin que cela se répercute à l'extérieur. Nous souhaitons souvent voir les autres changer, c'est plus facile. J'ai constaté qu'en changeant mon attitude, tout se modifie au niveau d'un groupe. Si chacun faisait cet effort, toutes ces petites gouttes d'eau formeraient une pluie qui donnerait un très bel arc-en-ciel de bonheur et de sérénité.

L'année dernière, j'ai approfondi ma relation avec une collègue de travail, Mylène. Nous sommes devenues amies. Arrivées en même temps dans la société, nous sommes presque voisines, occupons un poste équivalent, il y a beaucoup de similitudes. Certains nous confondaient parfois au bureau, inversant nos prénoms. Nous fréquentons la même salle de sport. Nos histoires se ressemblent aussi. Nous sommes parties en vacances en Sardaigne, sans vraiment nous connaître. Tout s'est très bien passé. Nous étions dans le bon état d'esprit pour cela. Nous avons entrepris en même temps un travail sur nous-mêmes et avons changé physiquement, moralement, ensemble. Les rapprochements ne se font pas au hasard.

En amour, c'est la même chose, avant je rêvais de la grande vie, de luxe, j'attirais donc des hommes qui aimaient le luxe mais pour qui c'était aussi la seule chose importante. Alors que j'avais peur de m'engager, je rencontrais des hommes qui n'étaient pas libres. Quand j'ai désiré prendre ma vraie place, respecter mon côté naturel et spirituel, vivre une histoire sincère, j'ai attiré l'homme qui me convenait, que je souhaitais rencontrer. J'ai été honnête avec mes désirs profonds. C'est ainsi que Daniele est venu à moi.

Il faut être ouvert, reconnaître, voir l'autre. Nous attirons ce que nous sommes. Depuis cette quête de moi-même, je rencontre de plus en plus de personnes ouvertes, vraies, authentiques, qui sont dans le même cheminement, dans le bien-être, qui ont envie de donner. Il y a des rapprochements, mais aussi des séparations, de l'éloignement, car les changements ne sont pas sans conséquences. J'ai dû accepter que des personnes sortent de ma vie. Mais c'est la danse de la vie, écoutons sa musique...

Donner, recevoir de l'amour

(21 mars 2011)

Je vis avec Daniele depuis plusieurs mois. Je me sens très bien avec lui, nous partageons beaucoup, notamment sur le plan spirituel. Nous méditons, suivons des cours, je me sens très en phase. Après les fêtes de Noël, nous avons passé des vacances vraiment géniales sur l'île de Saint-Martin, aux Caraïbes, alors que nous ne nous connaissions que depuis quelques mois.

Mais depuis deux semaines, je sentais un malaise entre nous. Pour essayer de savoir d'où cela pouvait venir, je lui ai posé des questions car j'avais l'impression que quelque chose le tracassait. D'après lui, rien n'allait mal. Des impressions faussées ? Est-ce que j'avais imaginé des choses ? Par moments, je le poussais à bout pour essayer de comprendre et cela provoquait un conflit. Je me suis remise en question. J'ai pensé que je n'étais pas assez jolie, que je ne lui plaisais plus. Pourtant, au fond de moi, je savais que nous étions très unis, mais je me suis laissée envahir par des doutes stupides. Mes « vieux démons » remontaient à la surface.

J'ai ressenti une douleur dans la poitrine, je ne savais pas ce que c'était. J'avais l'impression d'avoir quelque chose sur le coeur, une boule dans la gorge qui devait sortir. Je me suis demandé ce que c'était, si j'avais des choses à dire. J'ai appelé Stéphanie pour lui demander un soin, j'avais besoin de comprendre cette douleur qui m'étouffait. Après tout, le problème ne venait peut-être pas de Daniele, mais de moi ? Stéphanie a posé ses mains sur moi et m'a donné son premier ressenti : « Tu es dans une peur paralysante. Tu t'es attachée à Daniele, tu es amoureuse, tu as besoin de son amour, qu'il te rassure. » Au fond, c'est vrai qu'à plusieurs reprises, j'ai eu envie de lui dire « je t'aime. » D'après elle, j'étais prête à me jeter à l'eau, mais je considérais que je n'étais pas digne d'amour, c'était très présent en moi. Je craignais qu'il ne m'aime plus si je lui montrais mes sentiments. J'avais peur de l'échec, ce serait une souffrance trop grande à supporter. Stéphanie a travaillé sur ce manque d'amour que ressentait mon âme, et sur mes peurs. Elle m'a fait un nettoyage énergétique pour m'aider à me libérer, et m'a conseillé d'être moi-même, de faire ce que je sentais juste, de me laisser aller, dire ce que je ressentais, ne plus me bâillonner. J'ai dû me répéter chaque jour, jusqu'à ce que je l'intègre : « Il est sans danger pour moi d'aimer, et d'être aimée. » Je devais guérir le manque d'amour que je ressentais intérieurement pour être capable d'en donner. J'avais juste besoin de dire « je t'aime »… des mots si simples, mais si durs à prononcer, surtout pour moi… Ils étaient bloqués, j'étais en colère ancienne contre moi, liée à la peur de dire les choses. Cela faisait un moment que j'y songeais, mais j'avais peur de mettre la pression sur notre relation, de perdre Daniele, que cela devienne trop sérieux, car j'aimais vivre dans l'instant comme nous l'avions fait jusque-là. J'ai dû apprendre à être plus confiante, à me débarrasser de ce qui m'empêchait d'être bien. Je voulais voir la paix dans son regard et dans le mien.

Un midi, Daniele est venu déjeuner avec moi, avant de prendre l'avion pour un déplacement. Je me suis dit : « S'il nous arrivait quelque chose à l'un ou à l'autre, personne ne saurait que l'on s'aime. On le devine, on se dit toujours que l'on s'adore, mais ce n'est pas la même chose. » Alors avant qu'il monte dans le bus, je l'ai embrassé et lui ai dit : « Je t'aime. » Je me suis sentie libérée. Daniele était très ému, je pouvais lire son amour dans ses yeux lorsqu'il m'a regardée. Il m'a dit qu'il était heureux, qu'il m'aimait, et m'a serrée très fort contre lui. Il y eut une telle fusion entre nous. Je me sentais protégée, belle. En réalité, je pense que nous avions tous les deux envie et besoin de nous le dire, et qu'aucun n'osait le faire. On attend beaucoup de l'autre, sans donner, on exprime facilement des reproches et souvent, on oublie de dire l'essentiel, les choses douces que l'on ressent. Réussir à l'exprimer procure un tel plaisir. Ces mots simples ouvrent des portes, lèvent des barrières que l'on n'imagine pas. On a besoin de ce réconfort, d'être soi, d'oser dire. Aujourd'hui, je me suis libérée de lourds fardeaux, je vis dans une telle légèreté ! Nous sommes heureux, il n'y a plus de malaise, au contraire.

Beaucoup d'entre nous ont peur de l'amour, et pourtant ce n'est que du bonheur. Il m'a fallu du temps, des ajustements, mais cela en valait la peine. J'ai repris confiance en moi parce que je me suis sentie aimée, alors que je n'osais pas partager tout cet amour. Mais cet amour n'est arrivé que parce que je l'ai souhaité, que je m'y suis ouverte. Je lui ai fait de la place, en me libérant du passé. J'en ai tellement à donner. C'est si beau d'aimer et d'être aimée. Je prétextais : « Il faut attendre plus avant de le dire », en fait, je m'étais mis des barrières inutiles. Ces quelques mots ont marqué un tournant dans notre relation. On était bien, mais on est passé à encore plus. Ce qui nous unit est plus fort, c'est une réelle alchimie, la fusion de nos âmes, différente de celle qui passe par l'acte sexuel. On sait ce que l'on ressent et on n'a pas besoin de le prouver. J'ai dit que je l'aimais juste pour le plaisir de le dire, de partager mon amour.

J'ai passé des années à chercher l'amour, j'ai vécu deux grandes histoires, mais je suis aussi restée longtemps sans connaître d'histoire vraie, sincère. Je cherchais l'histoire de ma vie, une relation spirituelle avec quelqu'un qui me comprenne et j'ai rencontré tout cela avec Daniele. J'ai pu vérifier ce que l'on dit : « Il faut donner ce que l'on veut recevoir. » En donnant de l'amour, j'ai eu de l'amour…

S'il arrive que quelqu'un ne soit pas réceptif, ou qu'il s'enfuie, c'est qu'il n'a pas compris, qu'il comprendra plus tard, ou que ce n'est pas la bonne personne. Il ne faut pas s'arrêter d'aimer par peur de souffrir. L'important est de dire les choses telles qu'on les ressent, sur l'instant. La peur paralyse et bloque notre évolution. Il faut persévérer, nous sommes tous dignes d'être aimés et avons tous beaucoup d'amour à donner. Ouvrons notre coeur à l'amour et à ses pouvoirs magiques...

Le Pranic Healing

Après avoir passé le second degré de Reiki, j'ai suivi mon premier cours de Pranic Healing, donné par Daniele. La première fois qu'il m'a donné un soin, je me suis sentie très légère après, j'avais l'impression que mon corps respirait. J'ai eu envie d'apprendre également.

J'ai appris le niveau de base de cette nouvelle technique, très complète, qui ne nécessite pas de toucher notre corps physique. On agit sur notre corps énergétique, l'aura[9]. Au début on détecte les blocages, les excès ou les vides énergétiques de notre aura par un sondage avec les mains « le scanning ». Cela sert aussi pendant et après le soin, pour constater que tout est bien équilibré. Il y a des exercices pour apprendre à ressentir l'énergie. Puis on commence par un nettoyage du corps énergétique, un balayage, connu sous le nom de « sweeping ». En faisant cela, on élimine l'énergie ancienne et les toxines de l'aura et des chakras. On projette ensuite de l'énergie vitale, le prana, pour rééquilibrer et donner de la force à l'aura et aux chakras,

---

9   L'aura est l'enveloppe de notre corps physique, notre enveloppe énergétique. On peut l'imaginer en forme d'oeuf autour de nous. C'est le miroir de notre corps physique. Lorsqu'il y a des défaillances dans le corps énergétique, cela se manifeste dans le corps physique, par exemple sous forme de stress, de maux. Si l'aura est rayonnante et pleine d'énergie, nous nous sentons mieux.

ce qui permet au corps d'aller mieux. Sachant que les chakras distribuent aux organes l'énergie captée par l'aura, le corps physique ne peut pas bien fonctionner si le corps énergétique n'est pas bien équilibré. Notre mental a aussi un effet sur nous, parce que si nous avons de mauvaises pensées, ou trop de stress par exemple, cela encombre notre aura et ensuite nos chakras. Cette méthode permet donc de nettoyer en profondeur le corps énergétique, d'évacuer le stress, et le corps retrouve ses facultés d'auto guérison, ses défenses se renforcent.

Lorsque j'ai eu mon soin, j'en ai vraiment ressenti les effets sur ma respiration. En général lorsque je suis stressée je respire mal, je bloque. Là j'ai senti que tout se libérait, j'étais allégée au niveau de la cage thoracique, je sentais une ouverture, je respirais mieux. Mon estomac ne me faisait plus mal.

C'est une autre méthode que j'ai ainsi découverte, qui s'ajoute à mes outils, pour soulager les maux du quotidien. Elle est simple et même les personnes qui ne connaissent rien à l'énergie peuvent apprendre facilement. J'étais contente, car le contenu est riche, j'ai approfondi mes connaissances.

Le pardon – Aurélie

(mai 2011)

Dans les cours et séminaires que j'ai suivis, basés sur les enseignements de Master Choa Kok Sui, il y a une technique pour pratiquer le pardon. Daniele m'avait montré comment faire cet exercice, me disant que pour évoluer dans mon parcours, ce serait bien de le mettre en pratique. Cela évite d'entretenir trop de colères, permet de pardonner à des gens qui nous ont fait du mal, de se pardonner les erreurs passées, pour mieux passer à autre chose. Souvent on se punit pour ce que l'on pense avoir mal fait, on est sévère avec soi-même, on culpabilise. Pour aller mieux, il faut aussi savoir se pardonner.

Un soir, nous avons fait l'exercice du pardon. Je devais penser à une personne qui m'avait fait du mal, à qui j'avais fait du mal. J'ai pris en exemple Aurélie, avec qui je m'étais disputée il y a quelques années. Elle était une amie importante pour moi, nous partagions beaucoup ensemble, et notre dispute m'avait beaucoup affectée. C'était le moment de pardonner, d'être pardonnée ; nous avions sûrement chacune nos torts, peu importait, l'essentiel était de tourner la page et de s'apaiser, même si au fond de moi, j'ai toujours espéré que l'on se retrouve.

Il fallait que je visualise Aurélie en face de moi, que j'imagine un lien entre nous. Ensuite, je devais lui dire : « Je reconnais la divinité qui est en toi, je sais que tu ne voulais pas me blesser, tout le monde peut se tromper, je te pardonne. Je te souhaite plein de belles choses, amour, santé, bonheur. » Enfin, je devais visualiser un lien qui nous reliait, couper ce lien et laisser aller, me détacher. J'ai fait l'exercice en demandant moi aussi pardon à Aurélie. Je me suis aussitôt sentie bien. J'avais moins de colère à l'intérieur. Je l'ai fait sans attendre quoi que ce soit, j'ai lâché prise, avec le sentiment que cela apaiserait nos âmes.

Peut-être deux mois plus tard, j'ai reçu un message d'Aurélie, me disant qu'elle aimerait avoir de mes nouvelles. J'étais stupéfaite, et très contente de recevoir son message. J'ai fait le lien avec l'exercice, sinon ce serait un sacré hasard, après ces années sans nouvelles. Je ne m'y attendais pas, je me demandais si je devais répondre, ou laisser le passé rester le passé. « Si je la revois, cela va nous paraître étrange ? Si nous nous disputons ? Peut-être, mais nous devons au moins nous revoir une fois, sans forcément redevenir amies, elle a tout de même fait l'effort de faire le premier pas. »

Je me suis décidée à lui répondre, et après quelques échanges de mails, nous avons pris rendez-vous pour un café. J'étais contente de la retrouver et en même temps j'appréhendais. Nous nous sommes revues dans un petit bar, près de Montparnasse. Nous n'avions pas changé. Au début c'était étrange, une partie de moi était sur la défensive. Puis, je me suis dit que ce serait bien de mettre en pratique les enseignements que j'avais reçus. J'avais fait l'exercice du pardon, je devais donc mettre le passé, ma colère, ma fierté de côté. J'ai voulu être dans l'instant, je me suis mise à sa place en me disant que cela n'avait pas dû être facile pour elle de m'écrire. Au fur et à mesure de la conversation, je me détendais. Je nous découvrais toujours autant de points communs. Toutes deux avions entrepris un chemin de changement et nous intéressions à la spiritualité. J'ai compris qu'il fallait nous revoir, partager. Malgré le temps écoulé, nous avions avancé, chacune de notre côté. J'ai trouvé que nous avions de la chance que l'Univers nous remette sur la même route. Très vite, nous avons parlé de lecture, d'amour, des énergies.

L'heure du train d'Aurélie approchait, mais nous allions nous revoir bientôt.

La deuxième fois, je me suis sentie plus proche d'elle, un peu comme avant. Nous évoquions les folies du passé. Elle faisait des séances de Reiki, lisait des livres spirituels. Elle m'a raconté que sa soeur était devenue bouddhiste et méditait beaucoup. Aurélie avait quitté Paris pour avoir une meilleure qualité de vie et pour se rapprocher de sa famille au Mans, où elle a acheté un appartement. Entre-temps, elle avait osé tenter l'aventure de vivre à Marseille, un projet commun que nous avions. Petit à petit, notre complicité est revenue, j'étais très heureuse de la retrouver. Nous avons toutes les deux été capables de pardonner, d'oublier le passé, pour nous apporter de belles choses. Nous nous revoyons régulièrement pour prendre un verre en terrasse. Nous échangeons des conseils, parlons de tout. De temps en temps, elle vient dormir chez moi, nous organisons nos soirées filles, des week-ends à refaire le monde comme avant. Nous échangeons nos musiques. Je suis ravie d'avoir une amie avec qui partager sur la spiritualité, avec qui je peux sortir mes cartes divinatoires sans être prise pour une folle. Elle a aussi passé ses degrés de Reiki et elle est assez douée. Elle poursuit, comme moi, la voie de ses changements, nous nous encourageons mutuellement et sommes encore plus proches qu'avant.

Un soir, en prenant le thé à la maison, après l'avoir vue, j'ai souri car j'avais gardé la tasse qu'elle m'avait offerte quelques années plus tôt, une grande tasse avec une Betty Boop en méditation. C'est drôle, à cette époque je ne méditais pas du tout, et aujourd'hui, c'est ma tasse préférée, on se demande pourquoi !

Retrouvailles avec les chevaux

(juin 2011)

Je suis née le 21 juin 1976, jour de l'été et de la fête de la musique, une jolie date ! Il m'arrive toujours de belles choses à l'approche de mon anniversaire. Juin est souvent un mois bénéfique, et j'aime l'été, où je reprends toute mon énergie.

Pour mon anniversaire j'ai eu de chouettes cadeaux : Aurélie m'a offert un superbe symbole de l'infini tibétain pour décorer mon appartement, mes parents un petit bijou, et Daniele m'a offert un stage pour remonter à cheval… Eh oui !

Lors de mon bilan de compétences, ma coach Fabienne, sachant que j'étais passionnée, avait relevé une information pour moi concernant un centre de bien-être qui organise des stages de développement personnel autour du cheval.

Je suis allée voir le descriptif sur leur site internet. J'ai tout de suite accroché avec le thème « Ce que le cheval dit de vous. » J'ai pensé que pour moi qui suis en pleine remise en question, cela pourrait être original. En plus, ils pratiquent le Tai-chi-chuan[10] en

---

10 *Le Tai-chi-chuan est une méthode de bien-être traditionnelle, un art chinois de relaxation pour le corps et l'esprit, de méditation en mouvement. Il développe l'énergie : le Chi. Il y a un autre aspect : l'art martial.*

selle et à cheval, les chevaux semblent vivre dans un cadre naturel... En approfondissant, j'ai lu que le cheval serait notre miroir. J'étais curieuse d'y voir mon reflet.

J'ai toujours parlé aux chevaux – enfant, je m'entraînais à la télépathie – et j'ai toujours eu l'impression que les animaux comprenaient ce que l'on se disait mentalement. Mais on m'a souvent dit : « Si la télépathie existait, cela se saurait. » À cette époque, je n'ai pas cherché à comprendre davantage. Je suis donc allée chez Vital, rencontrer Alexandra et Éric qui accompagnent aussi pendant les stages. J'ai visité leur joli centre, spécialisé dans la détox. Ils m'ont parlé du stage plus en détail. J'ai tellement aimé leur description du cadre, des chevaux, des personnes sur place, que je me suis inscrite.

Depuis ma chute, je n'étais remontée qu'une fois, en Normandie, mais ce n'avait pas été concluant. Ce serait un grand pas pour moi, et un moyen d'affronter mes peurs encore présentes. Je n'espérais pas m'en libérer tout à fait car je connaissais l'ampleur de mon blocage, mais prendre du plaisir serait déjà beaucoup et les chevaux me manquaient. Ce qui me faisait envie, c'était surtout de passer deux jours au milieu d'eux et d'apprécier, même si je n'étais pas capable de tout faire. Je ne savais pas que j'allais avoir affaire à des personnes très douées et persuasives...

Pour ce fameux week-end, nous sommes arrivés tard

le soir à Charentenay près de Surgères dans la région de La Rochelle, chez Angeline et Hubert, les formateurs du stage.

J'avais hâte de voir les chevaux, mon coeur battait en pensant à eux. Après avoir visité la maison, toute en pierres, avec une belle salle à l'étage dédiée à la relaxation et au Tai-chi, Hubert nous a préparé une infusion, puis je suis allée dehors voir les chevaux. Dans la nuit, j'ai découvert Summer, un cheval qui venait d'arriver, un paint blanc et marron qu'Hubert et Angeline devaient reprendre car il avait tendance à éjecter ses cavaliers et à casser les boxes. Il était considéré comme un repris de justice ! Je l'ai caressé, j'ai bien aimé son côté bandit, j'ai eu un coup de coeur immédiat pour lui. Nous étions séparés par la barrière, mais ce contact m'a fait du bien, j'ai respiré son odeur. Il était tard, je me suis décidée à aller sous la couette pour être en forme. De mon lit, je pouvais voir le pré. J'ai peu dormi cette première nuit, car je devinais les silhouettes des chevaux, j'entendais leurs bruits, encore imprégnée de l'odeur de Summer. J'étais heureuse de baigner dans cette atmosphère et j'avais hâte d'être au lendemain.

Le matin, j'ai regardé le jour se lever, observé les chevaux de mon lit. Ils veillaient les uns sur les autres, étaient paisibles, le pré était rempli d'oiseaux. Puis nous avons pris le petit déjeuner tous ensemble, dans le club house.

Là aussi, il y avait une fenêtre donnant sur le manège

et le pré. C'était génial de manger mon croissant en regardant les chevaux !

Angeline et Hubert pratiquent l'équitation éthologique[11]. Ils nous ont expliqué, au travers de

---

11 *L'équitation éthologique est une technique, l'éthologie c'est la science. L'éthologie étudie le comportement d'une espèce et ses moeurs, sur le plan individuel ou collectif, les humains comme les animaux. Dans le cas des animaux, on les observe dans leur milieu naturel ou en captivité. Il peut s'agir d'animaux sauvages ou domestiques. Cela a permis de voir qu'il y a des comportements instinctifs et d'autres appris.*

L'éthologie se penche aussi sur les relations homme - animal. Grâce à elle, on a pu améliorer les conditions de vie des animaux.

L'équitation éthologique vise donc à mette en harmonie le cheval et son cavalier dans la confiance, le plaisir, la sécurité, le confort et l'amour. Cette méthode nous vient des grands maîtres chuchoteurs des États-Unis. Parmi eux on compte : Ray Hunt, Tom Dorance, John Lyons, Patt Parelli, Monty Roberts.

Grâce à l'équitation éthologique, le cheval et le cavalier s'améliorent dans un respect mutuel. Le cavalier apprend par exemple la patience avec le cheval, en prenant en compte ses temps de réponse, et le cheval accepte son cavalier. Le but est d'obtenir des réponses du cheval sans contrainte. Grâce à cette méthode qui se pratique au sol et à cheval, de nombreux chevaux et cavaliers vont mieux, ont résolu leurs problèmes de comportement. Un cheval ne change que si son cavalier fait de même. L'homme doit accepter de se remettre en cause, être patient, bon professeur avec son cheval. L'équitation éthologique permet de monter avec légèreté et d'améliorer le confort du cheval. Lorsque tout se passe bien au sol – moment où se crée la relation - il n'y a pas de surprise désagréable une fois en selle. En observant les chevaux, nous apprenons beaucoup. C'est ce qu'ont fait ces grands maîtres pour nous transmettre leurs connaissances.

nombreuses anecdotes, en quoi consistent leurs activités, ce que nous ferions, et les outils que nous utiliserions pendant les deux jours. Ils utilisent le langage naturel du cheval pour le comprendre et communiquer avec lui. J'étais passionnée en les écoutant, c'était tout nouveau. Ce que j'ai tout de suite aimé, c'est que leurs chevaux vivent en troupeau, en liberté, ils ne sont pas seuls dans un box. J'avais hâte de les rencontrer dans leur environnement naturel. Ils nous ont expliqué le travail dans le rond de longe, qui permet d'instaurer le partenariat avec le cheval, la hiérarchie. C'est là que l'on est censé voir si le cheval veut bien collaborer avec nous. Nous sommes à même de comprendre s'il nous respecte, et si nous nous comportons bien avec lui. Si cela se passe mal, apparemment il vaut mieux ne pas monter dessus. C'est là aussi que l'on travaille le développement personnel, que l'on doit comprendre ce que le cheval « dit de nous ». J'avais hâte de commencer le travail en liberté, cela me parlait.

Pour les personnes expérimentées, il y a du travail d'assouplissement du cheval et l'éducation de jeunes poulains. Et puis il y a les balades dans la nature. J'avais des étoiles plein les yeux, moi qui n'avais jamais fait de grande promenade en extérieur. En regardant des films, cela me faisait rêver. Ce qui me plaisait, c'est qu'ils aident les personnes, mais aussi des chevaux à aller mieux. Ils améliorent la relation cavalier-cheval. J'ai aussi appris que le cheval serait comme un « miroir » qui nous montrerait rapidement nos failles, nos forces, et ce dans l'instant. Ce serait un bon thérapeute pour nous aider à nous dépasser... Ils nous ont expliqué que même des entreprises utilisent cette méthode pour améliorer des relations au sein d'une équipe, aider un manager à être plus indulgent, lors de séminaires. Ce sont des aspects du cheval que je n'avais jamais envisagés. Je me rapprochais de ce que j'aime, le bien-être avec les chevaux, car avant ma chute je voulais apprendre à les masser.

Grâce à leur expertise, Hubert et Angeline peuvent rapidement voir ce qui va et ce qui ne convient pas dans notre attitude, pourquoi le cheval a telle ou telle réaction avec nous, pourquoi nous avons certaines réactions avec le cheval. Il semblerait que nous sommes, avec le cheval, comme nous sommes dans la vie.

Après le petit déjeuner, nous sommes allés récupérer des chevaux dans un autre pré, à un kilomètre, pour nous familiariser avec eux, à l'approche. C'était beau de les voir tous courir en liberté. Je n'osais pas trop m'approcher, j'ai regardé Éric et Alexandra leur mettre le licol. Nous sommes revenus avec eux à pied, en les tenant, en essayant de marcher bien à côté, ne pas se faire dépasser, et ne pas gêner non plus le cheval dans son mouvement, sans le tirer, et sans se faire balader par lui. Rien que ça, c'est une étape ! Nous avons commencé par du travail en liberté dans le rond de longe métallique, comme celui qui est dans le film L'homme qui murmurait à l'oreille des chevaux lorsque

Robert Redford rééduque le cheval. J'ai dû voir ce film dix fois ! Il m'a fait tellement rêver, le fait d'être chuchoteur aussi ! À chaque fois que je le regarde, tout vibre en moi. Je rêve de faire comme lui.

Nous avons eu une démonstration par Hubert des possibilités du travail en liberté, c'était impressionnant de voir à quel point le cheval répondait tout de suite, sans qu'il soit agressif avec lui, qu'il le tape avec une cravache, juste à la voix, et avec des gestes, des mots. Il semblait danser avec le cheval. Parfois il était plus vif avec le cheval qui trottait, galopait, s'arrêtait, faisait des demi-tours. Lorsque mon tour est arrivé, j'ai eu peur de m'approcher, j'y suis allée comme une petite souris. J'ai pleuré, car j'étais bloquée. Hubert m'a dit de poser ma tête sur la jument Falbala, pour apprendre à la ressentir, une belle jument blanche appaloosa, au regard de velours avec ses grands cils. C'était bon, j'entendais les battements de son coeur qui résonnaient dans mon corps, elle était toute douce. Je l'ai caressée tendrement, elle m'a mise en confiance, m'a transmis quelque chose, du courage je pense, comme si elle m'avait dit : « Tu peux. » Quand je me suis relevée, j'étais prête. J'ai commencé à la faire bouger un peu. Ensuite Hubert m'a fait monter sur elle, doucement, juste assise, pour retrouver des sensations à cru. Je tremblais, j'avais peur qu'elle bouge, de ne pas pouvoir gérer. Je me suis allongée sur elle pour la ressentir de nouveau. Il m'a fait faire quelques pas en me tenant. Ensuite, il m'a fait descendre, et j'en suis restée là, ce qui était déjà beaucoup pour moi, avoir pu m'asseoir de nouveau sur un cheval.

L'après-midi, nous avons changé de cheval, nous avons pris Roxy, un grand cheval paint, noir et blanc à la crinière blonde, qui a la réputation d'être le chouchou des dames. Nous avons commencé à le faire bouger au sol. Puis Hubert m'a demandé de m'équiper d'une bombe, pour le monter. « Jamais de la vie, en plus, ce cheval est grand, de la même taille que celui qui m'a fait tomber ! » Hubert a rétorqué : « Fais-nous confiance. » Armée de courage, je suis montée sur Roxy, tremblante, mais après c'était agréable, il était très confortable. Angeline le tenait en longe, mais quand elle a commencé à le faire marcher, j'ai eu envie d'arrêter, de descendre. Elle m'a fait respirer profondément, fermer les yeux, lever les bras, ressentir les mouvements du cheval. J'ai commencé à me détendre. Ensuite je me suis accroupie sur Roxy. Mes larmes coulaient. C'était si dur pour moi d'avoir cette peur, et tellement émouvant de retrouver les chevaux. Elle a commencé à me faire trotter. J'ai crié : « Arrête, arrête ! » Les souvenirs de l'accident me revenaient, j'avais l'impression que Roxy allait lui aussi m'éjecter. Hubert m'a demandé de le caresser pour reprendre confiance : « Allez, un dernier essai. » J'ai fait un peu de trot… « Allez, une petite foulée de galop. » J'ai réussi à tenir sur Roxy deux ou trois foulées. C'était un grand pas pour moi, j'ai aimé ce court galop, à ma grande surprise. Je suis descendue, heureuse, j'étais sous le choc d'émotions mélangées ; j'avais la nausée d'avoir eu peur et d'avoir bloqué ma respiration. Le soir, en m'endormant, j'étais aux anges, fière de cette étape.

Le lendemain matin nous avons commencé la journée par une séance de Tai chi pour répéter au sol les mouvements que nous faisons à cheval. Ensuite, nous devions partir en balade. J'ai refusé, disant à Hubert et Angeline que je ne pourrais jamais aller dehors avec un cheval, que je ne l'avais jamais fait en centre équestre avant, même si au fond je rêvais d'une vraie balade. Ils m'ont dit de leur faire encore confiance ainsi qu'aux chevaux, que tout se passerait bien. Intérieurement, j'étais grognon, je voulais sans vouloir.

Après avoir préparé les chevaux, nous sommes tous partis, en restant au pas. Tout s'était déroulé assez vite, et lorsque j'ai réalisé que j'étais vraiment dehors, à cheval, j'ai souhaité que cela se termine, je me trouvais inconsciente de prendre ce risque. Le mental reprenait le dessus. Petit à petit, j'ai réussi à me détendre et à apprécier, je caressais Falbala. En milieu de promenade, Hubert m'a lancé : « Allez, viens avec moi, on va s'éloigner des autres chevaux pour faire des exercices, un petit galop, juste quelques foulées. » Après un temps d'hésitation, je me suis dit que c'était le moment de me lancer, de vaincre mes peurs. J'ai essayé de mettre Falbala au galop, mais je n'ai pas réussi. Hubert m'a dit : « Tu essaies, mais au fond de toi, tu dis non au cheval. Tu n'y crois pas, elle sent que tu n'es pas prête. » Il avait raison. J'ai respiré profondément, je me suis reprise. Après une nouvelle tentative, j'ai réussi à faire quelques foulées. Hubert m'a tapé dans la main : « Bravo ! » J'avais un tel sourire ! Quel exploit pour moi d'avoir réussi à galoper ! J'étais si reconnaissante d'avoir pu vivre cela, je ne sais pas comment il a fait pour que j'y parvienne, mais c'était là, c'est ce qui compte. Je me suis posée et, après avoir embrassé Falbala, m'être penchée en avant contre elle pour la serrer, j'ai essayé de mémoriser ce qui venait de se passer, de m'en imprégner. Puis j'ai regardé autour de moi, la campagne et Hubert. Je l'ai remercié pour sa patience et de ne pas m'avoir écoutée.

À la fin du week-end, je n'en revenais toujours pas, je n'aurais pas cru que ce soit possible. Hubert et Angeline avaient beaucoup insisté, tout mis en oeuvre pour que je franchisse ce cap.

Ce fut un merveilleux week-end. Malgré cela, je n'y suis pas retournée, car de retour à Paris, mes peurs sont devenues paralysantes rétroactivement. J'étais déjà heureuse d'avoir pu remonter, d'avoir repris contact avec les chevaux. Je me satisfaisais de cette petite victoire personnelle. J'avais vécu d'une autre manière parmi les chevaux pendant deux jours. Par la suite, je ne cache pas qu'il m'arrivait souvent de penser à eux, mais je ne souhaitais pas me confronter davantage à mes faiblesses, je n'en avais pas le courage.

Daniele s'installe chez moi

(août 2011)

Tout est devenu évident, facile, fluide, simple entre Daniele et moi. Nous vivons une belle histoire depuis presque un an. Nous voyageons, organisons nos emplois du temps pour être le plus souvent possible ensemble. Nous passons de très beaux moments.

Après nos vacances à Saint-Martin, nous sommes partis aux sports d'hiver, puis en week-end dans différentes villes européennes. Nous sommes heureux de partager aussi d'intenses moments de méditation. Il y a deux mois, nous avons décidé d'habiter ensemble car jusque-là nous vivions soit chez l'un, soit chez l'autre, et l'idée de se voir tous les jours est devenue une évidence. Je suis heureuse, car j'ai dû beaucoup travailler sur moi-même pour que notre histoire se construise. Je suis passée par de nombreuses phases de peurs que j'ai pu surmonter, comme celle d'être quittée. Pour y arriver, j'ai dû abandonner mon ancienne personnalité. Avant je me pliais pour que l'on m'aime, je m'effaçais. J'ai appris à montrer qui j'étais, affirmer mes désirs, reconnaître ma valeur.

J'étais heureuse lorsque Daniele s'est installé chez moi en août. Mon appartement étant plus petit que le sien, nous avons revendu quelques meubles et fait de petits travaux d'aménagement pour nous créer un espace de vie chaleureux, un décor à notre goût, où nos bouddhas ont trouvé leur place ! Juste après, nous sommes partis en vacances en Sardaigne, dans notre hôtel préféré, pour fêter notre première année et revivre une merveilleuse soirée sous les étoiles, sur la même plage, nous souvenir, profiter de nouvelles sensations. Cette fois, nous pouvions nous serrer dans les bras, nous embrasser...

Ce voyage nous a rechargés en énergie, notre histoire a encore évolué. Je savais qu'une rentrée spéciale s'annonçait, avec mes projets à mettre en place.

Il y a un an, je contemplais les étoiles sur cette plage, je ne me serais jamais doutée que tout cela arriverait. Comme quoi la vie peut être très surprenante, et tout peut basculer très vite dans le bon sens !

Le meilleur pour soi

(20 septembre 2011)

Fin septembre, je suis partie près de Cannes pour un salon professionnel. Après les longues journées sur le stand, nous sortions entre collègues. Le deuxième soir, je n'étais pas très motivée, mais j'ai accepté pour faire plaisir. J'ai pris quelques verres pour que l'on apprécie plus ma compagnie. Bien sûr, personne ne m'obligeait à boire, mais je sentais que certains considéraient que je n'étais pas très fun parce que je ne vidais pas trois bouteilles. Un de mes collègues m'a lancé en plaisantant : « Allez, tu ne travailles pas chez Milka, on est dans les spiritueux ! »

Ce soir-là, j'étais sortie avec eux, mais j'aurais préféré dormir tôt ou méditer. Finalement, prise d'une grosse fatigue et n'arrivant plus à faire semblant, j'ai quitté la soirée discrètement. J'avais l'impression de ne pas me respecter à vouloir paraître et à prendre des verres alors que mon corps ne le supporte pas très bien. Je ne critique pas les gens qui aiment boire, simplement ce n'est pas mon mode de fonctionnement et là, j'étais en train de me forcer pour « être dans le coup ».

Sur le trajet de retour, en marchant, j'avais les larmes aux yeux, en partie dues à l'alcool. Je me demandais : « Chris, pourquoi n'es-tu pas normale, comme tous ces gens ? Pourquoi ne peux-tu simplement pas délirer, quelques verres ne font pas de mal, tu aimes pourtant t'amuser ? » Je crois qu'un verre de temps en temps passe, mais tous les soirs, cela m'amène à ne plus être centrée. Je me suis fait couler un bain avec plein de mousse, dans lequel j'ai ajouté des gouttes d'huile essentielle de lavande pour me détendre. J'ai médité, demandé que l'on me mette sur la voie, car je me culpabilisais d'être ainsi et je me posais beaucoup trop de questions. J'ai repris mon livre de chevet, j'arrivais au passage : « Comment augmenter son niveau d'énergie ». Stupéfaite, j'ai eu la confirmation de ce que je ressentais, en lisant tout ce qui contribue à diminuer le niveau énergétique : l'alcool, fréquenter des soirées alcoolisées, certains aliments. J'ai réalisé que j'étais rentrée parce que j'avais senti mon énergie baisser. Mon corps s'autorégulait, j'étais à son écoute. Il faut savoir faire ce qui est le mieux pour soi, préserver son bien-être.

Cela m'a apaisée de comprendre que j'agissais de manière instinctive, qu'au fond, je savais ce qui était bon pour moi. Dans ce même livre, il est dit aussi que l'on peut augmenter son énergie en faisant le bien, par exemple en massant quelqu'un ou en se faisant masser. Le lendemain, j'ai fait un massage à une collègue enceinte, et son bien-être m'a réjouie. Cette expérience m'a encore amenée à réfléchir sur mes envies et sur ce que je veux vraiment faire. Mes réponses ? Faire le bien, donner de l'amour, du bonheur, du bien-être, du réconfort. J'ai demandé à Dieu, j'ai eu mes réponses. Je les avais, je n'avais qu'à ouvrir les yeux, à m'écouter.

Pour les bonnes et les mauvaises choses, il est très important de s'écouter et d'agir quand nous le sentons. Si l'on sent qu'il ne faut pas faire quelque chose, se fier à son intuition nous évite bien des déceptions, et améliore notre vie.

Je me souviens par exemple, sur un salon de développement personnel, avoir acheté un ouvrage sur les anges. Au départ, il m'a plu, mais chaque fois que j'essayais de le lire je n'y arrivais pas, quelque chose m'en empêchait, un imprévu, ou bien je l'ouvrais et le refermais aussitôt. Je n'arrivais pas à lire plus de quelques lignes. Quand j'ai su que les auteurs donnaient une conférence, je m'y suis inscrite, même si je trouvais dommage de ne pas avoir lu leur livre. Quelques heures avant, je ne voulais plus y aller, j'avais envie d'annuler. Je m'y suis finalement rendue, accompagnée de Daniele, venu pour me faire plaisir, car il connaît mon intérêt pour les anges. Cette conférence était ennuyeuse, sans rien d'intéressant à découvrir. Le traitement du sujet était basique et nous n'avons pas du tout apprécié l'attitude des auteurs. On avait l'impression que seul leur livre était important, bien écrit, avec les bons contenus. Il était malvenu, lors d'une conférence sur les anges, de critiquer le travail des autres. De plus, ils ne nous ont laissé aucune possibilité d'échanger à la fin, de poser des questions. Quelle déception ! Je n'ai pas du tout aimé cette soirée. J'avais voulu annuler et je ne l'ai pas fait, j'aurais dû écouter cette petite voix qui est vraiment là, en soi, qui me disait de ne pas y aller...

Nous avons parfois des ressentis sur des gens et sur des situations, que nous n'écoutons pas assez. Il est important de se faire confiance.

Nous savons mieux que personne comment nous traiter de la meilleure manière possible, avec amour et bienveillance, être respectueux de nous-mêmes, de notre corps, de nos désirs. Lorsque nous ne sommes pas en harmonie avec nos désirs profonds, avec ce que nous sommes, nous sommes tristes et perdons notre joie de vivre. Nous sommes notre meilleur gardien et notre meilleur guide.

Vivre dans l'instant, rencontre avec les dauphins

(10 octobre 2011)

En octobre, je suis partie à Valencia, en Espagne, avec mon amie Audrey. Je l'ai rencontrée lorsque je travaillais chez Bouygues Telecom. Nous nous appelions « ma zuzu » pour « ma jumelle » car nous sommes nées avec un jour d'écart. Nous avons le même fonctionnement, un peu fofolles, impulsives, bien qu'avec le temps nous essayions de devenir plus sages. J'aime la spontanéité d'Audrey, qui est partie vivre son rêve pendant un an en Australie. Je n'oublierai jamais le jour où je l'ai accompagnée à l'aéroport, avec sa grosse valise. Je savais qu'elle me manquerait beaucoup. À son retour, nous avons passé ce week-end ensemble pour nous ressourcer et nous retrouver.

Dès mon arrivée à Valencia, j'ai ressenti une très belle énergie. Tout était fluide. Le premier soir, après une sieste sur la plage et une longue promenade, nous nous sommes arrêtées sur le port pour prendre un verre. La luminosité était magnifique. L'endroit n'était pas ce qu'il y a de plus joli, mais l'atmosphère était agréable. La lumière changeait à chaque instant. Une force créatrice m'a envahie et, pendant une heure, j'ai eu envie de photographier le coucher du soleil, les bateaux, et Audrey. Nous avons fait de belles photos couleurs et noir et blanc. Nous étions sereines, à déguster ce petit cocktail. Nous nous sentions légères.

Après cet apéro devant le coucher de soleil, nous avons regagné l'hôtel. Nous n'avions pas envie de sortir, et nous ne nous sommes pas forcées, sous prétexte que nous étions en Espagne, à faire la fête juste parce qu'il le fallait. Nous avons tranquillement commandé des plats pour dîner dans notre chambre, nous sentant comme des reines. Tout s'est enchaîné parfaitement ce jour-là, le bonheur est parfois si simple ! On agit trop souvent pour dire que l'on a fait telle ou telle chose, cela fait mieux. Audrey et moi avons assumé notre fatigue et notre envie de vivre un week-end à notre rythme : balades en ville, shopping, café en terrasse, en appréciant simplement la beauté de la ville, son silence, son énergie, en profitant du moment présent.

Le lendemain, après avoir déjeuné près de la plage, nous nous sommes promenées dans la ville, puis nous avons dîné dans un bar à tapas, où le serveur un peu ivre nous a offert les boissons de notre addition. Pour la première fois, j'étais partie en week-end sans prendre une pile de vêtements, sans me préoccuper de ce qui allait se passer. J'ai fait confiance à l'Univers pour que tout soit au mieux. Le jour suivant, nous avions envie d'aller sur la plage, mais quelque chose nous a poussées à rester en ville, une force qui nous bloquait dans le centre. Nous nous sommes donc mises en quête de souvenirs pour nos proches, cherchant pendant des heures, sans rien trouver qui nous plaisait. La déception pointait son nez, à l'idée de rentrer bredouilles. J'ai dit à Audrey : « On trouvera sans chercher. » Un peu plus loin, nous sommes tombées sur un marché médiéval où Audrey s'est arrêtée, attirée par un stand de pierres, cristaux et objets mystiques en tous genres. Elle a eu un déclic et a voulu acheter des pierres personnalisées. Nous avons parlé avec les vendeurs, qui étaient un peu particuliers. Ce fut un bel échange, surprenant, hors du temps, du commun. Une femme, diseuse de bonne aventure, nous a tiré les cartes, elle portait une longue robe et avait de longs cheveux, de grosses boucles d'oreilles. Elle nous a aidées à choisir des pierres en fonction de nos souhaits pour nos proches et nous a donné de précieux conseils. Notre ressenti pour la ville et son énergie s'est confirmé, c'était le coup de fouet dont nous avions besoin. Lorsqu'elle m'a tiré les cartes, elle a dit : « Tu quitteras ton boulot, ce sera dur, mais à terme, tu seras plus heureuse. Tu es faite pour les soins. » Après avoir passé pas mal de temps sur son stand, nous sommes reparties le coeur enjoué, ravies de nos cadeaux. Au détour d'une ruelle, nous sommes passées devant une affiche du film Le Secret. Pas de doute, cette ville avait vraiment une belle vibration pour faire découvrir ce film aux habitants lors d'une projection publique ! Le soir, nous avons profité avec bonheur du sauna et du jacuzzi de l'hôtel.

Le dimanche est enfin arrivé. C'était notre dernier jour mais je l'attendais avec impatience, comme une petite fille, car nous avions réservé un passe animalier au parc océanographique pour approcher les dauphins. J'ai toujours rêvé de les toucher. Cet animal me fascine. Ce que j'ai ressenti ce jour-là était différent, comme un appel, jamais cela n'avait été aussi fort : je devais aller à leur rencontre. Avant d'aller les voir, nous avons dû assister à un cours en espagnol, c'était très drôle. Nous étions dans une salle de classe, ne comprenant pas un mot, entourées d'enfants accompagnés de leurs parents, à écouter un prof faire sa présentation. Nous avons même participé au questionnaire de jeu final où, à chaque bonne réponse, un dauphin rieur s'affichait. Prises de fous rires jusqu'à la fin de l'exposé, nous n'en pouvions plus ! Je n'avais qu'une hâte : voir les dauphins. Je les sentais, là, à côté, c'était frustrant d'être enfermée. Quand le moment est enfin arrivé, à l'approche des bassins, mon coeur s'est mis à battre la chamade. J'étais euphorique. Les dauphins sautaient très haut, s'amusaient, s'agitaient dans tous les sens ! J'ai eu du mal à contenir les larmes de joie qui me montaient aux yeux. J'étais remplie d'amour, j'aurais voulu être dans l'eau avec eux. Ils émettaient toutes sortes de sons, étaient joueurs, curieux, c'était merveilleux. Je me suis laissé emporter par leur énergie joyeuse, j'étais une petite fille en train de réaliser son rêve. J'ai pu les observer de près, et en toucher un. C'était si fort, je n'ai pas de mots. Une femelle était proche de moi, j'ai senti qu'elle avait des douleurs au ventre, j'avais envie de la toucher, de l'apaiser. Un soigneur était auprès d'elle, j'aurais aimé être à sa place. Elle avait mal, de tristesse, je ne sentais pas pourquoi. Lorsque nous avons dû partir, ce fut difficile, le contact avait été trop court. Mais je savais que ce n'était pas un adieu, j'avais l'impression que nous avions fait connaissance pour mieux nous apprécier, nous retrouver, ensuite.

Après avoir quitté les dauphins, j'ai pleuré, émue. Je crois que, d'une part, leur énergie m'a libérée de quelque chose, touchée en plein coeur, et d'autre part, le fait de les voir enfermés dans ce delphinarium ne m'a pas plu. Pauvres dauphins ! J'avais envie de les remettre à la mer, ils manquaient trop d'espace. Je me suis retrouvée en eux, dans ce manque de liberté que je ressentais à cette période. J'ai appris plus tard qu'ils sont prisonniers et très malheureux ! Ils se donnent en spectacle car ils n'ont pas le choix. Ils peuvent être punis s'ils font mal leurs numéros. Il ne faudrait plus aller les voir en captivité. J'ai vu dans un reportage que des chasseurs enlèvent les petits et tuent parfois des adultes pour « approvisionner » ces parcs ! Quand je suis repartie de Valencia, ils m'accompagnaient toujours, j'avais l'impression de les ramener avec moi. En tous cas, ils sont restés bien présents dans mon coeur.

De retour à Paris, je me suis documentée sur les dauphins, je voulais comprendre pourquoi j'avais un tel ressenti. Les revoir encore, mieux les connaître était devenu une réelle priorité, je ne pensais qu'à ça. Plus je lisais, plus mon coeur battait, comme si je les connaissais depuis toujours. J'ai appris que les dauphins ont beaucoup de capacités, qu'ils sont des maîtres guérisseurs. Ils agissent sur le coeur, détectent l'énergie bloquée dans le corps, libèrent les chakras. Leur troisième oeil est très développé. Quand ils se trouvent sur notre chemin, ce n'est pas par hasard. Ils nous aident à devenir ce que nous sommes, à nous connecter à notre nature profonde.

Quelques jours plus tard, sur un salon, j'ai acheté un jeu oracle basé sur les messages des dauphins et sirènes, de Doreen Virtue, les cartes sont vraiment très belles. J'adore les jeux de cartes divinatoires, j'en ai plein, rien que pour la beauté des cartes. Je trouve que c'est un joli moyen pour s'aider à avancer de temps en temps que de recevoir des petits messages. Je ressens une telle intensité quand je regarde ces cartes, cela me correspond vraiment. J'ai également acheté le livre de Sarah Diane Pommerleau, experte des dauphins, Les dauphins, ces anges de la mer. Ce livre m'a inspirée rien qu'en regardant la couverture. Toutes mes lectures se sont axées sur les dauphins.

Ces quatre jours à Valencia ont été merveilleux. Mon coeur s'est libéré grâce à de beaux événements qui, au retour, m'ont donné l'énergie pour mettre mes projets en route. Avant de quitter l'Espagne, Audrey et moi nous sommes fait la promesse de changer des choses dans notre vie, de nous bouger. Ce week-end, j'avais apprécié de vivre dans l'instant présent. Après tant de messages, je n'avais plus le droit de rester dans l'inertie. Ces signes étaient plus que des encouragements. Les voyantes du stand de pierres m'ont dit que j'étais faite pour les soins et j'ai gardé cela en tête. Animée d'une force incroyable, j'ai commencé à entreprendre, développer mes projets, établir des contacts. Je savais que ce voyage nous amènerait à une prise de conscience sur notre vie, sur nous-mêmes.

Synchronicités

(fin octobre 2011)

J'ai vécu une petite anecdote, qui illustre que les choses ont toujours un sens, même si elles ne présentent aucun intérêt apparent. Tout contact, toute rencontre, toute opportunité peuvent être bons à prendre.

Il y a un an, j'ai rencontré M. et Mme Chenot, gérants de centres de cures haut de gamme en Italie. J'avais trouvé leur site Internet en faisant des recherches de spas en Italie. Lorsque j'ai découvert leur centre, je me suis exclamée : « Whaou ! C'est dans un endroit pareil que j'aimerais travailler ! » Je leur ai tout de suite envoyé un mail très simple, expliquant mes envies, ma motivation, mes projets. Peu de temps après, ils m'ont répondu en me proposant de venir à Merano pour un entretien. Je n'en revenais pas ! J'ai bien évidemment accepté, tellement excitée. J'y suis allée, après la Sardaigne, avant de rentrer à Paris. J'ai vécu une très belle expérience durant deux jours, au-delà de ce que j'avais imaginé. J'ai été merveilleusement bien accueillie, avec un chauffeur privé qui m'attendait à l'aéroport, dans une belle Mercedes ! Quand j'ai postulé chez eux, j'étais prête à changer de vie, à vivre en Italie, à être recrutée en tant que réflexologue. Je n'étais pas encore avec Daniele.

Arrivée à Merano, j'ai pris possession de ma belle chambre, où je me sentais comme une princesse dans son château. J'ai admiré la vue sur les montagnes, puis j'ai fait un tour dans le centre, et rencontré M. et Mme Chenot. Ils m'ont gentiment invitée à dîner dans un restaurant typique. Je n'y croyais pas, je les connaissais à peine et ils prenaient tellement soin de moi ! Au retour, je suis restée à parler dans un salon avec la soeur de Mme Chenot. Nous avons parlé du Qi Gong, une discipline que j'aimais. Elle m'a dit qu'elle connaissait un grand maître qui habite en France, Yves Réquéna. Devant mon intérêt, elle m'a donné son numéro de téléphone. Le lendemain, j'ai visité le centre, vu l'organisation et la mise en place des soins. J'ai compris qu'ils m'avaient fait venir davantage pour mon profil commercial, mon expérience d'assistante, et qu'ils souhaitaient me diriger vers une fonction de spa manager. J'étais un peu déçue car mon objectif était de pratiquer la réflexologie. M. Chenot m'a reçue et offert deux livres avant mon départ.

Je suis rentrée à Paris avec des images et des rêves plein la tête. J'ai voulu me convaincre que je pourrais tenir un tel poste, et en rentrant je leur ai confirmé ma volonté de rejoindre leurs équipes. Je n'ai pas eu de réponse positive, je n'ai sûrement pas montré toute la motivation dont j'aurais pu faire preuve. En étant honnête avec moi-même, ce n'est pas plus mal. Au fond, je voulais être réflexologue et entre-temps je m'étais rapprochée de Daniele, ce qui changeait tout. J'ai gardé le numéro d'Yves Réquéna sans savoir qu'en faire. J'ai voulu le supprimer de mon téléphone à plusieurs reprises « Pourquoi le garder ? Je ne pense pas l'appeler, c'est un maître, et je ne le connais pas directement », mais une voix me disait : « Non, garde-le. »

Un an plus tard, Daniele cherchait une idée d'article pour le journal pour lequel il écrit en Italie, un magazine de bien-être sur les énergies et la méditation. J'ai proposé le thème du Qi Gong et pensé tout de suite à un article sur Yves Réquéna. Un jour, à ma pause déjeuner, j'y suis allée au culot. Je l'ai appelé pour lui proposer une interview. Je me sentais dans de bonnes dispositions. Je suis assez impulsive et lorsque je sens que c'est le moment, que j'ai l'énergie, j'agis tout de suite.

J'ai été très bien reçue, il s'est montré disponible, ouvert, très agréable. Je lui ai envoyé des revues pour qu'il voie le magazine. Au moment où j'ai voulu le relancer pour savoir s'il avait tout reçu et si cela lui plaisait, il m'a contactée pour me dire qu'il était de passage à Paris, pour donner une conférence et qu'il souhaitait me rencontrer. J'étais très contente ! Quelques jours plus tard, Daniele et moi étions au rendez-vous pour l'interview. Je m'attendais à ce qu'il se contente de répondre simplement aux questions que nous avions préparées. En fait, nous avons lié connaissance.

Il nous a proposé d'assister à sa conférence et de le retrouver après, pour le déjeuner. Vraiment une belle rencontre, nous avons été touchés par sa personnalité, sa simplicité. Il a répondu à nos questions lors du déjeuner, qui fut l'occasion d'un bel échange. Nous sommes restés en contact, et un peu plus tard, il m'a invitée à une journée de cours sur les élixirs floraux qu'il a mis au point lui-même, sur la base de la médecine chinoise et des cinq éléments.

Même si, à Merano, je n'avais pas décroché de job, ce contact me fut très utile. J'y ai de surcroît vécu une belle expérience, je me suis sentie importante. Après tout, un peu de luxe de temps en temps, je ne dis pas non ! C'est toujours bien d'accepter les informations que l'on nous donne, même si au départ cela ne semble pas important, que l'on se demande : « Pourquoi, à quoi bon ? » il y a toujours une bonne raison. Ce sont des cadeaux de la vie, des rencontres surprises. Avec le temps, nous apprenons que ces successions d'événements, qui ne sont pas toujours ceux que l'on attendait, finissent par nous conduire là où nous devons être.

LA THAÏLANDE, VOYAGE SPIRITUEL

Prendre la vie du bon côté

(Bangkok, 3 novembre 2011)

En novembre, Daniele et moi sommes partis en Thaïlande. Nous avions organisé un voyage spirituel à la découverte des temples, et voulions profiter de l'occasion pour que je prenne des cours de réflexologie à l'école Wat Po de Bangkok, afin de donner vie au rêve que je faisais depuis mes premiers cours à Paris.

Une semaine avant notre départ, sachant que je prévoyais d'y aller en vacances, mes collègues m'ont avertie que les médias parlaient d'inondations en Thaïlande. Plus nous regardions les informations, plus nous étions tendus. Notre périple était planifié depuis plusieurs mois et c'était très important pour moi de suivre cette formation en Asie. Nous ne voulions pas non plus nous mettre en péril et même si l'envie était forte, ce n'était peut-être pas une bonne idée de partir. Mes amis commençaient à m'en parler, ma famille. En lisant les titres des journaux, le stress augmentait.

L'idée de changer de destination nous a effleuré l'esprit. Deux mois auparavant, j'avais rêvé que je voyageais, que l'avion devait atterrir de force, et je me retrouvais dans un endroit entouré d'eau, une île, des terres inondées où il fallait circuler en barque. Devais-je me fier à ce rêve, était-il prémonitoire ? À trois jours du départ, nous étions sur le point d'annuler. Je me disais : « Christelle, tu es égoïste. Ces pauvres gens ont perdu leurs maisons, et toi tu penses à tes vacances. Leur vie est en danger, et toi tu écris à l'école pour savoir si tu pourras suivre tes cours. » Nous avons décidé d'attendre pour voir comment évoluerait la situation, tout en maintenant notre date de départ.

Le week-end précédant notre voyage, nous sommes partis en Italie. Je devais y suivre mon premier stage de yoga arhatique[12]. Daniele, qui avait déjà passé tous les niveaux, m'a accompagnée pour jouer les traducteurs. J'étais sur le chemin d'une immersion totale dans la spiritualité. Dans l'avion pour Bologne, je pensais : « Il faudrait vraiment aider ces gens, mais comment ? » Pendant notre séjour, une collecte fut organisée au profit d'une association d'aide aux victimes de fortes intempéries qui sévissaient en Italie à la même période. Daniele et moi les avons soutenus par nos dons. Nous n'avions pas eu l'occasion de le faire pour la Thaïlande, mais nous faisions au moins une bonne action dans un but similaire.

---

12 *Yoga signifie « union ». Il existe différents moyens pour atteindre l'union avec notre âme, notre moi supérieur. Le yoga arhatique, est l'une de ces méthodes, c'est un yoga de synthèse de plusieurs yogas. Il est fondé sur des piliers qui servent pour une croissance spirituelle harmonieuse. Arhatique, vient du mot « arhat » qui signifie être hautement évolué.*

Pendant le stage, j'ai souhaité me dédier à la méditation, rester positive. J'ai décidé de me couper des médias, où tout était amplifié et négatif. Je tenais à ce que l'on reste positif. Un ami qui était en Thaïlande à ce moment-là, m'a rassurée. Nous avions vraiment envie de partir et je ne voulais pas rester fixée sur des peurs. J'ai dit à Daniele : « Partons, carpe diem, nous aviserons sur place, et s'il le faut, nous aiderons en tant que bénévoles. Laissons faire le destin, acceptons ce qui arrive. »

La veille de notre départ, la situation a commencé à s'améliorer, les pluies avaient cessé. Nous sommes partis plus sereins, en nous demandant tout de même ce que nous trouverions sur place. Nous avons fait un très beau vol et nous sommes fait plaisir en regardant des films, en lisant, en repérant dans notre guide les quelques mots ou expressions thaïs qui nous seraient utiles comme bonjour (Sawasdee ka) et merci (Kra pun ka). Nous étions déjà dans l'ambiance du pays avec les uniformes typiques des hôtesses, soigneusement maquillées et coiffées, et la décoration de l'avion, faite de rose, de violet, de fleurs.

À notre arrivée, le lever du soleil sur Bangkok fut grandiose, j'étais heureuse : « Ça y est, nous sommes en Asie ! » Nous avons facilement accédé à l'hôtel en voiture, de belles vacances nous attendaient. Après avoir déposé nos bagages à l'hôtel – où l'on nous a assuré que nous pouvions faire certaines visites – et pris une bonne douche, nous sommes partis à la découverte de la ville. Malgré le voyage, nous étions en forme, impatients de flâner. Nous avions décidé d'optimiser le temps et d'en profiter, sachant que la situation pouvait changer d'un jour à l'autre. Nous avons vécu pleinement les deux premiers jours de notre séjour...

Voir la beauté en chacun

Nous avons très vite repéré le trajet pour l'école et régularisé mon inscription. J'ai récupéré mon matériel de cours : crèmes, cahiers, bâton de réflexologie, offerts dans une petite trousse, c'était trop mignon, je me sentais comme l'écolière à qui l'on remet son cartable. Puis nous avons voulu visiter un temple, mais ce fut impossible car des prières s'y déroulaient. Un homme nous a conseillé de faire un petit tour de ville en touk touk, en attendant que le temple rouvre ses portes. Il a interpellé un chauffeur, mais nous hésitions car on nous avait prévenus de nous méfier d'éventuelles arnaques. Trouvant que le conducteur avait l'air sérieux, nous avons finalement accepté de monter dans son touk touk.

Nous découvrions une autre culture. L'homme a indiqué au chauffeur un itinéraire à suivre pour nous, et a également négocié le prix, environ quarante baths pour deux heures ! Quand j'ai réalisé que cela représentait un euro, j'ai été très gênée. Nous nous sommes arrêtés dans différents endroits, et à chaque fois, notre chauffeur nous attendait patiemment. Finalement nous avons passé tout l'après-midi avec lui, il s'est mis à notre disposition plus longtemps. Nous lui avons fait comprendre que nous le paierions un peu plus cher, mais il n'en a pas demandé plus. Il était prévenant et à l'écoute de nos envies. Plus nous passions de temps avec lui, plus je l'appréciais. Au cours d'une visite, j'ai fait tomber mon pull dans l'eau, il l'a mis à sécher à l'arrière du touk touk. En parlant avec lui, nous avons appris qu'il vivait dans la précarité avec son épouse, dans une seule pièce avec leurs deux enfants. À la fin de notre tour, nous avons demandé combien il voulait pour l'après-midi. Il nous a répondu : « Donnez ce que vous pensez que je mérite. » Nous avons été généreux car il s'était montré disponible toute la journée et, lui aussi, généreux à sa manière. Il semblait heureux de cette journée, de nous avoir expliqué des choses. Je l'ai trouvé beau par sa générosité et sa gentillesse. Grâce à lui, nous avons découvert le Golden Mount, « Le Mont d'or », qui n'était pas sur notre programme, mais où il tenait à nous conduire, soutenant qu'il fallait absolument voir ce temple.

D'en bas, j'ai regardé ce temple, situé en hauteur sur une petite colline, et je me suis sentie tout de suite très inspirée par ce lieu...

Rencontre d'un moine au Golden Mount

Au pied de la colline, il y avait une petite fête foraine que nous avons traversée, avec des manèges à l'ancienne, très simples : une vieille roue en bois pour les enfants, semblable à notre grande roue, mais de petite taille. Nous avons commencé à monter les marches. J'étais fatiguée de la journée, mais quelque chose m'appelait, j'étais impatiente d'accéder au temple.

Sur le chemin, il y avait des cloches partout, une promenade zen. J'ai tout de suite aimé cet endroit.

Du Golden Mount, une vue imprenable sur Bangkok s'offrait à nos regards. Je n'en croyais pas mes yeux. À l'intérieur du temple, nous avons fait des offrandes, prié, pris des photos, acheté quelques souvenirs. Un jeune moine est venu nous parler, il était apaisant. Il nous a montré comment mettre une petite cloche sur un support, avec les autres, en vue de la cérémonie qui aurait lieu le lendemain : une fête en l'honneur de Bouddha. Il nous a proposé d'écrire un message, des noms de personnes à bénir, et de l'accrocher pour qu'elles reçoivent la bénédiction des moines lors de la cérémonie. Nous avons sympathisé, posé quelques questions et, à notre grande surprise, il nous a invités à venir le lendemain pour assister à la fête, à sept heures du matin. Nous avions projeté de visiter le marché flottant ce jour-là, mais nous avons tout de suite changé notre programme.

C'était une telle opportunité ! J'étais enthousiaste et curieuse d'y assister, surtout qu'avant le voyage, à la fin de mes méditations, je demandais à ce que notre séjour soit très spirituel !

Le lendemain matin, nous nous sommes levés tôt et sommes partis en avance pour être sûrs d'être à l'heure, de tout voir. À six heures du matin, des chars fleuris, tout décorés, commençaient à défiler en musique dans les rues. Une grande envie d'assister à la cérémonie et une certaine curiosité nous animaient. Nous avons regardé le défilé, nous sommes attardés à prendre des photos. En voyant l'heure, 6 h 45, nous avons pressé le pas pour arriver en haut à temps. Le moine, nommé Piya, nous a accueillis, vêtu d'une tenue orange. Nous étions rassurés de le voir car nous n'étions pas sûrs d'avoir bien compris son invitation pour assister aux festivités. Il semblait content de nous revoir aussi. Les moines étaient en préparation et une heure après notre arrivée tout était en place pour la cérémonie. Nous avons refait des offrandes, des prières. Des gens venus de différentes villes de Thaïlande avaient apporté des fruits pour que les moines les bénissent, d'autres offraient des colliers de fleurs. Malgré la foule, il régnait un grand silence, une belle atmosphère. Nous nous sommes assis à même le sol, près d'une famille de Thaïlandais, après avoir échangé des salutations. La cérémonie a commencé : les moines sont arrivés, ont pris la parole, prononcé des prières, des bénédictions. Bien que nous ne comprenions pas la langue, nous les avons écoutés, portés par l'énergie de ce lieu. La télévision était là pour filmer, nous étions les seuls Européens. Les moines ont commencé à chanter. Une dame à côté de moi m'a incitée à chanter, en me souriant. « Allez, pourquoi pas. » Je l'ai observée, puis j'ai fermé les yeux et je me suis abandonnée. J'ai aussi chanté avec Daniele, en répétant ce que je pouvais. Quelle magie ! Une heure de prières, de chants, de bénédictions. Une fois la cérémonie terminée, nous sommes tous allés prendre les fruits bénis par les moines. Cette famille en a partagé avec nous, avec d'autres spécialités qu'elle avait apportées, nous avons échangé les cadeaux. La matinée s'achevait tranquillement.

Ensuite, nous avons retrouvé Piya et lui avons offert une carte représentant un Bouddha, avec nos coordonnées et nos remerciements, lui disant qu'il serait le bienvenu chez nous, s'il avait l'occasion de voyager en France. Nous avons déposé une dernière fois de l'argent dans les boîtes du temple prévues à cet effet. En lui disant au revoir, j'ai expliqué que j'avais mes cours à Wat Po toute la semaine, que je risquais de ne pas revenir.

Avant de partir, avec Daniele, nous nous sommes arrêtés au café du temple, un peu plus bas. Je lui ai dit :

— C'est dommage, on pourrait revenir, lui proposer une interview pour le journal.

— Laisse, on ne va pas y retourner, ce n'est pas grave, on ne va pas l'embêter.

J'étais prête à remonter pour en parler à Piya. Je trouvais cela dommage, c'était une belle occasion de faire un article original, un beau portrait. Daniele écrit dans la rubrique « Que se passe-t-il dans le monde, du point de vue spirituel ? » et j'ai commencé à écrire pour la rubrique réflexologie ; il nous arrive de proposer des sujets, quand l'opportunité se présente. Cela me paraissait intéressant de parler de la cérémonie, de Piya, de sa vie, des coutumes des moines. Je bougonnais intérieurement lorsque, quelques minutes plus tard, le jeune moine arriva avec un ami. C'était comme si mes prières avaient été entendues, cela m'a rendu le sourire. Nous avons pris un thé ensemble et lui avons parlé de cette interview.

Piya a accepté tout content. Daniele et lui ont pris rendez-vous.

Ce fut une magnifique journée ! Je crois que tout est possible quand nous laissons les portes ouvertes à l'imprévu.

Leçon de vie

Daniele a réalisé l'interview de Piya, et nous sommes retournés au temple une fois ensemble. Je lui ai définitivement dit au revoir car j'allais commencer mes cours à Wat Po.

À cause des inondations, nous étions peu nombreux en classe. J'avais quasiment une prof pour moi. Les enseignants étaient vraiment gentils et drôles. Le premier jour, ils m'ont montré le protocole entier sur mes pieds. Le toucher était beaucoup plus fort que celui que je connaissais en France, cela me faisait presque mal. Il faut dire qu'entre l'avion et les deux jours intensifs de visites, mes jambes et mes pieds étaient bien tendus.

Ainsi, toute la semaine, je devais travailler pour maîtriser ce protocole le jour de l'examen. Ils étaient très rigoureux sur les gestes, n'hésitant pas à me reprendre si je me trompais. Le soir, je m'entraînais sur les pieds de Daniele, pour réviser ce que j'avais appris dans la journée. J'adorais mes professeurs, souriants, très professionnels. Ils me disaient que je paraissais plus jeune que mon âge, que j'étais jolie, me nommaient « Barbie », bien que je ne sois pas blonde ! D'autres élèves thaïs me donnaient des conseils, m'expliquaient les bons gestes. Le matin, je me levais dans la joie : « C'est génial, je suis en Thaïlande, et je vais à l'école !

» Un matin, nous sommes allés au temple Wat Po pour participer au cours de yoga que donnent gratuitement des professeurs. Je ne me sentais pas du tout souple ! Cela ressemblait à du stretching, il fallait tenir des positions. Nous étions quatre avec la prof, le soleil se levait, c'était un grand privilège de faire ces exercices dans la cour du temple. Je me sentais en accord avec moi-même, dans mon élément.

Daniele m'accompagnait à mes cours le matin en taxi et revenait me chercher le soir, c'était mignon. Dans la journée, il méditait dans les temples, rendait visite à Piya, faisait du repérage pour nos futures séances de shopping.

Un midi, j'étais seule à ma pause déjeuner. Je me sentais bien et zen. Dans ce petit café au coin de la rue où j'avais mes habitudes, j'étais comme chez moi. En attendant qu'on me serve le riz aux légumes grillés que j'avais commandé (je suis devenue végétarienne), j'observais les gens passer, la décoration du café toute en bois. J'ai eu envie d'écrire. J'ai pris mon bloc et commencé à poser mes pensées sur notre séjour, depuis l'arrivée. Je me sentais vraiment bien, tout était paisible, en dépit des inondations. Dans certaines zones, l'eau était encore haute, et l'on pouvait voir par endroits des sacs de protection, mais les gens gardaient le sourire.

Le matin, ma prof m'a raconté qu'elle avait un mètre d'eau chez elle et que sa maison était envahie par les crocodiles. Elle ne pouvait plus rentrer, et avait dû placer ses chiens dans sa famille ; elle dormait à l'école.

D'autres personnes hébergées à l'école passaient, toutes étaient très souriantes. Je n'ai vu personne en colère. Les gens restaient joyeux, sans aigreur. Je me demandais si c'était une apparence ou s'ils cachaient leurs émotions. Une grande leçon de vie pour nous qui, au moindre problème, nous démoralisons, pleurons, nous énervons. Ici, il y a une telle énergie, j'ai envie de tout donner, tout est partage.

Le dernier jour de cours, le professeur m'a demandé :

— Tu connais un moine ?

— Oui pourquoi ? J'en ai rencontré au Golden Mount.

— Parce qu'un moine est venu te déposer un paquet à l'accueil.

— Vraiment ? J'irai le récupérer à la pause. Merci.

J'étais curieuse : « Pourquoi Piya serait-il venu ici ? » Quand j'ai ouvert la boîte, j'ai découvert une belle miniature dorée du temple Golden Mount. Je n'en revenais pas. J'étais émue, je ne m'y attendais tellement pas. Piya avait compris que j'aimais beaucoup ce temple. Cela m'a vraiment touchée au coeur : il s'est souvenu que c'était mon dernier jour de cours et a pris le temps de venir me déposer un cadeau, juste avant mon départ de Bangkok. Je me suis dit : « I am happy, I am happy, so happy. » Dans l'après-midi, je passais mon examen, que j'ai réussi. J'étais si heureuse de retrouver Daniele avec mon diplôme à la main ! Mon rêve s'était réalisé. Je crois que Daniele est ma machine à réaliser des rêves. Depuis que nous sommes ensemble, j'en concrétise plein.

Le soir, à l'hôtel, Daniele m'a raconté qu'il avait discuté avec un chauffeur de taxi qui était obligé de garer sa voiture loin de sa maison. Il devait enjamber l'eau sale, au risque d'être confronté aux serpents ou aux crocodiles à chaque instant, et il fallait qu'il prenne sa douche dans différents endroits avant de commencer sa journée, après avoir traversé l'eau souillée. Il avait gardé le sourire en lui parlant.

En Thaïlande, les gens disent tout le temps que tout est possible, ils essaient toujours de trouver des solutions. Notre séjour à Bangkok s'achevait. Nous avons profité du dernier jour pour acheter des coussins de méditation, des petits tableaux en rêvant à la décoration d'un centre, si nous en avions un, des crèmes spéciales pour mes futures activités de réflexologie. Malgré mon bonheur des instants vécus, j'ai eu de la peine à quitter Bangkok où je me sentais si bien, à laisser Piya, le Golden Mount, mes professeurs, le personnel sympathique de l'hôtel et l'équipe de son spa.

Chiang Mai – Loy Krathong

Nous sommes partis pour Chiang Mai, où d'autres festivités nous attendaient. Nous avions la chance d'y être à la période du festival Loy Krathong, le festival des lanternes. Nous y sommes restés quatre jours.

Les temples étaient en fête, décorés, fleuris. En nous promenant, nous sommes entrés dans l'un d'eux où des hommes préparaient un grand bateau orné de fleurs, rempli de bateaux miniatures confectionnés avec des feuilles de bananier qui contenaient une bougie, de l'encens, des fleurs et un petit drapeau pour écrire un message. Le bateau géant serait lancé sur le fleuve, le soir du Loy Krathong. Cette tradition en Thaïlande, est un moyen pour les gens de se purifier. Nous avons acheté des petits bateaux où nous avons écrit le nom de personnes qui nous sont chères. Nous avons inscrit des mots, nos prières, puis nous avons placé nos bénédictions dans le grand bateau et poursuivi notre promenade. Dans certains temples, il y avait des spectacles de danse, des femmes en costume thaï aux couleurs lumineuses, joliment maquillées, et de nombreux petits marchés artisanaux.

Le soir, nous nous sommes rendus à l'endroit où tout le monde se réunit pour fêter le Loy Krathong. Ce jour-là, dans tout le pays, des milliers de personnes jettent des lanternes vers le ciel, achetées dans les temples ou à des marchands ambulants. C'est une façon de remettre ses soucis au ciel. Certains commencent à les lancer plusieurs jours avant. Nous avons vu des moines s'amuser comme des enfants avec leurs lampions. La chance nous a été donnée de pouvoir jeter les nôtres sur les bords de la rivière Ping, selon la tradition. Un vrai spectacle. C'était magique de voir des milliers de personnes envoyer les lanternes dans le ciel. Toutes ces lumières ! Les bateaux portant les bougies ont été lancés sur le fleuve, dont le gros bateau que nous avions vu au temple. Une parade a défilé dans toute la ville pendant des heures, avec des chars lumineux et fleuris. Nous avons acheté plein de lanternes, écrit des mots, les noms de nos amis, de notre famille, avant de les voir s'envoler devant nos yeux émerveillés. Tous les gens étaient joyeux. Leurs regards étaient comme ceux des enfants, tout comme les nôtres.

Après cette soirée, nous avons passé d'autres bons moments à Chiang Mai, découvert d'autres temples. Sur les marchés, nous ne savions plus où donner de la tête, nous nous sommes offert un gong, des Bouddhas, des petits souvenirs, des tongs et des vêtements en beau coton blanc.

Une autre journée fut consacrée à acheter des jouets pour les enfants d'un orphelinat. Nous avions cette idée en tête depuis notre arrivée. Un chauffeur de taxi sympa nous a conduits chez un grossiste, nous voulions tout acheter, c'était dur de choisir. Je pense que nous avions une centaine de jouets, de peluches. Nous sommes allés aussi acheter des vêtements sur un marché, puis le chauffeur nous a conduits à l'orphelinat. J'aurais aimé les donner moi-même aux enfants, surtout le gros dauphin que j'avais choisi, mais ils étaient trop nombreux, le personnel a préféré s'occuper de la répartition. Pendant que nous visitions, des enfants couraient vers nous pour nous tenir la main, voulaient qu'on les prenne dans nos bras. Nous étions désarmés devant tous ces enfants en attente de parents, c'était d'une telle détresse. Nous représentions un espoir potentiel pour eux. Cela m'a un peu perturbée, il y avait aussi des bébés. Nous savions qu'il existe des enfants abandonnés, mais une fois sur place, nous nous sommes confrontés à une dure réalité. J'ai tout de même été heureuse d'apporter ces jouets, de tenir une petite fille dans mes bras. C'est quelque chose que j'ai toujours eu envie de faire. Daniele parraine des enfants. J'ai aimé aller sur le terrain.

En arrivant sur les espaces extérieurs, je me suis souvenue d'un rêve que j'avais fait deux mois auparavant : cette allée arborée, les grilles qui entouraient l'orphelinat… J'avais rêvé que je m'y promenais avec Daniele et que plein d'enfants jouaient avec nous. Cette allée était exactement la même. Surprenant. Nous sommes repartis, le coeur serré de ne pas pouvoir faire plus.

L'avant-dernier jour, nous sommes allés visiter les éléphants. Je n'ai pas aimé les voir avec une chaîne au pied. Un homme est passé à côté de moi avec son éléphant et j'ai ressenti une décharge dans le coeur, je me suis effondrée en larmes subitement. Je ne pouvais plus m'arrêter de pleurer, une vraie crise. Daniele n'a pas compris et moi non plus. J'ai mis du temps à me calmer. Soit j'avais ressenti l'enfermement de cet éléphant, soit c'est la rencontre avec cet animal qui m'a touchée. Ensuite, nous avons fait notre promenade, mais je me sentais coupable lorsque notre éléphant avait du mal à grimper par le chemin que nous avions emprunté. J'avais envie de descendre, même si c'était merveilleux d'être sur lui, j'ai pris conscience que j'aimerais le faire d'une autre manière.

Puis nous sommes allés voir les tigres. J'avais tellement hâte de les caresser. Lorsque j'étais de l'autre côté de la cage, je ne savais pas si j'en serais capable, c'était impressionnant. C'était génial, cette puissance, leur regard... ils réveillaient le côté sauvage que j'ai parfois. J'ai caressé une femelle qui s'est allongée comme un gros chat, puis ce furent les bébés, si mignons. J'ai été heureuse d'approcher des tigres de si près, mais après je ne me suis pas sentie bien en réalisant que j'avais en quelque sorte contribué à un business qui ne me plaît guère. Enfermés dans des enclos, ils voient des centaines de personnes par jour qui les photographient. Les bébés sont là pour attirer le monde. Je m'en suis voulu de l'avoir fait.

Nous avons continué par une visite au temple Wat Phrathat Doi Suthep, situé en hauteur avec plein de marches à gravir pour y accéder, des dorures à profusion. Nous avons acheté des pendentifs du bouddha du jour de notre naissance ; Daniele et moi avons tous les deux le bouddha du lundi. Les moines les ont bénis. Ensuite, nous avons reçu la bénédiction d'un moine très âgé, qui nous a mis un bracelet, une sorte de ficelle très épaisse ; il fallait faire un voeu et le bracelet se casserait au bon moment. Avant de quitter le temple, nous nous sommes recueillis, avons fait des offrandes et mis de l'encens. J'ai aimé terminer notre séjour à Chiang Mai de cette manière.

Pour finir notre voyage en Thaïlande, nous sommes partis nous reposer sur une île. J'avais hâte d'être au bord de la mer, après les cours et toutes les visites, mais les temples nous ont vite manqué.

La Thaïlande a été un voyage magnifique. Je voulais un voyage spirituel et j'ai eu la chance de le vivre. Nous avons fait de belles rencontres, avons vécu des moments formidables, c'était très riche, tout n'a été que magie. J'ai pris conscience de la chance que nous avons dans beaucoup de domaines, mais je me suis heurtée aussi à des choses que je devais améliorer personnellement, comme garder le sourire, ne pas se laisser facilement décourager, apprécier ce que l'on a. J'étais déjà dans le partage, mais ce voyage n'a fait qu'accentuer mon envie de donner. Je me suis ressourcée, j'ai nourri mon âme.

* * * * *

Croire, vouloir

(29 novembre 2011)

Depuis mon séjour à Valencia et ma rencontre avec les dauphins, je ne pense qu'à les retrouver, apprendre à les connaître. Ils ont croisé ma vie, et en feront de nouveau partie. Je sens que j'ai un grand attachement envers eux, qui est karmique.

En Thaïlande, j'ai lu le livre de Sarah Diane Pommerleau. J'ai aimé les récits de ses rencontres et de ses voyages avec eux. Je me suis dit : « Un jour, moi aussi j'irai nager avec les dauphins. » J'ignore comment cela se fera, combien de temps cela prendra.

Un matin, le mot « dauphin » tournait en boucle dans ma tête. La veille, j'avais visualisé de nombreux dauphins dans mes méditations. En consultant le site Internet de Sarah Diane Pommerleau, j'ai appris qu'elle serait à Paris le lendemain. « Aucune chance de la voir, elle doit être hyper bookée. » Malgré cela, j'ai été poussée à lui écrire un mail. À ma grande surprise, elle m'a répondu aussitôt et m'a proposé un rendez-vous pour le lendemain. J'étais très excitée. Je l'ai rencontrée à son hôtel. Elle m'a parlé de son prochain voyage aux Bahamas avec les dauphins, m'a montré des photos, des vidéos et m'a fait un soin car elle est également thérapeute. Je lui avais demandé une consultation pour trouver quel était mon lien avec les dauphins. C'était devenu une obsession de me rapprocher d'eux. J'ai pensé qu'elle aurait peut-être des réponses, qu'elle sentirait la nature de mon attachement. Grâce à son travail de régression sur les vies passées, j'ai enfin découvert le lien fort qui me reliait aux dauphins : dans une vie antérieure, j'aurais été proche d'eux, nous étions complices. Je me suis vue mourir, quitter un dauphin dont j'étais proche, ce qui m'a déchiré le coeur. Mon attirance pour eux n'était donc pas un caprice. J'en ai pleuré, et cela même plusieurs jours après le soin. J'ai dû faire le deuil de quelque chose qui s'était produit dans une autre vie.

Ma rencontre avec Sarah Diane Pommerleau n'a fait que renforcer mon désir de revoir les dauphins. J'ai vraiment envie de ce voyage initiatique aux Bahamas. C'est un rêve à réaliser. Depuis que je les ai vus au delphinarium, je suis nostalgique. Lorsque j'ai pris conscience de leur vie, enfermés dans des parcs, de leur manque de liberté, je me suis focalisée sur cela. Aujourd'hui, j'éprouve une joie immense quand je pense à eux, à leurs comportements amusants, leur façon de jouer. Je me concentre sur cette énergie joyeuse. Quand je ne vais pas bien, je les revois faire des pirouettes dans le bassin, je les imagine dans l'océan.

Leur représentation symbolique est omniprésente dans ma vie. J'ai reçu des signes, des cadeaux qui se rapportent aux dauphins : un collier avec un pendentif dauphin de Daniele, un pendentif de mes parents, de ma soeur, une fève dauphin dans une galette des rois, ma nièce de quatre ans adore porter un collier avec des dauphins, et m'offre souvent des dessins de sirènes et de dauphins ; je tombe régulièrement sur des boutiques dont le logo les représente. Je sais qu'ils sont avec moi, que je dois juste être patiente... Ma rencontre avec Sarah Diane Pommerleau m'a confirmé que j'ai connu les dauphins et que je dois les rencontrer. Elle organise des voyages depuis longtemps et j'ai très envie que nos retrouvailles se fassent avec elle.

J'ai eu envie de faire sa connaissance, j'ai persévéré pour avoir des informations et je suis allée jusqu'au bout de mon idée. Je lui ai écrit, en me disant que je n'avais rien à perdre. J'ai bien fait car j'ai rencontré une belle personne qui s'est montrée accueillante et chaleureuse envers moi.

Début de la nouvelle vie

(30 novembre 2011)

Demain, nous serons en décembre, mois très important dans ma nouvelle vie. Les changements approchent à grands pas.

J'ai pu négocier de ne travailler que quatre jours par semaine avec mon entreprise, dès janvier, afin de me consacrer à mes projets plus sérieusement, de m'engager sur mon nouveau chemin. Je vais dédier un jour de plus à la réflexologie, voir si je suis capable de m'occuper de plusieurs personnes dans une journée, si cela me plaît, avant, peut-être, de ne faire que cela… Jusqu'à maintenant, j'ai fait des soins occasionnellement, le soir, les week-ends, en vacances, à quelques amis, clients, mais cela n'est pas suffisant. C'est une nouvelle étape qui commence pour moi. Je me sens d'attaque, pleine d'énergie. Je suis si heureuse, remplie de force depuis ce voyage de rêve en Thaïlande et grâce au stage de yoga arhatique qui ont amorcé mon parcours spirituel. Cette journée supplémentaire me permettra aussi de voir comment organiser ma pratique de la méditation. Après la réflexologie en Sardaigne, quelques soins donnés pendant l'année, j'ai envie de passer à la vitesse supérieure. J'ai beaucoup de chance que ma société m'accorde ce temps partiel et aujourd'hui encore, j'en suis toujours reconnaissante.

Tout se met en place pour moi, on dirait que tout est de mon côté. À partir de janvier, je vais travailler tous les vendredis avec Éric et Alexandra, chez Vital. Comme quoi le hasard et les chevaux ont bien fait les choses ! Ils ont aimé ce que je fais en réflexologie, je vais avoir de nouvelles clientes. Petit à petit, mes projets prennent forme. Je suis chanceuse de rencontrer les bonnes personnes au bon moment. J'ai saisi les opportunités, je les ai parfois créées, j'ai bougé pour qu'elles arrivent. Je ne fais pas que rêver, je suis toujours dans l'action, je sème beaucoup.

Je sens que 2012 va être une année importante pour moi. Audrey et moi nous étions promis que nous ferions des choses pour changer notre vie, relever des challenges, et que dans un an, tout aurait changé pour nous. Je pense que c'est en bonne voie...

Ateliers des rêves

(1er décembre 2011)

Il y a un an, Daniele m'a offert un carnet pour inscrire mes rêves, car il voyait que je m'y intéressais, que je m'en souvenais souvent. J'ai toujours aimé chercher ce que signifient les symboles dans les rêves. J'ai donc pris mon joli carnet, avec sa couverture un peu mystique, et j'ai décidé de commencer à les noter. Je me suis dit : « En les écrivant, peut-être qu'avec le temps, je verrai si certains sont prémonitoires, s'ils me révèlent quelque chose. » Pendant un an, j'ai noté régulièrement mes rêves, dès le matin, pour être sûre de ne rien oublier, et parfois même pendant la nuit, quand je me réveillais. Il m'est arrivé de me rappeler certains rêves en cours de journée, je les notais quelque part pour les recopier ensuite dans mon carnet, transformé en journal intime.

Au début, mes rêves étaient parfois flous, il y avait peu de détails. Quand j'ai commencé à m'y intéresser davantage, ils sont devenus plus clairs, plus précis. C'était comme si j'avais vécu une autre vie pendant la nuit, et qu'en écrivant, je racontais une histoire. Certains rêves étaient longs, contenaient beaucoup d'éléments. De temps en temps, je relisais mon carnet, et constatais que certains revenaient souvent, qu'il y avait des thématiques communes, comme les avions, les bateaux, l'océan, les oiseaux. Il devait y avoir une raison, laquelle ? Que pouvaient-ils bien avoir à me dire ?

Certains de mes rêves se sont réalisés, ils étaient donc prémonitoires.

Une fois, j'ai rêvé que l'on faisait des expériences sur moi, que j'étais sur une table entourée d'infirmières. Un mois plus tard, je me suis retrouvée à faire une série d'examens à l'hôpital. Une autre fois, j'ai rêvé de dauphins, et je les ai vus peu de temps après, à Valencia. Un jour, ce fut un cauchemar : j'étais au Japon, devant la mer déchaînée, les bateaux étaient retournés, et avec Daniele, nous essayions de sauver des enfants. Au réveil, j'avais une foule d'images d'enfants japonais en tête. Le tsunami au Japon est arrivé quatre semaines après, j'étais consternée lorsque j'ai entendu cette nouvelle !

J'ai toujours été attirée par l'interprétation des rêves, mais je ne m'étais pas penchée dessus de manière sérieuse.

Un jour, au salon Zen de Paris, je me suis arrêtée sur le stand de Nicolas Mauran. Ses plaquettes disposées sur la table ont tout de suite attiré mon regard, car il y avait le dessin d'une licorne. Quand j'ai lu Réaliser sa mission d'âme, cela a tout de suite résonné en moi. En parlant avec Nicolas Mauran, j'ai appris qu'il animait des ateliers de rêves, des stages sur la réalisation de notre mission de vie. J'avais envie d'essayer, de voir ce qu'il proposait. Il m'a invitée à venir à l'un de ses ateliers, m'expliquant qu'il est intéressant de connaître les rêves d'autres personnes, et que le groupe joue souvent un rôle moteur.

Je me suis inscrite à l'atelier du 1er décembre. J'appréhendais à cause de ma timidité, je ne savais pas si j'arriverais à parler devant les autres, à raconter mes rêves, qui sont mon domaine intime. Finalement, j'y suis allée.

Nous étions quatre, installés dans la véranda d'un café du quartier Saint-Germain. Nicolas Mauran nous a exposé le principe : chacun allait raconter un rêve, et notre « mission » était d'expliquer notre ressenti, ce qui pourrait être une des significations, donner un sens au rêve que la personne venait de raconter. Le but n'était pas de nous donner la clé tout de suite, mais de nous faire réfléchir, pour comprendre, développer notre intuition. C'était comme un jeu dont il fallait découvrir l'énigme. J'ai senti dès le début que ce groupe ne s'était pas formé au hasard, qu'il y avait un lien que je ne pouvais expliquer. Nous avions à partager…

Timidement, j'ai parlé de mon rêve, les autres aussi. Tout le monde s'est prêté au jeu, essayant de trouver une signification pour l'autre, de donner son ressenti. Nicolas Mauran nous aiguillait sur des axes de réflexion. Les réponses étaient vraiment censées, cohérentes. Au cours de la soirée, chacun se dévoilait, essayait d'aider l'autre, se trouvait impliqué. Une complicité est née. Plus le temps passait, plus les bruits s'estompaient, la véranda s'était vidée, sans qu'on s'aperçoive du monde qui nous entourait. Très concernés les uns par les autres, nous avions créé notre propre espace, comme dans une bulle, c'était très agréable. En laissant parler notre intuition sur les rêves, les situations s'éclaircissaient. Moins centrés sur nous-mêmes, nous le devenions sur les autres.

J'étais venue pour découvrir la signification de mon rêve, et j'ai eu du plaisir à essayer de trouver la signification de ceux des autres. J'avais failli annuler cette soirée, je me suis poussée à y aller et je ne l'ai pas regretté. Nous avons partagé nos émotions et nos points de vue, à l'écoute les uns des autres. En fin de compte, nous avons réalisé que nos problématiques se rejoignaient : nous avions chacun un peu de mal à mettre en place les changements dans nos vies et à accepter que notre âme nous le demande. Nous avions tous des envies de grandes transformations : nouveau travail, vivre ailleurs. Il est toujours difficile de reconnaître que c'est un désir profond en soi. On peut s'imaginer que ce sont des envies passagères. Mais là, notre inconscient parlait, nous disait que l'on ne se trompait pas. Souvent, on ne voit pas très loin, trop centrés sur nous-mêmes, sur notre problématique.

Ce soir-là, j'ai réalisé une fois de plus que c'est en aidant les autres que nous trouvons nos propres solutions. Nous sommes rentrés, chacun de notre côté, heureux de ce moment passé ensemble, de ce qu'il nous a apporté. Je suis repartie le coeur rempli, c'était un vrai partage. J'avais senti beaucoup d'amour en chacun de nous, une réelle beauté intérieure. Mon intuition s'est manifestée lorsque j'ai lâché prise, en me détachant du mental, en me focalisant sur mon ressenti, mes impressions. J'ai réussi à trouver des éléments de vérité dans l'interprétation des problèmes d'autres personnes, cela m'a redonné un peu de confiance. J'ai passé un bon moment avec ces inconnus.

Cet atelier m'a beaucoup apporté. Il m'a appris que les rêves sont un moyen de nous régénérer. Lorsque nous faisons des cauchemars, et que nous sommes mal au réveil, il semblerait que ce soient des obstacles que nous ne dépassons pas. J'ai également appris qu'il faut raconter ses rêves au présent, qu'il est préférable de leur donner un titre. On peut aussi les dessiner. On peut être très surpris par la signification des rêves, par l'ampleur de ce qu'ils représentent...

C'est un très bon moyen pour travailler sur soi, qui m'a donné l'envie d'entreprendre une démarche beaucoup plus personnelle. J'ai donc pris un rendez-vous avec Nicolas Mauran pour une consultation, car il est aussi thérapeute énergéticien. C'était le moment de me servir de mon petit carnet : j'ai regroupé et sélectionné les rêves qui revenaient le plus souvent pour les analyser. Pendant le rendez-vous, il m'a confirmé que de gros changements se préparaient dans ma vie. Je rêvais souvent que j'achetais des vêtements, de nouvelles chaussures, cela signifiait que je changeais de comportement, que je cherchais à être mieux avec moi-même. J'avais vu écrit dans le ciel "You need to do", cela voulait dire que je devais passer à l'action, en accord avec mon âme. Je rêvais beaucoup de l'océan parce que j'avais besoin d'espace.

J'étais heureuse car je me sentais prête pour mes changements, mon intuition se confirmait, mon âme me demandait d'agir, de poser des gestes, d'avoir confiance en mes envies, qu'elles étaient justes. Parfois, j'analysais un rêve qui avait une signification inattendue, c'était passionnant ! À l'issue de ce premier rendez-vous, j'étais reboostée, prise d'un besoin d'action. J'ai commencé à travailler sur mes projets avec une forte envie de les mettre en place concrètement. J'étais plus sûre de moi. Depuis je continue d'écrire mes rêves et de les analyser régulièrement ; ils évoluent tout comme moi.

Bilan 2011

(décembre 2011)

Je m'étais accordé un an pour changer ma vie. Je pense avoir sous-estimé le temps nécessaire pour tout changer. Aujourd'hui je dirais que de grands changements sont amorcés, même s'ils ne se sont pas tous concrétisés à cent pour cent. J'ai appris en chemin à apprécier ce que j'ai et à éprouver de la gratitude pour ce qui m'arrive de bon, à prendre le recul nécessaire pour réaliser que plein de choses nouvelles se sont produites.

Régulièrement je me fixe une échéance, un planning avec des objectifs à atteindre pour l'année suivante, en décomposant les étapes pour mieux atteindre le but. Sans cela, on a l'impression qu'on ne va jamais y arriver, et concrétiser de petits objectifs à certains moments donne plus de confiance et de force pour la suite. Si je regarde mon but, avoir mon cabinet de soins, je ne l'ai pas atteint, mais j'ai déjà posé plein de gestes dans cette direction. J'ai de belles satisfactions, des clientes à qui cela fait du bien. C'est bien ce que je voulais sur mon lit d'hôpital, soulager. Je ne passe pas une journée sans avoir semé, envoyé un mail, contacté quelqu'un.

Toutes les étapes par lesquelles je passe me permettent

d'avancer, de faire des rencontres. Je suis toujours dans le mouvement. Sans un minimum d'actions, rien ne bouge. Tout cela a été possible parce que je donne, j'y crois, j'ai de la volonté et des pensées positives, me disant que j'y arriverai, que telle est ma voie. Je me suis donné les moyens de changer ma vie, aussi bien personnellement que professionnellement. J'ai fait des efforts pour cela. Je me suis payé des cours, des soins, et pour cela je renonçais à d'autres dépenses, j'ai fait des choix. J'ai commencé l'an passé à faire des dons mensuels pour des associations. Il est important d'aider ceux qui en ont besoin en fonction de ses moyens. Même quand je n'avais pas le budget, je continuais à donner, à entretenir le flux, le mouvement de l'argent. Il y a des jours où je mets des pièces dans mes poches, au cas où je rencontre quelqu'un dans le besoin. Il n'y a rien de plus gênant que d'ouvrir son porte-monnaie devant quelqu'un qui fait la manche et de ne rien lui donner. C'est dans les pires circonstances qu'il faut continuer à se montrer généreux.

Je mentirais si je disais que je n'ai pas vécu de moments difficiles. Il m'est arrivé de me décourager, j'ai voulu baisser les bras. Plus jeune, je me demandais à quoi la vie servait. Aujourd'hui, je réponds que ces épreuves m'ont fait grandir. Elles ont fait de moi ce que je suis. Sans ces épreuves, je n'aurais pas travaillé sur moi. J'aurais pu me laisser aller, me poser en victime de mauvaises circonstances, mais j'ai choisi d'aller enfin vers la vie dont je rêve ! Alors, je me bats pour y parvenir, et maintenant ma vie est belle, remplie de surprises.

Nous pouvons toujours trouver cent mille excuses à nos problèmes, mais cela ne fait pas avancer ni bouger les événements en notre faveur. En acceptant ce qui nous arrive, que ce soit positif ou négatif, on ne nage pas à contre-courant, en se fatigant, en usant ses forces. En laissant couler la vie, on est en harmonie avec elle.

J'ai pardonné à ceux qui m'ont blessée et j'ai demandé pardon à ceux que j'ai blessés, de vive voix, ou mentalement. Je remercie Dieu de m'avoir imposé ce chemin, et je n'en suis qu'au début. La voie du changement est amorcée et il n'est pas question de revenir en arrière.

TROISIÈME PARTIE

De janvier à juin 2012

Les mois ont passé, j'ai commencé à travailler chez Vital le vendredi, à développer une clientèle en réflexologie. J'ai reçu plus de clientes à partir du printemps. Ce qui me fait plaisir, c'est que les gens ont envie de revenir, ils apprécient mes soins. Cette fois, je suis confrontée à une clientèle en tant que professionnelle. Mes amis ont voulu m'aider à trouver de nouveaux clients, j'ai puisé dans mes contacts, fait ma publicité. Christine, qui fait des soins du visage, essaie de m'envoyer certaines de ses clientes, Daniele en parle autour de lui dès qu'il en a l'occasion. Toutes les personnes de mon entourage ont vraiment essayé de m'aider. Mon toucher a changé depuis le début, j'ai pris plus d'assurance. Je ressens mieux les tensions, les blocages, les douleurs, les points sensibles. Je sais à quel moment masser de manière douce ou énergique. J'ai commencé à m'éloigner de mon protocole de base, à m'attarder sur certaines zones plus que d'autres. Au début, c'était plus du bien-être, puis j'ai commencé à percevoir quand une personne avait plus mal à l'estomac, à la tête, si elle était fatiguée, stressée. Je ressentais que certaines personnes réfléchissaient beaucoup. Petit à petit, des informations sont devenues plus accessibles. Au début, je n'osais pas forcément dire ce que je trouvais, j'avais peur de me tromper.

Puis je me suis jetée à l'eau. Les gens me disaient : « Vous sentez tout cela sur les pieds ? » « Oui, lorsque je les touche. » Certains clients m'ont fait part de leurs impressions. Parfois ils voient des images, des couleurs, des souvenirs surgissent. Ils me disent sentir comme un courant électrique dans le corps, des vagues de chaleur. On m'a déjà dit : « J'ai voyagé, c'était beau. » D'autres ne ferment pas les yeux, ont besoin de parler.

Certains viennent me voir juste pour de la détente, d'autres pour des problèmes particuliers. J'ai eu de bons résultats sur le stress, la circulation sanguine. Une dame, Monique, est venue me voir régulièrement grâce à Christine, pour ses jambes et ses chevilles gonflées. Après plusieurs séances, ses jambes ont commencé à s'affiner, je n'en revenais pas moi-même ! Avec la régularité, les bienfaits ont continué. Elle avait moins mal aux pieds, a recommencé à porter des talons, des robes. J'étais heureuse d'en être à l'origine. Mon travail a beaucoup atténué ses sinusites, cela a été plus facile avec la constance et grâce à son ouverture. J'ai vraiment senti que j'étais sur la bonne voie, que j'avais une certaine aisance, une maîtrise. Je suis capable d'apporter du bien-être, de soulager, c'est ce que j'ai toujours voulu. Je ne pensais pas lorsque je suivais mes cours, qu'un jour j'aurais de tels résultats. Je suis heureuse de voir ces personnes repartir avec le sourire, se relever en me disant : « Qu'est-ce que je me sens bien ! » Cela me donne de l'énergie, et encore plus envie de m'améliorer. Je prends conscience que je suis capable d'exercer un autre métier qu'assistante, un métier qui me tient à coeur, qui m'épanouit personnellement. Je suis quelqu'un de créatif, qui aime le contact. En m'occupant de ma publicité, en essayant de trouver de nouvelles idées, en recevant les clients, je peux tout allier. Mon énergie peut sortir, se manifester, je peux laisser libre cours à mon imagination.

J'étais contente, arrivée le jeudi soir, d'avoir fini ma semaine, de savoir que le lendemain j'allais vivre ma journée de réflexologie. Il m'était de plus en plus difficile d'occuper mon poste. Je voulais partir mais je savais que ce n'était pas pour tout de suite, qu'il fallait être patiente, construire mon projet. J'avais du mal à me montrer épanouie au bureau. Je faisais mon travail du mieux que je pouvais, mais le coeur n'y était plus. Je prenais sur moi, me disant que j'avais la chance d'avoir ce job et de pratiquer ma réflexologie à côté. Je tenais, me sentant de plus en plus partagée. Je crois que dans ma tête et dans mon coeur, j'avais déjà quitté l'entreprise.

Je n'aime pas faire semblant, cela me pesait d'agir comme si de rien n'était. Certains jours, j'avais la nausée en arrivant, je n'étais plus dans mon élément. Je passais mon temps à me raisonner, à me dire que tout arriverait au bon moment, mais c'était difficile, un combat intérieur quotidien. Je savais qu'il fallait attendre, qu'un vrai projet ne se construit pas du jour au lendemain. Ma patience, qui n'est pas ma plus grande qualité, était vraiment mise à l'épreuve. Par moments, j'ai eu envie, par impulsivité, d'aller voir mon manager pour lui dire que je partais. Je me suis retenue : « C'est trop tôt, et après tant d'efforts, ce serait dommage de tout rater, si près du but. Je préfère partir la tête haute, et le jour où j'annoncerai mon départ, je souhaite que tout soit bien pensé, construit. »

J'avais la chance d'avoir une assistante junior, Aude, avec qui je m'entendais bien, que je formais pour son BTS. Nous parlions beaucoup et piquions souvent des fous rires. Avant, il y avait eu Livia, avec qui je partageais beaucoup aussi. Je percevais que les gens me demandaient d'être plus stricte, de me comporter en manager avec elles, mais je n'y parvenais pas, surtout que ces deux jeunes femmes étaient attirées par la spiritualité et partageaient mes valeurs. J'avais envie de les protéger. Toutes les deux ont décroché leur BTS. J'ai voulu leur transmettre ce que je pouvais en tant qu'assistante, leur faire partager les étapes par lesquelles je suis passée dans ce métier. C'est une belle chose de transmettre ce que l'on connaît. J'aurai fini dans ce métier sur ces belles satisfactions. Je voyais bien que les assistantes des autres services me trouvaient trop souple, mais je n'arrivais pas à me comporter en gendarme. Même là, je ne pouvais pas faire semblant. Aude et Livia m'ont toutes les deux appris des choses, et quelquefois ce sont elles qui me donnaient des conseils ! Aude, malgré les difficultés qu'elle rencontrait sur le plan personnel, riait tout le temps, elle était toujours souriante. Je tenais aussi grâce à elle. Elle connaissait mes projets, moi les siens, nous nous soutenions beaucoup. Je me suis engagée auprès d'elle, lui disant que si je partais, je ferais tout pour rester le temps nécessaire pour l'aider sur son BTS, ses dossiers d'entreprise. Je ne voulais pas que ma décision de partir influe sur son diplôme, j'étais vraiment contente lorsqu'elle l'a obtenu. Daniele était là aussi pour me soutenir, m'aider à patienter, me trouver des idées, tempérer mon impulsivité. Parfois, je ne tenais que pour lui.

Ainsi, j'ai alterné les phases où j'étais contente d'être au bureau, de profiter des avantages, avec les phases de déprime où je me raisonnais, estimant que cela n'avançait pas assez vite à mon goût. En parallèle, le soir, le week-end, je travaillais sur mes projets, mon site, mes plaquettes, les clientes à démarcher, mon livre, mes articles. J'aimais bien cette entreprise, mes collègues, mon manager. Parfois, je pensais : « Tu es folle de vouloir partir, tu as tout ici pour être bien, tu pourrais juste donner tes soins en hobby. » Mais un petit signe se manifestait pour me dire que je faisais fausse route. Les signes du corps ne trompent pas : j'avais la gorge serrée, des nausées, le cou tendu, mon corps se bloquait comme s'il ne voulait plus avancer.

Heureusement, des bouleversements sont arrivés à temps...

Les chevaux : le basculement

(20 juin 2012)

L'année 2012 marque un grand virage dans ma vie. Le premier avait eu lieu en juin 2010, lors de ma rencontre avec Daniele, deux ans plus tard, en juin 2012, je persévère sur la voie des changements, et c'est de nouveau une période importante, un basculement. Cette fois, c'est le moment de mes vraies retrouvailles avec les chevaux, et le début d'une belle aventure…

Une année s'est déjà écoulée depuis le stage chez Hubert et Angeline. J'ai pensé à eux, aux chevaux, même si je n'y suis pas retournée. Je m'imaginais souvent dans le pré, en train de faire une sieste, entourée par les chevaux.

Un mois avant mon anniversaire, entre deux séances de réflexologie, Alexandra me dit :

— Cela ne te tenterait pas de retourner à Surgères, faire un stage ?

— Je ne sais pas, mais si j'y retourne, c'est juste pour caresser les chevaux, pas pour monter.

Elle a beaucoup insisté pour me convaincre :

— Allez, tu aimes les chevaux, ça te fera du bien de les revoir.

J'hésitais et Daniele, qui était d'accord pour venir avec moi, m'a aussi encouragée. Une semaine avant de partir, j'ai eu très mal au dos. Après une séance d'ostéopathie, mon corps n'allait toujours pas bien. J'hésitais à partir car c'est un budget, et je sentais la peur m'envahir de nouveau... J'avais envie d'annuler, mais j'y suis allée quand même, poussée par tous, dont Alexandra : « Tu aimes ça, fais-toi confiance, prends comme ça vient, tu feras à ton rythme. » Nous y sommes donc retournés, en juin, la veille de mon anniversaire. Même si la peur montait, j'étais heureuse.

Je suis partie avec Daniele, Christine, son mari Nicolas, Alexandra et Éric. Daniele et moi avons partagé la voiture de Christine et Nicolas, avec leur fille Lou. Nous nous sommes bien amusés sur la route. En bavardant avec eux, j'ai découvert qu'ils avaient hésité à venir à cause du budget que cela représentait. J'avais eu les mêmes doutes, mais finalement j'ai eu le sentiment que quelque chose m'attendait, que j'allais en tirer du bon, que j'avais pris la bonne décision. J'étais heureuse aussi que ce week-end-là, Daniele m'accompagne, qu'il partage cette passion avec moi.

En arrivant, j'ai prévenu tout le monde que j'étais venue uniquement pour être auprès des chevaux, rien d'autre. J'avais simplement oublié à quel point Hubert et Angeline peuvent être convaincants...

La première journée, nous sommes allés chercher les chevaux au pré. C'est toujours un beau moment, lorsque nous approchons de l'entrée, de les voir courir vers nous dans leur élément naturel, tous ensemble.

J'étais heureuse de revoir ce troupeau, un an après mon dernier galop ! Je suis allée caresser Falbala, puis nous avons ramené quelques chevaux pour travailler. Angeline m'a demandé :

— Tu veux monter ? Je te tiens.

— Non merci, je ne le sens pas encore.

J'hésitais, même au pas, mais voyant que Christine n'avait pas peur, qu'elle était sur Oscillo, un grand cheval marron, je suis montée à mon tour. Angeline me demandait régulièrement : « Est-ce que ça va ? » Finalement, j'étais bien, je profitais de ce moment, heureuse d'être sur un cheval magnifique.

Nous avons continué par un travail sur notre énergie en liberté. Le but était d'arriver à faire en sorte que le cheval bouge, s'éloigne de nous, marche, trotte, galope, s'arrête, fasse des demi-tours dans le rond de longe, sans le toucher. Pour y arriver, il faut être un peu dans sa bulle, essayer de se connecter à lui pour lui faire comprendre nos demandes. On peut s'aider de notre regard, de notre intention, de mots tels que « marcher, marcher » en y mettant toute notre énergie et notre volonté. L'idée c'est qu'il bouge avant nous, ce qui est très difficile car il faut s'imposer, et devant un cheval, ce n'est pas une mince affaire ! Il faut vraiment être prêt à sortir ce que l'on a dans le ventre. Pour les gens qui ont de l'assurance, c'est plus facile. Je devais apprendre à sortir mon énergie, d'autres à la doser. J'avais un stick en main, pour prolonger le bras, que je pouvais agiter si le cheval ne réagissait pas, pour lui demander plus de vitesse. J'ai utilisé des mots comme « Oh ! » pour l'arrêt. Après beaucoup d'efforts, j'ai réussi à obtenir des réponses. J'ai appris à récompenser un cheval lorsqu'il fait bien, à l'encourager par un « Oui, oui », à lui donner des friandises dans le centre du rond à la fin de l'exercice. Ces moments-là sont précieux. Lorsque le cheval répond, on sent une forme de communication s'installer, c'est un beau moment qui donne envie de se dépasser encore plus, qui donne confiance.

Ensuite, j'ai monté Roxy, sans selle, juste préparé avec un surfait et un tapis, toujours dans le rond. Angeline m'a fait marcher et trotter pour que je sente bien ses mouvements, son corps. Mes petites peurs refaisaient surface dès que le cheval prenait de la vitesse, je voulais l'arrêter. Puis, Hubert m'a fait trotter sans me tenir. J'ai aimé ce que j'ai ressenti. Il m'a fait faire des exercices jusqu'à ce que je lâche nerveusement. « Tu vois, le cheval a pris de la vitesse, tu t'en es bien sortie. Il sent que tu lui fais confiance, il ne fera rien pour te faire tomber. » C'était super de le faire bouger, avec mon envie, mon énergie, obtenir des réponses à mes demandes, même si cela me demandait beaucoup d'efforts. Comme Daniele était là, je voulais qu'il ne voie pas trop mes peurs, du coup, je prenais sur moi et je disais oui à tout. À son tour, Daniele a fait les mêmes exercices que moi et s'en est plutôt bien sorti alors qu'il n'était pas monté depuis longtemps. J'étais heureuse de le voir sur Roxy.

Le déjeuner est arrivé, ce fut un pur bonheur :

une grande table installée au soleil dans le jardin, de joyeuses discussions, et les chevaux à côté de nous, en liberté. L'après-midi, nous sommes partis en balade. Bizarrement, avant de partir, j'ai demandé aux autres :

— Quelqu'un a un téléphone ?

— Pourquoi ?

— …Pour rien, juste comme ça.

Je n'ai pas osé dire que cela me rassurait et que j'avais un pressentiment. Nous étions répartis en deux groupes, d'un côté les hommes, de l'autre, les femmes. Nous nous sommes fixé rendez-vous dans un champ, un peu plus tard.

Nous nous sommes rejoints au coucher du soleil. Hubert est sorti du bois avec les garçons, au galop. On l'entendait crier d'enthousiasme de loin. Ils sont arrivés comme des fous, l'air content. Il y avait une telle énergie, c'était très entraînant. Hubert a proposé aux filles de l'accompagner, une par une, pour galoper sur Oscillo. Malgré ma peur, et vu que j'en rêvais, j'y suis allée. Nous sommes partis au trot, puis au galop. Hubert a commencé à crier, émettre des sons comme les Amérindiens, entraînant le cheval à galoper très vite. Je me suis mise à crier aussi, ce qui est assez rare chez moi. J'ai éprouvé une grande sensation de liberté à galoper dans les champs de blé, au soleil couchant. J'avais l'impression de communier avec la nature et Oscillo. C'était magique, comme dans un film ! J'étais très fière de moi. Au retour, j'avais le souffle coupé pour de bonnes raisons. Philippe et Delphine, un couple qui nous avait accompagnés, m'ont dit : « Ton visage a changé, tu es beaucoup plus épanouie et souriante. » Je me sentais transformée. Puis, ce fut au tour de Christine. Elle hésitait, je l'ai encouragée : « C'est génial, tu verras, je l'ai fait, tu peux y arriver aussi. » Elle est partie avec Hubert. On a entendu la voix d'Hubert crier, puis un silence, plus rien, aucun bruit. Hubert est revenu vers nous, elle avait chuté. Nous avons couru vers Christine qui était au sol et nous sommes relayés pour qu'elle ne perde pas connaissance. Elle pleurait de douleur. Nous étions tous un peu mal… et nous n'avions pas de téléphone. J'ai compris le pressentiment que j'avais eu avant de partir.

En une minute, tout a basculé. Hubert est parti au galop récupérer sa voiture, il est revenu, et c'est Angeline qui a conduit Christine à l'hôpital. Pendant qu'elles étaient en chemin, nous avons discuté. Quelqu'un a dit qu'il avait mal senti de la voir partir au galop. Nous sommes rentrés, inquiets, et avons attendu patiemment des nouvelles. Au bout de quelques heures, nous apprenions qu'elle n'avait pas d'organe vital touché. Le lendemain, nous avons su qu'elle avait des apophyses cassées dans le dos. Ce serait l'affaire de trois mois avant qu'elle puisse bouger comme avant.

Avec Christine à l'hôpital, personne n'était vraiment motivé pour monter. Le soir, le groupe devait repartir, et Nicolas devait rentrer avec Lou à Paris. Daniele devait aussi rentrer, il avait un avion le lendemain. N'ayant pas de contrainte, j'ai décidé de rester une journée de plus auprès de Christine et de repartir avec elle. Je ne voulais pas la laisser seule dans ce moment, sachant trop ce que c'est, pour l'avoir vécu. Pendant que Nicolas préparait ses affaires, Oscillo est resté debout, à côté de la voiture, jusqu'à son départ. Il semblait comprendre ce qui se passait, et lui aussi paraissait tout chamboulé.

Après que tout le monde est reparti, Hubert a décidé de ramener les chevaux au pré, et m'a demandé de monter Oscillo pour l'aider à se sentir en confiance, afin qu'il ne se sente pas mis à l'écart. J'ai répondu : « D'accord, mais au pas, très doux. »

Sur le chemin, je me demandais ce que ressentait Oscillo. Il a commencé à s'arrêter tout le temps pour manger du blé. Cela me stressait, j'avais envie de descendre et de rentrer car il ne m'écoutait pas, il continuait de flâner. Je me suis reprise, j'ai respiré profondément en me raisonnant : « Allez, ne baisse pas les bras maintenant. » J'ai posé des questions à Hubert :

— J'aime les chevaux, je ne sais pas comment l'expliquer, je sens qu'ils font partie de ma vie. Je me pose des questions sur ce que je pourrais faire.

— Pourquoi pas l'éthologie ? me dit-il.

Nous en sommes restés là et avons continué en silence, au pas, jusqu'au pré. Je contemplais le paysage, j'étais bien sur Oscillo. Je lui parlais tout bas : « Ce n'est pas ta faute, tu n'y es pour rien, ne t'inquiète pas, Christine ne t'en veut pas, elle reviendra te voir dès qu'elle pourra. »

Lorsque nous sommes arrivés, j'étais très contente d'avoir bien « géré ». Vincent, un ami d'Hubert, nous attendait, il était venu nous chercher en voiture. Je suis entrée dans le pré pour rendre sa liberté à Oscillo et là, je me suis posée. Il y avait un magnifique coucher de soleil. J'ai regardé les chevaux avec amour, j'adore les observer dans leur cadre naturel. Ils se sont tous mis à courir.

Une petite jument est arrivée soudainement, et s'est collée à moi. Elle avait déjà fait cela le matin. Je ne comprenais pas ce qu'elle voulait. Je lui ai parlé : « Je n'ai rien à manger, tu sais. » Elle continuait à me coller, pendant que je lui répétais la même chose. Je marchais, elle me suivait. J'ai demandé à Hubert et Vincent :

— Pourquoi me tourne-t-elle autour, je n'ai rien dans les poches ?

— Peut-être que ce n'est pas à manger qu'elle veut, me répondit Vincent, amusé.

— Cette petite jument s'appelle Vanilla, je l'ai vue naître, c'est la fille de Kitty, elle a grandi avec nous, poursuivit Hubert.

Vincent a accompli plein de choses passionnantes dans sa vie, dont il parle peu car il reste humble. Il a les cheveux poivre et sel, et dégage une certaine sensibilité. Alors que les deux amis s'éloignaient, j'ai commencé à m'amuser avec Vanilla. Je partais en courant et la jument me suivait, je faisais des ronds, des zigzags, elle restait connectée. J'ai commencé à m'enfoncer dans le pré. Je me sentais dans mon élément. Summer est venu nous rejoindre, je ne l'avais pas revu depuis l'an dernier. Il est devenu le cheval d'Hubert, qui a réussi à le reprendre en main, à en faire un bon cheval, équilibré.

J'adore les chevaux indiens. Vanilla, comme Falbala, est une appaloosa, couleur caramel, avec des petites tâches blanches sur le postérieur. Les deux chevaux restaient à côté de moi, Summer à gauche, Vanilla à droite, et moi au milieu avec une main sur la tête de chacun. À cet instant, j'ai compris en les regardant qu'il y avait une histoire d'amour entre eux. Je les câlinais, c'était paisible. Hubert a mis de la musique dans la voiture. J'ai vécu un merveilleux moment. Puis, Summer s'est éloigné et je suis restée seule avec Vanilla.

C'était l'heure de partir, je me suis éloignée des chevaux. Vanilla me suivait toujours. Quand je lui faisais signe d'aller retrouver les siens, elle restait à côté de moi. À force d'insister, elle a fini par s'écarter tout doucement. Je me suis retournée, je l'ai regardée, elle est revenue. Je me suis mise face à elle, je l'ai caressée, observée, j'ai mis ma tête contre la sienne et je l'ai embrassée entre les yeux. Et là, j'ai fondu en larmes. J'ai compris ce qui se passait. J'étais touchée par son attitude. Je n'arrivais plus à partir. J'ai compris qu'il y avait de l'amour entre elle et moi. Un amour venait de naître, elle m'avait montré le sien. Je pleurais, des larmes et des larmes de bonheur. J'ai dit mentalement à Vanilla : « J'ai enfin compris ce que tu voulais. » Je lui ai fait signe de retourner au pré en lui disant : « Je sais que Summer est ton amoureux. » J'avais le coeur serré. Elle est repartie tout doucement. J'avais de la peine de la voir s'éloigner, mais j'étais si heureuse de ce qui venait d'arriver.

Jamais je n'oublierai cet instant Je crois que Vanilla m'a délivrée de quelque chose. J'avais mal de la quitter mais je savais que c'était le début de quelque chose de beau. En revenant à la voiture, je ne voulais pas qu'Hubert et Vincent me voient dans cet état, mais lorsque je me suis approchée d'eux, j'ai vu qu'ils avaient eux aussi les larmes aux yeux. J'étais gênée, et eux émus. Ils m'ont fait un bisou sur le front en disant : « Merci pour ce merveilleux moment que tu nous as fait vivre. » Nous sommes remontés en voiture et sur le chemin de forêt je pleurais toujours. Il y avait un grand silence. J'ai pensé à Daniele, aux autres, avec qui j'aurais voulu partager cela.

Cette petite jument de trois ans m'a montré ce que j'étais venue chercher et m'a donné les réponses sans que je m'y attende. Elle m'aime, j'aime les chevaux. Au moment où j'ai arrêté de me poser des questions, j'ai tout trouvé, sauf ce à quoi je pensais, des réponses au-delà de celles que je cherchais. Elle m'a montré qu'elle était là et qu'elle m'aimait, simplement. Nous avons rejoint Angeline pour aller dîner tous ensemble. Au restaurant, les émotions remontaient, difficiles à masquer. Angeline nous a dit :

— Je ne sais pas ce qui s'est passé, mais j'ai envie de pleurer aussi.

Nous étions tous les quatre émus. Vanilla me manquait déjà, j'avais envie de la serrer contre moi.

Hubert a continué :

— Ce qui vient de se passer est rare. Vanilla t'a choisie… Tu peux aider les gens avec les chevaux. Avec elle, tu pourrais faire une super équipe, à toi de voir. Si tu veux, je te formerai en équitation éthologique. Tu pourras allier tes soins et les animaux.

— J'aimerais, mais je n'ai pas l'argent pour le moment, je n'ai que mon envie.

— Si tu veux, on s'arrangera sur le prix, et tu viendras nous aider de temps en temps. Il ne faut pas laisser passer cette chance. On va s'organiser. Tu cherchais, voilà, c'est ça ton truc !

J'étais radieuse. Vincent a ajouté :

— Ne te bloque pas les portes avant de les avoir ouvertes ; ce qui s'est passé est beau, et rare.

J'étais restée plus longtemps pour Christine et je me retrouvais avec tout qui basculait en une soirée.

Le lendemain, je suis allée la voir à l'hôpital. Malgré ses douleurs et son dos bloqué, on a rigolé, on s'est amusées. J'étais contente d'être là pour elle, même si je ne la connaissais pas beaucoup. J'aurais voulu l'emmener voir Oscillo, mais elle n'était pas en état, et encore moins pour prendre le train avec moi. Nous avons organisé un transfert en ambulance pour qu'elle rentre sur Paris.

En partant, dans le couloir, j'ai croisé, à ma grande surprise, un ex-collègue de Rémy Cointreau, qui était là pour son fils. Il m'a appris qu'on l'avait licencié. Il était assez mal et m'a confié :

— Je vais faire quoi maintenant ? J'ai cinquante-trois ans, j'ai dédié toute ma vie à la société.

Cela m'a peinée, j'avais beaucoup d'estime pour lui. J'ai essayé de le rassurer, en lui disant :

— Allez, tu vas trouver mieux et quelque chose qui te plaira.

— Peut-être, mais pas dans le cognac !

J'ai pensé : « Encore un signe pour changer de voie ! »

Au retour, je me suis arrêtée au pré faire un coucou aux chevaux. Comme il était tard, j'ai passé une nuit de plus chez Hubert et Angeline et je suis rentrée le lendemain matin tôt. Je me réjouissais de ce qui était arrivé avec Vanilla.

Demain, c'est mon anniversaire. Je ne pouvais pas rêver de meilleur cadeau. J'avais espéré que ma vie change, qu'il se produise quelque chose. J'ai passé un week-end rempli de moments inattendus, de dialogues constructifs avec des personnes que je connais peu, à faire face à certaines circonstances où l'on doit se serrer les coudes, dépasser nos peurs, donner sans rien attendre en retour. Christine, de son lit d'hôpital, s'est proposée d'aller dans les chambres pour dire que je suis réflexologue, pour vendre mes séances. Son mari

Nicolas, malgré les circonstances, a trouvé l'énergie de me coacher sur mon projet. Avant mon départ de Surgères, j'ai découvert Angeline, que je connaissais peu, nous nous sommes rapprochées, je l'ai trouvée belle et pure. Les enfants, Lou, la fille de Christine, et Noé, le fils d'Hubert et Angeline, ont été très sages durant ces moments de trouble. Ils se sont occupés tout seuls, alors que nous étions pris dans les soucis. Nous les avons délaissés, et ils étaient là, sans rien nous demander. Je dis : « Merci, merci, merci, pour toute cette joie. »

Je suis très ennuyée, je me sens un peu coupable devant Christine qui a chuté, moi qui suis en train de vivre un grand bonheur. Sa chute m'a rappelé des souvenirs. Pour elle aussi, cela arrive à un moment où elle a des décisions à prendre. J'espère que le fait d'être immobilisée va l'aider à réfléchir à ses projets. Elle a eu de la chance que ce ne soit pas plus grave.

Ce week-end a été riche d'enseignement pour tout le monde.

Quelques jours plus tard, à mon retour sur Paris, j'étais en scooter, je pensais à ce week-end, à Vanilla. Arrêtée au feu rouge, j'ai levé la tête : j'étais derrière une Ferrari, le nez collé sur son coffre, et là, j'ai vu le logo du cheval. J'ai souri : « Encore un signe pour les chevaux. Je sens Vanilla, qui est là, avec moi… » Il m'est souvent arrivé, en écrivant les passages qui se rapportent aux chevaux, de tomber par hasard, au même moment, à la télé, sur un film ou des reportages sur eux, des signes...

Faire attention aux autres

(25 juin 2012)

Un jour, alors que je partais travailler, j'ai croisé mon gardien. Je l'ai salué rapidement. Puis je me suis souvenue qu'il était parti en vacances et je suis remontée le voir.

— Vous avez passé de bonnes vacances ?

— C'était super, trois semaines en Asie, je ne vais pas me plaindre.

Il m'a raconté un tas de choses sur ses différents voyages au Vietnam, au Laos… avec un tel enthousiasme ! Il est d'un naturel assez optimiste. J'ai découvert qu'il est passionné par l'Asie. Dans mon for intérieur, je n'imaginais pas cela, et je m'en voulais presque d'avoir failli passer sans lui parler.

— Je suis allée en Thaïlande en novembre dernier, j'ai passé beaucoup de temps dans les temples, à méditer, à parler avec les moines, à mettre de l'encens, à faire des offrandes.

— Je vais souvent en Thaïlande. Je mets tout mon argent dans les voyages, j'économise rien que pour ça ; j'aimerais bien apprendre la méditation mais je n'y arrive pas. Il y a bientôt un festival à la Pagode de Vincennes. Vous irez ?

Je ne savais même pas que cet événement existait. Un peu en retard, j'ai dû partir au travail :

— Merci pour toutes ces informations.

— Cela sert aussi à cela les gardiens !

J'ai commencé ma journée avec le sourire, et sur mon scooter, en y repensant, je trouvais que j'avais bien fait de prendre quelques minutes pour sympathiser avec lui. Le soir, en ouvrant ma boîte aux lettres, j'ai trouvé de l'encens. Il m'avait offert celui qu'il préfère et avait glissé des prospectus sur les festivités de la Pagode. J'étais étonnée par tant de gentillesses. Le lendemain matin, j'ai déposé dans sa boîte l'encens dont je me sers pour méditer.

J'en ai aussitôt profité pour prendre contact avec le bureau du Tibet à Paris, qui est l'organisateur du festival. Je leur ai proposé d'offrir des séances de réflexologie en reversant ce que je gagnerai à l'association. Ils ont accepté et m'ont attribué un stand. Le jour venu, j'ai apporté ma table avec tout mon matériel et je me suis installée sous une tente, pour aménager mon cabinet improvisé ! J'ai passé un beau week-end, à donner mes séances, sur fond de musique tibétaine, au milieu des animations. J'ai eu beaucoup d'inscriptions, je ne m'y attendais pas. Quelques mamans m'ont confié leurs enfants qui adorent les massages, et pour la première fois, j'ai fait des soins à des enfants, j'ai vraiment aimé. Grâce à la générosité de mon gardien, j'ai vécu une belle expérience, tout cela parce que nous avons un peu parlé !

Quelques jours plus tard, alors que je partais travailler, il m'a tenu la porte pour que je passe avec mon scooter, en me disant : « Allez, vous êtes toujours en retard, cela vous fera gagner quelques minutes. » J'ai été touchée par ses petites attentions. Avant, je lui disais simplement bonjour, je ne savais rien de lui. Maintenant, je sais qu'il s'appelle Philippe et qu'il n'est pas que gardien. Lui, sans rien dire, m'avait observée, il connaissait mes habitudes. Son travail n'est pas facile mais il garde toujours le sourire, glisse une pointe d'humour, nettoie en sifflant ou en chantant. Un autre soir, j'ai vu qu'il avait mis sur le tableau d'affichage des photos de la fête des voisins. Il cherche toujours à mettre de l'ambiance, de la convivialité, à pousser les gens à se parler. Un autre soir, il avait planté des jonquilles, fleurs que j'adore, et en parlant, il m'a confié qu'il les avait payées de sa poche !

Combien de fois sommes-nous passés à côté de personnes, tous les jours, sans dire bonjour, sans poser des questions, et surtout en ayant des préjugés ? Ce jour-là, moi qui médite, qui essaie de faire tellement de bonnes actions, j'ai reçu une grande leçon ! Je me suis fait cette réflexion : « Faire le bien, cela peut commencer de cette manière, on n'est pas obligé de partir en voyage humanitaire en Afrique, il y a déjà tellement à faire autour de nous. Il faut regarder autour de soi, s'ouvrir, prendre ce temps. Il y a des personnes aimables partout, et pas besoin d'aller dans un temple pour les rencontrer, pour se montrer généreux ou spirituel. »

Reconnaître que nous sommes sur le bon chemin

(fin juin 2012)

Après mon magnifique week-end passé avec les chevaux, et ma rencontre avec Vanilla, j'ai réfléchi à la proposition d'Hubert et accepté. Le déclic est venu après tous ces moments magiques : il était temps de quitter mon travail. J'ai senti que j'étais sur la bonne voie, que tout ce que j'ai toujours voulu était là, à ma portée. J'avais reçu le signe que j'attendais. Après avoir longtemps cherché un travail pour être en contact avec les animaux, j'y étais arrivée. Je ne pouvais pas rêver mieux que de me former auprès d'Hubert et Angeline, qui travaillent sur le développement personnel avec le cheval dans la spiritualité, le bien-être, soucieux des chevaux en tant qu'êtres sensibles.

Daniele et moi avons reparlé tranquillement de la formation avec Hubert, pour tout mettre à plat, voir comment cela se passerait. Il nous a rassurés, m'a proposé un tarif pour me permettre de continuer les cours, même lorsque j'aurais quitté mon job. J'ai décidé que je laisserais mon travail de bureau pour aller vers les soins et passer une année avec les chevaux. Hubert m'a dit que je pouvais attendre pour quitter mon travail, je lui ai répondu : « C'est le moment pour moi, il le faut, je le sens de l'intérieur. » Nous sommes tombés d'accord pour que je commence en septembre.

Quelques jours plus tard, j'ai pris la décision de parler à mon patron pour lui dire que j'aimerais partir et trouver un arrangement avec l'entreprise. C'était si fort, je n'aurais pas pu m'empêcher de le faire. J'ai sollicité un entretien. Cela faisait longtemps que je m'y préparais. Le signal que j'attendais était enfin arrivé, mais au moment du rendez-vous, j'étais angoissée. J'ai alors décidé qu'il n'y aurait pas de stratégie, que je devais simplement être sincère :

— On m'a proposé une formation qui pourrait changer ma vie, pour faire ce que j'aime, avec les chevaux. Je vais avoir besoin de temps pour étudier et aller en stage. Ce n'était pas prévu. J'aimerais tenter ma chance, aller vers mon rêve. Je voudrais partir, au plus tard à la fin de l'année. J'aimerais bien trouver un arrangement, je serai sérieuse jusqu'au bout.

— C'est bien de trouver ce que l'on aime faire. C'est dommage que tu partes, mais je suis heureux pour toi. De mon côté c'est d'accord, vois avec les ressources humaines.

Le rendez-vous s'était bien déroulé, et je me sentais bien d'avoir été honnête. Premier cap franchi ! J'étais soulagée.

Le soir, j'ai commencé à réaliser ce qui en découlerait. Les inquiétudes concernant l'aspect financier m'ont perturbée. Je quittais une belle société, une équipe sympa. Mais je ne pouvais pas rater cette opportunité. J'ai décidé de m'en remettre à l'Univers, car je savais que les chevaux font partie de ma mission de vie. Quelques jours plus tard, j'ai rencontré la responsable des ressources humaines, avec qui j'ai été franche :

— Je ne corresponds plus à mon job actuel, je peux suivre une belle formation qui me plaît, j'aimerais partir. Au sein de l'entreprise, je n'évolue plus, il n'y a pas de possibilité pour moi d'occuper une autre fonction que celle d'assistante. Je ne me sens plus très impliquée, et je ne voudrais pas mal travailler. En plus je suis à temps partiel, je réalise que l'activité nécessite un temps plein. Je voudrais vraiment suivre cette formation, et essayer de développer la réflexologie.

— Je suis d'accord avec vous. Il faut une personne à temps plein, et c'est vrai qu'il n'y pas d'autre poste.

— Je m'engage à terminer ce que j'ai en cours. J'aimerais partir au plus tard en décembre. Je vous préviens maintenant pour que vous ayez le temps de trouver la bonne remplaçante, je vous aiderai pour cela aussi. Je serai là, le temps de la former.

— Nous allons nous arranger.

C'était bizarre de me retrouver à parler de ma remplaçante. C'était symbolique pour moi de partir avant 2013, je sentais que sinon, je ne bougerais plus. Je ne voulais pas recommencer une année encore. J'aurais pu attendre la rentrée, mais les vacances en Sardaigne approchaient, et je voulais avoir l'esprit tranquille.

Il n'est pas facile d'affronter son désir d'entreprendre.

Même si on l'a rêvé, le concrétiser, c'est autre chose… On espère qu'une porte s'ouvre depuis longtemps, et lorsque c'est le cas : « Est-ce que je passe de l'autre côté, vraiment ? » Cela fait un peu peur, c'est l'inconnu, mais cela rend tellement vivant.

J'étais très heureuse de mes entretiens, mais par moments, je me disais : « Christelle, tu fais quoi, tu es sur le départ, tu quittes ton job ? » Et puis j'ai vu des images de chevaux et un grand sourire intérieur m'a fait reprendre le dessus. Finalement, tout le monde semblait d'accord sur mon choix : mon manager, la directrice des ressources humaines, j'étais folle de joie ! Nous avons fixé une date approximative pour mon départ. Après quelques jours, l'angoisse des questions d'argent est venue : « Je suis folle de laisser un job dans lequel j'ai beaucoup d'avantages, la sécurité, je m'habille classe... » L'angoisse me gâchait le plaisir d'avoir pris cette décision. Mais dès que je repensais à mon amour des chevaux, aux moments vécus avec eux, les mauvaises pensées disparaissaient.

Depuis une semaine, je n'arrêtais pas de demander une aide financière, pour être tranquille sur ma formation, que ce soit un poids en moins. Un soir, j'ai allumé une bougie et j'ai prié : « Chers anges, s'il vous plaît aidez-moi à vivre ce rêve l'esprit en paix, confortez-moi dans mon choix de vie, merci, merci, merci. » En fermant les yeux, j'ai imaginé ma nouvelle vie.

Le week-end suivant, je suis partie chez mes parents pour me ressourcer un peu. J'ai emporté mes jeux de cartes divinatoires, les oracles de Doreen Virtue, qui me servaient beaucoup en cette période de changements. Je voulais montrer ces jeux magnifiques à ma maman. J'en ai profité pour tirer une carte et j'ai reçu comme message « rentrée d'argent ». Cela m'a fait sourire, et j'ai aussitôt oublié cette carte...

Au retour du week-end, Daniele m'attendait. Le courrier était posé sur la table. J'ai ouvert en premier un colis, c'était le livre sur les chevaux que j'avais commandé pour étudier les bases de l'éthologie : « Trop cool ! » Puis j'ai ouvert une lettre. C'était le bureau des objets trouvés qui m'informait que ma carte d'identité, perdue depuis des mois, m'y attendait. C'est arrivé juste au moment où j'allais la refaire. Quel soulagement, d'avoir cette formalité de moins à accomplir ! Enfin, j'ai ouvert une lettre de l'organisme qui gère l'épargne salariale. En la lisant, j'ai bondi partout. Daniele m'a demandé :

— Qu'est-ce qui t'arrive ?

— La prime est de cinq mille euros, je n'en reviens pas, c'est super. Je sautais de joie.

— Attends, je vérifie le montant pour être sûr, dans l'affolement, tu as peut-être mal lu.

J'avais bien lu. C'était une participation exceptionnelle de cinq mille euros ! J'étais surexcitée, c'était pile le montant que nous avions budgété pour mon année de formation, je n'en revenais pas ! Une semaine auparavant, je m'étais dit qu'il faudrait cette somme pour payer mes cours, le train. C'est fou, j'avais vraiment souhaité avec coeur cet argent, pour quelque chose de juste, mon intention était claire, je l'ai reçu.

Ce jour-là, j'avais reçu ma carte d'identité, mon livre pour étudier, et l'argent pour ma formation. La carte d'identité, pour moi, est très symbolique : j'ai entrepris quelque chose qui me correspond et je retrouve mon identité.

Tout était réglé, je pouvais partir en Sardaigne avant de commencer mes nouvelles aventures. Je me suis fait la promesse d'aller jusqu'au bout, car après tous les signes qui m'avaient été envoyés, tout ce qui m'avait été donné, je n'avais plus le droit de douter ni de faire quelque chose contre ce rêve.

Quand on est sur la bonne voie, que l'on est décidé, tout se met en place, s'enchaîne, les bonnes personnes, les conseils, des aides diverses font leur entrée dans notre vie. Notre projet est protégé ! L'Univers nous donne les moyens de passer des caps dans la difficulté. Les hésitations nous freinent, l'intention nous ouvre les portes.

Ne pas forcer les choses

(15 août 2012)

Cet été, je suis retournée en vacances à Cala Gonone avec Daniele, nous avons loué une grande maison avec nos amis Alexis, Emily, Emmanuel et Mylène.

Sur la route qui mène de l'aéroport à Cala Gonone, j'étais impatiente. Je ne tenais plus en place à l'idée de revoir les couchers de soleil, pouvoir rester silencieuse face à la mer, ressentir l'énergie, rêver, être bien, naturellement. Enfin, nous voici à l'entrée du tunnel qui sépare Dorgali et Cala Gonone, ce tunnel particulier qui, lorsqu'on l'a traversé, donne l'impression de laisser un autre monde derrière soi. On aperçoit la lumière, puis on découvre la grande bleue de toutes parts, on ne voit que ça ! En contrebas des montagnes, il y a le village. À chaque fois que je descends cette route en zigzag, j'ai le coeur qui bat. Qu'il fasse beau ou pas, c'est toujours un grand spectacle, on a l'impression que la voiture va plonger dans l'eau.

Puis, nous nous sommes installés dans notre maison, proche de la mer. Un soir, j'ai médité et envoyé beaucoup d'énergie sur Cala Gonone, ses habitants, la mer, la nature qui me donne tellement. J'ai aussi envoyé de l'amour aux dauphins qui étaient peut-être proches des côtes. Parmi les rêves que je n'ai pas encore réalisés, il y a toujours celui de nager avec eux.

Je ne pouvais l'expliquer, mais je sentais leur présence. Au fond de moi, je n'avais aucun doute, parce que j'en avais rêvé plusieurs fois avant de venir. J'avais d'ailleurs complètement oublié ce rêve jusqu'à ce moment.

Après le dîner, je n'avais pas vraiment envie de dormir, j'avais besoin de prendre l'air, d'être seule, de me connecter à l'énergie de Cala Gonone, de me livrer à mon grand plaisir : contempler les étoiles sous ce ciel splendide qui me donne le sentiment d'être sous une coupole. Quand tout le monde est allé se coucher, je suis partie sur la plage. Toute la journée, j'avais regardé la mer, scrutant l'horizon dans l'espoir qu'un dauphin sorte de l'eau. J'imaginais la joie que je ressentirais si c'était le cas. Rien que d'y penser, j'avais les larmes aux yeux. Je me demandais : « Quand vais-je vous voir ? »

Alors que j'étais allongée sur le sable, une étoile filante est passée dans le ciel, puis une autre. J'ai aussitôt fait le voeu de voir les dauphins avant de quitter Cala Gonone. Il y avait plein d'étoiles filantes, j'étais chanceuse. À chaque fois, je n'ai formulé que ce voeu, cher à mon coeur.

Ensuite je me suis demandé : « Mais si tu vois un dauphin, comment vas-tu faire ? Tu as peur de nager dans l'eau foncée, là où tu n'as pas pied. » J'ai levé les yeux vers le ciel : « Je vous promets que si je vois les dauphins, je ferai tout pour dépasser mes peurs et aller dans l'eau. » Ensuite je me suis vidé la tête, j'ai arrêté de penser, j'ai contemplé le ciel juste en appréciant, j'étais apaisée. Je suis retournée me coucher, heureuse d'avoir eu mon moment à moi, sous ma coupole magique.

Le jour « J » est arrivé. Nous avons pris le Zodiac que nous avions loué pour longer le magnifique golfe, de crique en crique, au gré de nos envies. J'étais trop contente à l'idée de passer cette journée en mer. Au fond de moi, j'étais sûre que j'allais voir les dauphins, c'était fort. Peut-être était-ce uniquement mon désir qui me donnait cette sensation ? Peu m'importait, je me réjouissais déjà. J'ai regardé Cala Gonone s'éloigner de notre champ de vision. Je ne quittais pas le large des yeux, j'espérais les voir surgir. Puis, j'ai profité du soleil. Tout à coup, Daniele a cru voir un dauphin, mais c'étaient des vagues. J'étais contente qu'il y ait pensé pour moi. Il savait que je n'attendais que cela, même si je ne le disais pas. J'ai lâché prise et profité du moment sur le bateau.

Soudain, j'en ai vu un sortir de l'eau. J'ai crié : « Un dauphin, un dauphin, un dauphin ! » Je n'aurais pas dû crier, mais j'étais tellement contente que je n'ai pas pu contenir ma joie. On en devinait un deuxième, puis un autre, qui nageaient tranquillement. Alexis, trop heureux lui aussi, s'est jeté à l'eau tout de suite. Bien qu'ils n'aient pas été à côté du bateau, il a voulu tenter de les rejoindre. J'ai plongé aussi, mais la panique m'a vite gagnée et je n'ai pas réussi à rester dans l'eau. J'ai vite nagé vers le Zodiac : « Je remonte, je remonte, vite aide-moi. » Daniele m'a pris la main pour que je retourne à bord. Je les ai regardés s'éloigner. Daniele a remis le moteur en marche pour les suivre, mais on ne les voyait plus. Quelques instants après, nous les avons aperçus, un peu plus loin. Nous avons navigué pour prendre de l'avance sur eux, et avons attendu.

Ils sont alors ressortis de l'eau. C'était magnifique d'assister à leur danse, leurs mouvements étaient gracieux, si naturels, leur nage dégageait une telle sérénité, une impression de liberté, de bonheur. Ils ont continué d'évoluer près de nous.

J'avais envie de retourner dans l'eau, mais j'avais si peur de nouveau, la panique ne me quittait plus ! Intérieurement, j'ai demandé au ciel : « Aidez-moi à balayer mes peurs, à ne pas gâcher ce moment tant espéré qui s'offre à moi. » J'ai alors entendu une voix remplie de sagesse me répondre : « Viens, fais-nous confiance... »

J'ai regardé les dauphins, émue, je me sentais connectée à eux. Mon coeur battait très fort, je ressentais vraiment leurs vibrations. Soudain, j'ai eu mal au coeur, comme si mon corps devait expulser quelque chose, je tremblais. Daniele m'a demandé : « Tu vas bien, ça va, tu es sûre ? Si tu plonges dans l'eau dans cet état, je vais m'inquiéter. » En quelques instants, j'ai ressenti une libération, j'ai frissonné. Il s'était passé quelque chose quand les dauphins avaient nagé à notre niveau, qui m'a rendue sereine. Est-ce qu'ils m'avaient aidée ? Je me suis sentie confiante, heureuse, sans peur... je me suis jetée à l'eau. Alexis, qui était en train de nager vers eux, m'a gentiment attendue, il est venu avec moi, m'a tenu la main. Malheureusement, les dauphins s'étaient éloignés. J'espérais tellement qu'ils s'approcheraient.

Soudain, j'ai regardé autour de moi : Alexis m'avait lâchée, et sans m'en rendre compte, j'étais en pleine mer, à quelques mètres du bateau. J'ai souri, car j'avais moins peur. Je n'aurais jamais pu faire cela avant. J'avais promis que j'irais à l'eau si je voyais les dauphins, et j'ai tenu ma promesse. En remontant, j'étais déçue de ne pas avoir pu les toucher, les approcher de près. Mais je me suis reprise : « Christelle, tu as voulu voir des dauphins, tu les as vus. Tu avais peur d'être en pleine mer, tu as pris sur toi, vaincu tes peurs. Sois heureuse, tu es courageuse et tu as tenu ta promesse. Célèbre cet instant. Tu sais au fond de toi qu'il s'est produit quelque chose lorsque les dauphins sont passés à côté... À ce moment-là, tu t'es libérée. »

Après toutes ces émotions, cette course pour aller à la rencontre des dauphins, la journée a repris son cours. Pour moi, rien n'était plus pareil : je passais une belle journée, mais mon esprit était avec eux. Nous sommes allés dans des criques magnifiques, nous nous sommes bien amusés, mais j'espérais toujours que les dauphins reviennent. Je n'arrivais pas à lâcher prise. Dans l'eau, je pensais à eux, j'imaginais qu'ils allaient arriver près de moi pendant que j'observais les poissons sous l'eau.

Sur le chemin du retour, j'ai pris conscience de ma

chance : mon voeu sous les étoiles filantes s'était réalisé. J'ai dédié une méditation aux dauphins et l'Univers a été généreux avec moi. Ce qui s'est produit une fois ne peut pas forcément arriver deux fois. Surtout, c'est arrivé ! Mes intuitions sur leur présence s'étaient confirmées : ils étaient là, tout près, j'avais raison.

J'ai fermé les yeux, prenant plaisir à sentir le vent et les rayons du soleil sur mon visage, j'ai fait un travail de connexion avec eux : je leur ai envoyé de l'amour et de belles images par la pensée, je leur ai dit que j'aimerais leur dire au revoir, j'ai imaginé un pont entre eux et moi, comme le fait Sarah Diane Pommerleau dans ses méditations guidées. Je me suis concentrée sur eux avec le coeur, et soudain, j'ai entendu Emily crier : « Un dauphin ! » J'ai eu à peine le temps d'ouvrir les yeux pour voir un dauphin sauter au loin, avec le coucher du soleil en toile de fond. Une vraie carte postale ! Mon coeur battait, je n'ai pas de mots pour décrire cela. Quelle journée ! J'ai eu une telle confiance, une telle envie et tout s'est produit alors que je ne m'y attendais plus. Je me suis rappelée ce que j'avais lu : en général les dauphins décident de venir, ce n'est pas à nous d'aller vers eux. Je pense que j'ai trop voulu forcer 198 les choses. J'aurais dû patienter en silence, voir s'ils s'approchaient du bateau, mais avec l'excitation, je ne pensais plus à tout cela. Les dauphins s'étaient montrés, c'est déjà beaucoup, j'aurais pu ne pas les voir du tout. Avec le recul, je crois aussi que j'ai mal formulé mon voeu : j'ai demandé de voir les dauphins et je les ai vus, je n'ai pas demandé de les toucher, de nager avec eux !

J'ai compris qu'il fallait être plus précise dans mes demandes, car l'Univers nous répond sur ce que nous formulons.

Cette expérience a été merveilleuse, j'ai vaincu mes peurs, pris sur moi, je me suis surpassée. J'ai cru, voulu, c'est arrivé, j'avais la foi, la conviction qu'ils étaient là. Cette journée a été très libératrice pour moi et nous nous sommes bien amusés.

Lorsque je suis rentrée à Paris, j'ai trouvé sur mon chevet une carte postale qu'Aurélie m'avait envoyée : un dauphin faisant un salto devant le coucher du soleil…

Lorsque les vacances se sont terminées, j'ai eu mon petit pincement au coeur habituel de quitter Cala Gonone, mais j'étais impatiente de commencer la formation, de retrouver les chevaux, ma petite Vanilla.

Rien n'est acquis

(19 novembre 2012)

J'ai débuté en septembre chez Hubert et Angeline et j'ai beaucoup progressé en deux mois. J'y vais deux week-ends par mois. Nous passons de longues journées à travailler la pratique et la théorie. Je vis des moments inoubliables. Petit à petit, je reprends contact avec eux. Je travaille beaucoup en balade avec Falbala. Je suis en confiance avec elle, je sens qu'elle ne me fera pas tomber. Elle est gentille, douce, mais elle demande d'être juste. Ces week-ends que je passe avec toute l'équipe, car nous sommes plusieurs à nous former, me ressourcent. Lorsque je rentre à Paris, je suis chargée d'énergie, heureuse surtout d'avoir fait ce choix.

Je sens que je vais devoir faire beaucoup d'efforts pour cette formation, prendre sur moi, vaincre mes peurs, reprendre confiance avec les chevaux, dépasser mes limites physiques, émotionnelles, mentales.

Par moments, j'ai pleuré car remonter réveillait d'anciennes blessures. Les images de l'accident revenaient, toujours ancrées en moi. Parfois, je me sentais incapable de surmonter cela, d'autres fois, j'avais la force d'un lion. J'aime observer les chevaux, j'apprends à les connaître tous. Au début, je me demandais si j'étais à ma place, car j'avais tout à redécouvrir. Certaines personnes du groupe possèdent leur cheval : Yvon est propriétaire de Jenny, Philippe et Delphine de Lucky, Claudine de Scoot, Ronan, Christine, Chloé, viennent montrer ceux des autres, comme moi. Je n'ai pas le mien et je ne suis pas de la région. Parfois, je me dis que c'est de la folie, un défi. J'avais peur que les gens du groupe ne m'acceptent pas mais ils se sont tous montrés gentils, ils m'ont tous aidée. Delphine, qui prépare parfois les repas, s'est même mise à cuisiner végétarien pour moi, Claudine s'est comportée en maman bienveillante, et les garçons en protecteurs et coach. Tout le monde m'a donné des conseils tout au long de mon parcours. Quand l'ego reprenait le dessus, je pensais : « Je n'ai pas ma place dans cette formation. » Puis : « Je les aime, je veux être parmi eux, trouver ma place. » Je sens que cette année m'apportera mon lot d'émotions, de joies, de peurs, mais ce sera une expérience inoubliable sur le plan humain et avec les chevaux.

À chaque fois que l'on croit qu'une étape est franchie, une autre se présente à nous…

Les chevaux commencent à être présents dans mes rêves. Il y a quelques jours, j'ai rêvé de Vanilla. Elle défonçait les clôtures pour venir me retrouver.

Ce week-end du 19 novembre m'a montré que rien n'est acquis, j'y ai trouvé mes limites. Nous travaillions en carrière avec les chevaux. Dans les précédents stages, j'avais mis beaucoup d'énergie pour me dépasser : lors du travail en liberté, j'avais essayé de faire bouger le cheval qui ne voulait pas, et j'avais réussi après de nombreux efforts, j'étais fière de moi. Ce jour-là, c'est à cheval que j'ai eu du mal. J'étais contente de la séance que je venais de faire avec Oscillo, avant de passer sur Kitty, la jument d'Angeline. Kitty m'impressionnait car elle a du caractère, mais elle est gentille. C'est une super jument, elle a gagné des concours, et elle aussi attend les gestes justes. Sûre de moi, je m'apprêtais à faire avec Kitty ce que je venais de faire avec Oscillo. Mais là, j'ai eu des difficultés à la faire bouger. Au bout d'un certain temps, j'ai dû monter d'un cran en pression. Toujours rien, je n'arrivais pas à avoir le trot. J'ai perdu patience, me suis dit que je n'y arriverais pas, que je n'avais rien à faire ici. Puis, j'ai pris sur moi, je me suis concentrée et j'ai dû m'énerver pour arriver à dégager plus d'énergie. Quand je suis montée en puissance, j'ai enfin réussi à faire quelques exercices. J'ai été obligée d'être ce que je ne suis pas, de me faire violence, mettre une énergie qui ne m'est pas habituelle. Le problème c'est que pour sortir cette énergie, j'ai dû me mettre en colère.

J'ai réalisé que ce qui s'applique avec un cheval ne s'applique pas obligatoirement avec d'autres. Je pensais pouvoir mettre en pratique ce que j'avais acquis, reproduire la même chose, j'étais si contente, si sûre de moi.

Finalement, quand on franchit une étape, on est content, et avant même d'avoir le temps de l'apprécier, une autre se présente à nous. C'est comme un escalier que l'on essaie de monter, il y a des marches, des paliers à atteindre avant d'arriver en haut. Je m'étais reposée sur mes acquis et les chevaux m'ont demandé d'aller plus loin. J'étais très en colère de ne pas y arriver, alors qu'au fond j'en étais capable. J'ai réalisé que je devais apprendre à faire sortir mon énergie sans m'énerver.

J'ai alors compris mon rêve avec Vanilla : casser les barrières pour avoir ce que l'on veut. Cette jument est un symbole, elle représente une partie de moi. Je dois casser mes propres barrières pour atteindre mon but, petit ou grand, dépasser mes limites. Celles présentes un jour ne le sont pas forcément d'autres jours.

Avec les chevaux, tout est constamment remis en cause, comme leur hiérarchie qu'ils défendent au quotidien. Le principe est le même avec les personnes, en amitié, en amour, dans une relation, rien n'est jamais acquis. Tout demande investissement, loyauté, patience, amour…

Pensées, hommage aux chevaux

(20 novembre 2012)

Depuis des jours, je pleure sans comprendre pourquoi. Je suis émue pour la moindre chose, bonne ou mauvaise. Je me sens triste et en même temps, je sens que de belles choses vont m'arriver. Je crois qu'une partie de moi a peur, car dans dix jours, je quitte mon job, pour enfin aller vers mes projets de vie. Au bureau, lorsque je parle de mon projet, les gens m'encouragent, le trouvent beau et intéressant. Au moment de former ma remplaçante, j'ai de drôles de pensées, comme la peur que l'on m'oublie, que l'on ne m'aime plus. Je réalise que lorsque je suis en stage avec les chevaux, il m'arrive aussi de penser que l'on ne m'aime pas. Je ressens les mêmes craintes, je me dis que le reste du groupe se voit régulièrement, moi je débarque de Paris. Je me retrouve face à mes éternelles peurs. Pourquoi n'ai-je pas assez confiance en moi, avec toujours cette peur d'être rejetée ? J'aimerais ne pas me poser ces questions, lâcher prise.

Après cette drôle de journée au bureau, je rentre à la maison et, assise sur le canapé à cogiter sur tout cela, je reçois ce message d'Hubert : « Pense à l'énergie de la forêt... » Comme s'il avait senti que je n'allais pas super bien. La forêt... Ce week-end, nous avons fait une promenade dans les bois, de nuit. J'ai dû faire confiance au cheval, me laisser guider, moi qui ai peur du noir. Il n'y avait pas un bruit, juste celui des branches, les pas des chevaux dans les feuilles, ou de l'eau quand on passait la rivière. On devinait à peine les silhouettes des autres. Quelle initiation ! Les perceptions changeaient. Il pleuvait mais plus rien ne comptait. C'était bon de s'oublier, de ressentir la nature. Grâce au message d'Hubert, j'ai repensé à ces beaux moments, c'est tombé à pic ! J'ai eu ces pensées pour les chevaux, que je leur ai adressées mentalement : « Merci à vous les chevaux, de nous guider, nous porter, travailler avec nous malgré nos maladresses, nos tensions, nos problèmes. Vous donnez sans compter… Vous nous donnez tellement d'amour, vous nous rendez meilleurs. Avec vous, on ne peut pas tricher, on doit être juste. Vous nous montrez le respect, l'humilité, les vraies valeurs. Vous nous apportez une telle énergie ! Je vous aime. »

À chaque fois qu'on monte à cheval, c'est une véritable initiation. On découvre toujours quelque chose, on apprend sur eux, sur nous. On vit des sensations différentes, on se dépasse, on prend un mur, on refuse, on accepte l'expérience, on sourit, on aime, on apprécie, on reçoit, on donne sans compter… Les chevaux m'ont montré leur amour, ont mis leur vie entre mes mains, j'ai fait pareil...

J'ai aimé ma balade sur Câlin, le cheval de Noé, ce petit poney blanc, tout doux. J'adore le caresser. Quand on va chercher les autres chevaux, il s'approche avec l'air de demander si on va le sortir, le faire travailler. Il est attendrissant. On prenait souvent de grands chevaux, puis on a commencé à le sortir plus. Malgré sa taille, il va vite, et il a son caractère, il n'aime pas être à la traîne. Cela fait deux fois que ce petit cheval me redonne confiance, que grâce à lui je termine le week-end avec la sensation d'avoir progressé, avec le sourire. J'avais très envie de m'occuper de lui. Une fois, je suis rentrée avec lui, c'était la première fois que je me retrouvais seule, dans la nature, à cheval. J'ai trotté, galopé, j'encourageais Câlin, il était beau, les crins au vent. C'était génial, je me suis amusée, je me suis autorisé plein de choses. Pendant la balade avec le groupe, il s'était montré un véritable guide de nuit en forêt. Je me demandais : « Pourquoi prendre toujours les grands chevaux ? Il mérite beaucoup d'attention. » Merci à Câlin pour ce qu'il m'a donné, il a calmé mes inquiétudes, il est très intéressant. Grâce à lui et à Falbala, une véritable confiance est en train de s'installer entre les chevaux et moi.

Les chevaux m'amènent à comprendre ma nature instinctive, ils m'apprennent à connaître la Terre sous un autre aspect, à l'aimer encore plus.

Ne pas douter

(25 novembre 2012)

Il y a une semaine, j'ai eu envie de tout arrêter, je ne sentais pas l'énergie pour y arriver, être à la hauteur, malgré mon amour pour Vanilla et les autres chevaux qui me pousse, quand je n'ai plus la force de continuer.

Je complexais, je me sentais inférieure. Un soir où j'avais le moral dans les chaussettes, Hubert m'a appelée pour me parler d'une journaliste qui devait venir faire un article sur notre formation. Cela m'a remise d'aplomb. Je me suis dit : « S'il m'en parle, c'est que je fais partie de l'équipe. » Toute la semaine, j'y ai pensé, je me suis dit : « Allez, montre-toi à la hauteur, elle fait un reportage sur nous. » La journaliste a passé le week-end avec nous pour se rendre compte de ce que nous faisions. Toute la journée, nous avons constaté que nous avions beaucoup appris, que nous étions capables de lui donner des conseils, de la guider. J'étais contente de me dire : « Super, j'en fais partie ! » J'avais parfois l'impression de ne pas progresser. J'étais trop focalisée sur moi ou sur le résultat. J'ai constaté mes progrès en voyant que je pouvais lui donner des indications !

Ce samedi, je suis arrivée avec des douleurs au dos, et une migraine. En plus j'avais mal dormi. Je n'avais pas très envie de monter, sans doute l'appréhension, d'après Angeline. En allant chercher les chevaux au pré avec elle, elle m'a dit : « Tu prendras Falbala. » Sur place, c'est Oscillo qui a couru vers moi. Du coup, elle m'a dit de le prendre et j'ai passé le week-end avec lui : balade, séances de câlins, travail au sol. Il m'a vraiment donné de beaux moments. À chaque week-end de stage, il y a une nouvelle surprise, quelque chose de différent, un nouveau cap à franchir. Rien n'est jamais comme on l'avait prévu ! Oscillo est comme un maître, il a un côté très sage, il s'impose. Il est grand, beau et majestueux, il me fait penser à un roi. C'est génial de travailler avec lui, car il est très patient quand on doit apprendre quelque chose. Sa seule exigence : ne pas tirer sur les rênes, il sait vite nous faire comprendre que c'est déplaisant. Avec lui, il faut mettre beaucoup d'énergie pour entretenir le mouvement. Un bon test pour moi, c'est sûrement pour cela qu'il m'a choisie ! J'ai eu envie de me dépasser et j'ai réussi. Pas autant que mon exigence personnelle le souhaitait, mais c'était un début. J'ai réussi à sortir l'énergie qu'il fallait pour le faire bouger, donner de l'impulsion à ses mouvements. Je suis revenue enchantée de ce week-end, j'ai eu de belles satisfactions.

Aujourd'hui, le cheval m'accompagne dans ma progression, mon développement personnel. Je remarque qu'il met l'accent sur les grands axes d'évolution dont j'ai besoin dans ma vie.

C'est amusant que cet endroit s'appelle « Les

Écuries du souffle » et la société d'Angéline et Hubert Opentao...

Un jour, j'ai proposé à Hubert d'animer une petite méditation de groupe, mon premier atelier de méditation. Après une journée à cheval, c'est grandiose. Dans le groupe, certains n'avaient jamais médité. J'ai dû dépasser mon appréhension de parler devant les autres, car il fallait leur expliquer le déroulement de la séance. À ma grande surprise, tout le monde s'est investi, s'est relaxé, sauf Philippe que cela faisait rire au début. Quand nous avons rouvert les yeux, nous étions bien. J'étais heureuse d'avoir partagé cette expérience avec eux. Régulièrement, par la suite, Hubert m'a demandé : « Tu nous fais une petite médit' ce soir ? » J'alternais avec des chants du mantra OM, et il m'est arrivé de faire pratiquer l'exercice du pardon. C'est l'idéal de commencer le matin par du tai chi, d'être à cheval toute la journée et de méditer le soir. C'est vraiment le paradis. Ici, je peux laisser s'exprimer mon côté spirituel.

Les chevaux avec lesquels nous travaillons ont beaucoup d'aspects humains ; d'ailleurs, on dit que les chevaux sont des médiateurs astraux, des passeurs d'âmes. Ils accompagnent les âmes lorsqu'elles passent dans l'autre monde. On dit que ce sont des guides. Je commence à voir cet aspect spirituel chez eux, à ressentir, au travers des caps que je dois passer, les efforts qu'ils me demandent de faire. Ils ont chacun leur personnalité.

Une fois encore, le cheval me demande de franchir de nouvelles limites. Bouger, faire bouger, donner l'impulsion, et surtout y mettre de la volonté. En fait, j'en suis là sur mon projet aussi : j'ai choisi, maintenant je dois provoquer une dynamique pour la mise en place. Avoir décidé ne suffit pas ! Ce week-end, le cheval m'a montré qu'il ne fallait plus que je doute. L'intention était là, mais je n'arrivais pas à le faire galoper, pourtant j'en avais très envie et j'avais l'impression d'envoyer beaucoup d'énergie. Je crois qu'au fond, je n'étais pas si prête, je n'en avais pas conscience, je voulais mais j'avais peur. Le cheval a senti le doute en moi. Il est vrai qu'intérieurement, je me demandais : « Va-t-il le faire ? » Ou alors je relâchais mon intention juste avant qu'il me donne la réponse. C'est impressionnant. Quand j'ai commencé à me focaliser sur le résultat, sans lâcher, jusqu'à ce que j'y arrive, tout a changé. Le cheval m'a donné tout de suite ce que j'attendais, sans force, sans pression, sans m'énerver, en étant juste focalisée sur ce que je voulais.

Sur le plan personnel, c'est la même chose : il y a une semaine, je voulais tout abandonner. J'avais des doutes, je me disais que cela n'allait pas marcher. Le cheval m'a dit : « Vas-y, ne doute pas, va jusqu'au bout, pense au résultat que tu attends. » En trois mois, le cheval m'a confrontée aux problèmes que je rencontre dans la vie, qui sont représentatifs de mes projets : me positionner, prendre ma place, décider, vaincre mes peurs, ne pas douter, mettre l'énergie, l'intention, aller jusqu'au bout, faire confiance, me faire confiance, faire tomber les barrières, prendre en compte l'autre, le groupe.

Effectivement, concernant le groupe, je me suis aperçue qu'en reprenant confiance, j'étais partie un peu devant au cours d'une balade, sans me retourner, sans vérifier que tout allait bien pour les autres. Mais on n'est pas seul, il faut regarder si tout va bien, on doit se suivre, s'aider. J'étais contente de moi car j'avais réussi à être seule devant, mais encore une fois, le cheval m'a rappelé de prendre en compte les autres, comme lui, au milieu du troupeau. Ils veillent les uns sur les autres.

La fin du week-end approchait. Pendant que Carine, la journaliste, prenait des photos, je suis allée caresser Vanilla. Je la voyais nous regarder depuis une heure, comme si elle voulait venir vers nous. Elle avait un petit air de cheval délaissé, elle cherchait à attirer l'attention, comme moi par moments. Je l'ai caressée, je lui ai donné beaucoup d'amour. Elle a glissé sa tête sous mon bras. Je suis repartie sereine et heureuse de mon stage.

Le départ

(30 novembre 2012)

Aujourd'hui, je quitte Rémy Cointreau, c'est le jour du départ, tant attendu, nous y sommes... Je n'arrive pas à réaliser qu'après ce soir je ne reviendrai plus. Je vais aller vers mon chemin de vie, c'est un mélange d'excitation et de peurs.

Cela fait quelques semaines que je m'interroge sur ce qui m'attend, sur ma réussite future. Aujourd'hui, même si j'ai la boule au ventre, je sais que j'ai de la chance d'avoir trouvé un arrangement. Je pars dans d'excellentes conditions, et j'en suis très reconnaissante.

Mon pot de départ a été fort sympathique, j'ai reçu des cadeaux, des mots d'encouragements. La présidente a tenu à me recevoir, suite à un mail de remerciements que je lui avais envoyé ainsi qu'au comité de direction. Cela me paraissait normal de témoigner de ma gratitude pour tous les avantages que j'ai eus pendant ces quatre ans. J'ai obtenu un temps partiel la dernière année, et je considère qu'ils m'ont aidée à leur manière, ils ont contribué à mon projet, et c'est vraiment avec le coeur que je l'ai fait. Chaque année, j'ai reçu leurs voeux, aussi, cette fois, j'ai tenu à leur présenter les miens, de bonne continuation, reconnaissante parce que j'ai eu une belle qualité de vie dans cette société. Dans le monde de l'entreprise, on pense souvent à demander mais pas à remercier. On oublie souvent la chance que l'on a, on reçoit, cela nous paraît normal. Il y a des sociétés où il n'y a pas autant d'avantages, il faut en avoir conscience.

Pendant les jours qui ont suivi l'envoi de mon message, je me suis sentie stupide de l'avoir fait. Je ne voulais pas qu'ils le prennent mal. Et un matin, en arrivant au bureau, ma remplaçante m'a annoncé que la présidente avait demandé à me voir, qu'elle m'attendait en salle de réunion. « Oups… » ai-je pensé en allant frapper à la porte de la salle de réunion, le coeur battant. La présidente, qui était en entretien avec quelqu'un, m'a aimablement saluée :

— Merci pour votre mail, j'ai été touchée…

— Je me sens gênée, car on ne se connaît pas, on s'est juste croisées au détour d'un couloir, mais je me devais de vous l'écrire.

— Au contraire, vous avez très bien fait, prenez un rendez-vous avec mon assistante avant votre départ, j'aimerais que l'on parle tranquillement.

Je savais que c'était une belle personne, je l'ai toujours perçue comme telle, mais je ne pensais pas la toucher autant. Entre-temps, je suis allée porter un bouquet de fleurs à la responsable des ressources humaines ; elle aussi m'a accompagnée, elle a fait preuve de compréhension dans mes décisions. Touchée par ce bouquet qu'elle n'attendait pas, elle m'a dit :

— Merci, il ne fallait pas, j'ai fait mon travail, rien

de plus.

— Vous avez fait bien plus, vous avez contribué à mon projet en m'accordant le temps partiel. C'est moi qui suis touchée. Merci.

Cela m'a fait plaisir qu'elle ait apprécié mon geste et beaucoup aimé les fleurs. J'aime surprendre.

Les jours ont passé, jusqu'à mon rendez-vous avec la présidente, une femme que j'avais envie de connaître depuis longtemps. Notre entretien était, pour elle aussi, l'occasion d'en savoir plus sur moi : « Parlez-moi un peu de votre projet. » Je lui ai parlé de la réflexologie, de ma formation en éthologie. Elle était très à l'écoute, semblait passionnée. Elle connaissait la réflexologie qu'elle avait testée, et appréciait cette méthode de soins en laquelle elle croyait. Elle a trouvé que j'avais un beau projet et m'a encouragée. Je lui ai donné ma carte de visite… en espérant la revoir !

Quel meilleur départ aurais-je pu souhaiter ? J'avais trouvé ma remplaçante, tout le monde m'encourageait, croyait en moi, et j'avais eu la chance d'échanger avec la présidente avant de partir. J'étais comblée. Je quittais Rémy Cointreau avec la certitude d'aller vers ma voie, ma nouvelle vie. J'ai vraiment ressenti une grande libération, et je suis partie comme je l'avais imaginé : la tête haute, fière de moi.

Les premiers jours qui ont suivi mon départ, je ne m'en suis pas rendu compte, comme si j'étais en vacances.

Ne pas aller au travail le lundi suivant me parut très étrange. Qu'allais-je faire de ma journée ? J'ai réalisé que mon réveil n'allait pas sonner, que je n'avais pas de contraintes ! Finies les nausées en partant au bureau le matin, à me demander quand cela se terminerait. Je n'avais plus de travail, enfin plus de travail fixe, cadré. Fini l'assistanat ! New life ! Désormais j'étais seule face à moi-même. J'allais travailler pour moi, à mon rythme. Je pense qu'il me faudra quelques semaines avant de comprendre ce qui m'arrive vraiment. J'étais partie parce que j'avais un projet de vie, parce que j'avais trouvé ma voie. Je m'interrogeais : « Par quoi vais-je commencer ? » Puis je me suis reprise : « Allez, laisse-toi un mois de répit, fais un break, repose-toi, après tu te mettras vraiment au travail. » Noël approchait, j'avais l'esprit occupé avec la course aux cadeaux, les décorations à préparer. J'ai vécu au jour le jour, je me suis fait plaisir, en essayant de lâcher prise, malgré les questions qui ne cessaient de se bousculer dans ma tête.

Je me sentais tellement libre, cette liberté que j'ai tant recherchée, cette liberté qui me plaît, que je ressens lorsque je vois les chevaux courir… cette liberté, enfin à ma portée. Je sens que tout est possible, il y a la place, le temps pour tout, les portes s'ouvrent. Aujourd'hui on dirait que tout peut m'arriver !

S'imposer

(15 décembre 2012)

Ce samedi-là, je suis arrivée au stage avec la sensation que je devais passer à une autre étape. Au fond de moi, j'ai l'appréhension et l'envie du stage. Cela fait plusieurs fois que l'on me dit de m'imposer, de sortir mon énergie, et je n'y arrive que lorsque je suis en colère, énervée.

Aujourd'hui, Hubert m'a attribué Jenny, une jument assez vive. Je me suis dit : « Whouaou ! Qu'est-ce qui se passe ? Tu dois passer à la vitesse supérieure. Elle est vive, tu vas devoir gérer ton énergie maintenant. » Je suis allée la chercher au pré avec le groupe. Quand je l'ai approchée, elle a commencé à bouger dans tous les sens, je la sentais nerveuse et je l'étais aussi. Elle passait devant moi, agitée, me bousculait. J'étais crispée tout au long du chemin, bien que fière d'être avec Jenny. Je chantais pour me détendre. Lorsque je fais ça avec Falbala, je vois ses oreilles s'orienter vers moi et sa cadence changer. Mais avec Jenny, cela ne fonctionnait pas, elle n'arrêtait pas de manger, de me passer devant, continuait à me bousculer. Je passais mon temps à lui relever la tête de l'herbe. J'essayais de me détendre, de bien respirer, mais je stressais un peu. Elle continuait, et soudain elle m'a marché sur le pied droit. J'ai hurlé, j'avais déjà mal à ce pied car j'étais en train de perdre l'ongle du gros orteil. Je lui ai crié dessus, levant ma longe comme si j'allais lui mettre un coup. Elle s'est un peu cabrée. Elle m'avait fait mal, mais je crois surtout que j'étais vexée par son manque de respect. Je m'en voulais de ne pas m'être assez imposée, je me sentais diminuée. C'était aussi l'une de mes problématiques. Quand nous sommes repartis, j'avais du mal à poser le pied. Hubert est venu à notre rencontre en vélo, avec Noé. Je lui ai expliqué ce qui s'était passé, en ajoutant :

— Je ne vais pas pouvoir monter, car je peux à peine poser le pied.

— Rentre, nous verrons plus tard comment tu te sens.

Chloé, une personne du groupe, a pris Jenny pour finir le trajet. Au fond j'étais presque soulagée : « Ouf, je n'aurai pas à monter Jenny. »

Cinq minutes se sont écoulées, j'ai commencé à sentir de la chaleur sur mon pied, puis je me suis aperçue que je marchais presque normalement. J'ai reposé mon pied, petit à petit, comme si de rien n'était. Je n'en revenais pas ! Je n'avais plus mal, tout allait bien. Il s'était passé quelque chose de magique...

Une fois rentré, Hubert a voulu savoir :

— Comment va ton pied ?

— Étrange, je n'ai plus rien. Tu as fait quelque chose ? ai-je demandé, sachant qu'il travaille avec les énergies.

— Tu n'as plus mal ? C'est ce qui compte ! m'a-t-il répondu en souriant...

J'ai alors compris… Il m'avait fait un soin à distance, sans me le dire. Il n'allait pas me laisser, comme ça, échapper à ce que je devais faire, cela aurait été trop facile ! Du coup, au boulot ! J'ai préparé Jenny pour aller faire les exercices en carrière. Je suis montée sur elle et, moins de cinq minutes après, elle est partie au galop. Je n'ai pas paniqué, je voulais montrer que je décidais. Jenny est aussi une appaloosa, une jument très souple, gracieuse, qui réagit au quart de tour. Au moindre mouvement, elle tourne déjà, donne une réponse. J'ai enchaîné les exercices en m'amusant avec elle, essayant de tempérer ses ardeurs. « Tu n'as jamais aussi bien monté à cheval, tu as dansé avec elle ! » m'a lancé Hubert à la fin de l'exercice.

J'ai réalisé que je venais de faire de grands progrès. J'étais heureuse, émue et surtout je m'étais amusée. Les autres m'ont dit : « On te revoit encore, il y a quelques mois, toute craintive. » Les larmes me venaient.

Dimanche, nous sommes partis en balade, de nuit, à travers la forêt, la rivière, et avons galopé dans les chemins. J'ai pris Falbala que j'adore, elle me fait penser à une licorne ! C'est avec elle qu'Hubert a commencé l'éthologie. Elle a une telle sagesse, une telle intuition, une belle sensibilité et elle est si proche de l'homme. Quand nous arrivons à la croisée d'un chemin et d'une route, souvent Falbala s'arrête, tourne la tête, puis traverse.

Nous sommes partis à sept. Hubert était devant,

avec Summer. J'étais à l'arrière, et profitant de n'être vue par personne, je chuchotais à l'oreille de Falbala : « Nous sommes nombreux, il fait nuit, aide-moi à faire cette balade dans le calme et l'harmonie. » La balade a été géniale, le galop dans la nuit m'a donné l'impression de voler avec elle, c'était harmonieux et paisible. Nous avions juste des petites lampes pour nous éclairer, j'étais en confiance, Falbala s'est montrée digne d'elle-même.

Quel bonheur, c'était magique ! Je crois que c'est la première fois que je murmurais à l'oreille d'un cheval. Cela m'amusait de lui parler, de penser qu'elle pouvait me comprendre. C'est devenu un jeu, j'ai commencé à prendre l'habitude de parler aux chevaux. Un jour, j'étais au pré, j'ai eu envie de brosser les chevaux, pour le plaisir. Lorsque j'ai eu terminé de brosser Jenny, j'ai vu Summer qui me regardait. Je lui ai dit : « Toi aussi, tu veux que je te brosse ? » Il est arrivé, s'est posté juste devant, la tête haute, le corps en position de brossage, à attendre. J'ai rigolé toute seule.

Au retour de notre promenade, Delphine, avait apporté une bouteille pour arroser le fait d'avoir galopé Lucky, son grand et beau cheval espagnol, car elle ne le montait plus depuis six ans. Après quelques mois de travail, elle avait pu ressortir avec lui. Son bonheur était très émouvant, il marquait le début d'une vraie aventure éthologique, un de nos premiers succès. Philippe et Delphine rencontraient des difficultés avec ce cheval qui faisait beaucoup de bêtises, détruisait les boxes, ses barrières. Philippe en avait assez, d'autant qu'il n'était pas cavalier. En désespoir de cause, ils avaient confié Lucky à Hubert pour lui donner sa chance. Ce cheval a beaucoup changé grâce à tous les efforts d'Hubert, d'Angeline et de l'équipe. Philippe a commencé à monter, il est entré avec nous dans l'aventure, et leur couple s'est encore plus soudé, ils sont heureux avec leur cheval. Encore un week-end rempli d'émotions, de surprises, de rires, de satisfactions, et surtout d'amour.

Bilan 2012

L'année 2012 a été l'aboutissement des changements que j'avais amorcés avec le temps partiel ; un an plus tard, je quittais Rémy Cointreau. J'ai pratiqué la réflexologie chez Vital, acquis plus de clientèle. Je commence à avoir de bons résultats. Les pieds nous permettent d'avancer, d'aller de l'avant. C'est beau de se dire que ces personnes avancent plus facilement également dans leur vie.

J'ai entamé une merveilleuse aventure avec les chevaux. J'ai continué à travailler sur moi-même, à étudier mes rêves. J'ai animé mes premiers ateliers de méditation.

Je m'apprête à accueillir 2013, ma nouvelle vie. Maintenant j'ai le temps, la place pour que tout arrive. J'ai dépassé mes plus grandes peurs. J'ai pu sauter à l'eau et m'éloigner d'un bateau en mer. J'ai écrit des articles pour le magazine Energie Italie. Les chevaux m'ont redonné l'inspiration pour mon livre, que j'avais laissé en suspens. À leur contact, j'ai eu de nouveau envie d'écrire.

L'initiation

(5 janvier 2013)

2013 s'annonce comme une année assez dense, avec l'aboutissement de nouveaux et nombreux changements. Un saut dans le vide. Je vais me retrouver face à moi-même, voir de quoi je suis capable, si le fait de travailler pour moi me convient, apprendre à me gérer, à ne plus avoir de cadre. J'ai commencé ma nouvelle vie, mon nouveau travail. Je vais me dédier à mes projets, profiter de ma liberté, vivre à fond mon aventure avec les chevaux, et tout ce qui se présentera à moi…

Après les fêtes de fin d'année, je suis arrivée chez Hubert et Angeline sans grande énergie, je n'avais pas ma forme habituelle, j'avais trop mangé, pas fait de sport, mon corps s'était alourdi…

Ma première journée fut un peu difficile, je devais me remettre en marche, mais j'ai passé de bons moments en balade avec les chevaux, à faire de grands galops et à travailler au coucher du soleil avec une belle lumière rougeoyante qui transperçait les nuages. J'ai retrouvé Vanilla, qui m'avait beaucoup manqué. J'avais pensé à elle, encore rêvé d'elle. Quand Vanilla m'approche, je me sens bien, apaisée, je suis dans une bulle avec elle, elle remplit mon coeur, plus rien n'existe autour de nous. Elle est si douce. Après le dîner, nous avons regardé des vidéos des chevaux, dont un passage quand elle était bébé. C'était attendrissant, elle est si proche de l'homme depuis son plus jeune âge. On la voit jouer, travailler, s'approcher des enfants. Cela m'a bouleversée de la voir petite. Au fond de moi, j'ai ressenti le manque d'avoir loupé une partie de sa vie, j'aurais aimé la rencontrer à cet âge-là. J'étais heureuse de découvrir cette vidéo. Je me suis endormie en pensant à elle, avec le sourire.

Le lendemain, Hubert m'a dit : « Allez, aujourd'hui tu prends Vanilla pour partir en balade. » Quelle joie, quelle excitation ! Je n'en revenais pas, c'était un moment que j'attendais depuis si longtemps ! Je me suis dit : « Tu as vraiment progressé pour qu'Hubert te dise de prendre Vanilla, car c'est une jeune jument. » Je voulais être à la hauteur, pour elle, que ce moment soit le bon. C'était la première fois avec elle. J'avais peur de ne pas avoir le niveau, mais je n'allais pas manquer cette opportunité !

Quand je suis allée la chercher, la préparer, j'étais une vraie pile électrique. Pendant que je la brossais, je lui ai dit : « Tu sais que j'attends ce moment depuis si longtemps. » Depuis l'été, elle avait changé, beaucoup grandi. Sa robe s'était éclaircie. Elle était toute douce avec son poil d'hiver, plus épais, si mignonne. J'étais impatiente de partager une balade avec elle. Quand nous sommes parties, j'étais aux anges d'être sur elle, paisible, je n'en revenais toujours pas. Je lui voue une confiance totale, c'est comme ça. J'ai l'impression de ne faire qu'une avec elle.

Sur le trajet, une jeune jument que nous travaillons, Marie, s'est agitée. Elle est assez difficile, elle se chamaille parfois avec les autres et a eu du mal au début à se faire accepter par le troupeau avec son sacré caractère ! Vanilla s'est approchée trop près de Marie qui, surprise, a soudain levé le postérieur, pour lui donner un coup. J'ai eu de la chance de ne pas tomber. Nous avons continué au petit galop. Comme elle est jeune, Vanilla a toujours tendance à coller le cheval de devant, cela la rassure. Elle allait vite, j'ai commencé à stresser, ne la maîtrisant pas complètement. Je ne voulais pas que le scénario se reproduise. Du coup, Hubert m'a demandé :

— Descend, ramène-la, nous on continue.

— Mais pourquoi ?

— Tu es trop paniquée, c'était peut-être trop tôt.

Je me suis décomposée. J'avais tant attendu, j'étais si heureuse de la monter, je venais de prendre un coup au coeur. Je ne voulais pas décevoir Vanilla, je voulais être parfaite pour la première fois que je la montais. Hubert ajouta :

— Allez, tu verras ce que c'est de ramener seule un jeune cheval… Ce n'est pas ta faute, mais c'est mieux ainsi.

Mes mains et mes jambes tremblaient. Les autres ont commencé à s'éloigner, je me suis retrouvée seule avec

Vanilla. On aurait dit qu'elle voulait que je remonte sur son dos pour continuer, je l'entendais me dire : « Allez, monte, ne lâche pas, viens. »

Elle ne comprenait pas que les autres s'éloignent, et moi je ne voulais pas qu'elle pense qu'elle avait fait quelque chose de mal. J'ai eu envie de la monter pour réintégrer la balade, mais Hubert m'avait donné un ordre, il fallait que je m'y tienne. Les autres étaient loin maintenant, j'étais un peu désemparée : Vanilla ne voulait pas me suivre, elle allait dans leur direction, tirait sur la longe. J'ai commencé à m'énerver, en pleine campagne, il n'y avait personne pour m'aider. Vanilla ne voulait pas avancer, elle me bousculait, je la sentais râler. Elle regardait dans la direction du groupe, partait dans un sens, puis dans l'autre. J'ai failli la lâcher pour qu'elle retrouve le groupe, tellement je ne savais plus quoi faire. J'ai paniqué, en me demandant : « Pourquoi ça arrive maintenant ? » Je parlais toute seule à voix haute. En voyant le village un peu loin, je me suis interrogée : « Comment je vais faire pour l'atteindre ? » Au fond, je savais qu'elle ne m'aurait pas fait de mal, mais cette jument que j'aime, pour qui j'ai tant de tendresse, était là, à me bousculer. Quand j'essayais de la faire bouger, elle se débattait. J'espérais qu'Hubert revienne. Je me suis dit qu'il l'avait fait exprès, peut-être encore pour me tester ? D'un seul coup, je me suis reprise : « Allez, tu vas y arriver, test ou pas, tu vas réussir, c'est ce qui compte. » Je me suis projetée visuellement rentrant calmement avec Vanilla et je lui ai parlé, sûre de moi : « Allez, on y va, cette fois on rentre. » Et là, Vanilla s'est mise à marcher à côté de moi tranquillement. Je n'en revenais pas. Après autant de refus, elle avait fini par me suivre.

Qu'est-ce qui avait changé ? J'avais mis de l'intention, enlevé les doutes, repris le contrôle, j'étais rentrée dans un calme intérieur inébranlable. Conviction, assurance. Je crois qu'elle a senti ma détermination. C'est fou, en une minute, tout a changé ! Sur le trajet, et après, j'ai beaucoup pleuré. J'aurais voulu finir cette balade. « Que va penser Vanilla désormais ? Que je ne suis pas prête pour elle ? » C'est ainsi, il faut savoir l'accepter, j'ai peut-être voulu aller trop vite. J'ai eu la chance de faire un petit bout de chemin sur elle. Après tout, il y a quelques mois je n'aurais pas eu la capacité pour la monter.

J'ai tiré beaucoup de positif de cette expérience que j'appellerais « initiation ». J'ai réalisé qu'il fallait l'intention, le focus, ne pas lâcher, ne pas douter, rester concentré sur ce que l'on veut et le transmettre. Cette jument, malgré son jeune âge, a tout compris. Elle ne m'a pas simplifié la tâche, et pour cela je l'aime encore plus. Un respect encore plus profond s'est installé entre nous. Nous nous sommes découvertes…

Les pensées se bousculent

(25 janvier 2013)

Aujourd'hui, je suis sous la couette à repenser à mon départ de chez Rémy Cointreau, il y a plus d'un mois maintenant.

Nous sommes fin janvier. L'anxiété commence à monter. J'ai peu de patients, tout à mettre en place. C'est une montagne à gravir. Avant, je n'avais que le vendredi à remplir, maintenant, ce sera tous les jours. Je ne sais pas par où commencer : réviser mes cours pour être prête, plus opérationnelle, travailler l'éthologie, démarcher, trouver des lieux pour mes activités... Dans la panique, je n'arriverai à rien et en plus, j'ai plein de démarches administratives à accomplir ! »

J'ai organisé des réunions, essayé de trouver des partenaires. Maintenant je profite de ce temps nouvellement libre pour commencer ma journée en méditant ou en chantant un mantra. Je fais une série d'étirements pour le réveil énergétique du corps. Même si je médite beaucoup, mes peurs continuent de m'envahir. Je sais au fond de moi qu'elles ne sont pas justifiées et que tout ira pour le mieux, mais les émotions reprennent malheureusement le dessus, avec quelques mauvaises pensées.

J'ai repensé au bracelet que j'avais reçu en Thaïlande,

béni par un moine ; il devait se casser au moment où le voeu formulé s'accomplirait. Il s'était cassé au bon moment, à mon départ de Rémy Cointreau. N'était-ce pas un signe ? Car j'avais fait le voeu qu'il se casse lorsque je serais sur le point de réaliser mes rêves au niveau professionnel. J'avais tout de même porté ce bracelet pendant un an et, brûlant d'impatience, je lui demandais souvent : « Quand vas-tu te casser ? » S'il s'est cassé à ce moment précis, c'est qu'il doit y avoir une bonne raison !

Je vais louer un cabinet une journée par semaine au coeur de Paris. J'ai visité ce cabinet pour lequel j'ai eu un coup de coeur, l'année dernière, mais c'était trop tôt. Il est situé dans 7e arrondissement, j'adore ce quartier et c'est proche de chez moi. Christine sera là-bas le même jour. Nous avons loué chacune notre salle, et à deux nous allons nous motiver pour développer notre clientèle, c'est parfait. Nous partageons la même vision du travail, les clients apprécient nos prestations. Beaucoup de personnes croient en nous. Si nous supprimons nos doutes, nous aurons tout pour y arriver. Nous avons signé, et maintenant nous savons où nous allons, il ne reste plus qu'à nous concentrer sur notre projet. L'avenir nous dira si nous avons bien fait de croire en notre potentiel, en notre bonne étoile.

L'idée m'est revenue de travailler avec les enfants. Je me suis sentie comme poussée à le faire. Je me souviens à quel point j'ai aimé m'en occuper à la fête du Tibet. J'étais étonnée qu'ils apprécient aussi jeunes les massages de pieds. Je vais donc tester en février mes protocoles de soins avec les enfants, et observer les résultats. J'ai envie d'être là pour ces êtres sensibles, qui ne sont pas toujours pris au sérieux, pas assez écoutés. Je voudrais m'occuper d'eux, les débarrasser de leur stress, les apaiser, leur donner de bonnes choses. Personnellement, j'ai commencé à faire un travail sur moi à trente-deux ans, et je trouve qu'il est dommage de grandir avec des blocages, des émotions enfermées, des peurs. Aussi j'ai envie de travailler avec les enfants et les adolescents en réflexologie, pour qu'ils arrivent à l'âge adulte avec moins de problèmes.

Cette idée m'a stimulée, j'étais toute contente, et mes doutes se sont envolés. Je me suis dit : « Pourquoi avoir peur, tu as toujours plein d'idées. Souviens-toi, lorsque tu as parlé de ton projet à un manager chez Rémy Cointreau, il t'a répondu que tu avais les yeux qui brillaient et que cela s'entendait au son de ta voix que tu vibrais. » D'ailleurs, mon amie Caterina me dit souvent : « Tu es comme un chat, tu retombes toujours sur tes pattes. »

Finalement, j'ai rebondi, fidèle à moi-même, avec plein d'idées, d'énergie, de projets...

Pour Vanilla

(11 février 2013)

C'est avec elle que tout a commencé. Elle n'a que trois ans, cette petite jument, et je sais déjà qu'une belle histoire nous attend.

J'ai toujours rêvé d'avoir mon cheval, soit un étalon noir, comme « Prince noir », soit un grand cheval blanc qui me ferait penser à une licorne, un rêve d'enfant. Vanilla, je l'avais déjà vue, mais sans vraiment faire attention à elle. Elle n'était pas le cheval que je cherchais, si j'avais pu m'en acheter un. Elle m'a tourné autour, ne m'a pas quittée, j'ai compris à cet instant qu'elle m'avait choisie. L'amour est venu à moi sans que je m'y attende. Elle m'a réveillée, m'a dit : « Eh oh ! Je suis là, devant toi, tu ne me vois pas ? » Je l'ai regardée, me demandant ce qu'elle me voulait, et là, mon coeur s'est ouvert. J'ai senti en un instant que je l'aimais. Vanilla est une partie de moi, c'est une belle âme, qui apprend, commence dans la vie, aime les gens, spontanément, elle est pure. C'est comme si j'avais retrouvé un être cher, d'une vie passée. Au fil des mois, je la vois grandir, je la découvre, je l'observe et je l'aime de plus en plus. Je me demande souvent ce qu'elle pense, ce qu'elle sent, ce qu'elle voit, ce qu'elle ressent pour moi. Elle a une telle volonté de bien faire, elle est gracieuse, comme Falbala.

J'aime son petit oeil en coin qu'elle tient de sa maman, sa douceur. Mon amour pour elle grandit à chaque fois, et il devient de plus en plus difficile de la laisser. Souvent, elle devine ma silhouette au loin et s'approche de moi.

Peut-être qu'un jour, j'arriverai, et elle aura été vendue ? Je crois que cela me déchirerait le coeur. Rien que d'y penser, j'en ai les larmes aux yeux. Je me rassure en me disant que si l'Univers nous a rapprochées, c'est qu'il y a une bonne raison. J'espère qu'elle attendra le moment où je serai prête, formée et que nous ferons un beau duo. Le moment où je pourrai l'acheter... Sinon, elle aura été un déclencheur pour moi, pour renouer avec les chevaux, ce qui est déjà beaucoup.

À chaque jour ses petits bonheurs

(20 février 2013)

Depuis le début de la semaine, à Paris, il règne une atmosphère de printemps. Ce matin, quand j'ai ouvert les yeux, il y avait un grand soleil. Quand j'ai ouvert les fenêtres, les oiseaux chantaient, et j'ai laissé pénétrer l'air frais dans ma chambre, me sentant sur un nuage avec ma grosse couette blanche. Je me suis étirée comme un chat, remplie d'une belle énergie…

J'ai décidé qu'aujourd'hui, je passerais une magnifique journée. J'ai envie qu'il m'arrive plein de bonnes choses, envie de me faire plaisir. J'ai rempli mon esprit de pensées et d'affirmations positives. Je veux tout apprécier, me satisfaire des petits bonheurs !

Sous la couette, j'ai repensé à la semaine dernière. J'étais à Cannes pour des séances de réflexologie dans le centre d'Émilie. Nous avons fait connaissance au centre Vital à Paris. Je lui ai fait une séance de réflexologie qu'elle a adorée : « Tu dois vraiment venir à Cannes ! » Sa proposition m'a tout de suite enthousiasmée : « OK, on va s'organiser. » Ainsi, nous avons bloqué une date et j'y suis allée. Émilie s'est démenée pour m'organiser des rendez-vous, me trouver des clients. J'ai passé chez elle deux journées intenses et magnifiques, j'ai donné des soins à de merveilleuses personnes qui sont reparties avec le sourire, me demandant quand j'allais revenir… Un monsieur, d'environ cinquante ans, m'a même proposé gentiment de m'héberger quand je reviendrais, il disait que j'étais une fée ! J'ai été très touchée par cet accueil chaleureux.

Le samedi, n'ayant plus de rendez-vous, Émilie nous a réservé deux transats et une table sur la plage pour le déjeuner. J'étais super heureuse, j'avais tellement envie de profiter du soleil, de me détendre. Nous avons passé un agréable moment à parler, observer les enfants qui jouaient et couraient dans le sable, heureux des douceurs du printemps à l'approche. Le soleil chauffait nos visages et provoquait un effet de scintillement sur la mer qu'on ne se lassait pas de contempler. Nous étions en paix, les familles déjeunaient tranquillement autour. Nous avons commandé un kir royal et trinqué à notre bonheur. Comme le disait Mère, l'épouse de Sri Aurobindo : « Le moment le plus important dans la vie, c'est le présent. » J'aimais regarder les enfants s'approcher de l'eau puis reculer en criant, quand la mer arrivait à leurs pieds. Je ne voulais plus partir mais en même temps, j'étais contente de rentrer pour retrouver Daniele à Paris.

Pour ne pas rester dans la nostalgie de ces moments vécus à Cannes, j'ai décidé de commencer ma semaine comme j'ai terminé la précédente. Le soleil me rend très enthousiaste : « Christelle, tu dois te faire plaisir chaque jour, ressentir du bonheur, comme ces instants sur la plage. » Comme dit Aurélie : « Il faut se faire des petits kifs[13] tous les jours ».

Une fois, nous avions décidé de trouver trois kifs chacune de notre côté dans la même journée, ce qui nous avait fait du bien.

Malgré des petites inquiétudes, j'ai vraiment décidé d'adopter une attitude positive, d'être dans la joie et le sourire. Je me suis donc fait un petit programme pour la semaine... Lundi, j'ai médité, travaillé sur mon livre, et déclaré : « Peu importe le déroulement de la journée, ce soir, tu te regardes un film qui te fait plaisir. » J'ai loué Pas si simple, une comédie romantique, avec Meryl Streep et Alec Balwin. Ce film est rempli d'émotions, j'ai ri et pleuré, j'étais vraiment bien. Mardi, j'ai animé un atelier de méditation, gratuit, où je vais commencer à donner des petits conseils, des outils pour se relaxer. Je partage la méditation des Coeurs Jumeaux, qui m'a tant apporté. J'essaie de donner ce que j'ai appris afin que cela soit utile à d'autres personnes, je leur montre ce qui m'a vraiment aidée. Tous les participants ont aimé et m'ont remerciée. Je n'étais pas très à l'aise, car c'était le premier atelier que je donnais à Paris, à des inconnus, mais je m'en suis bien sortie. Après cela, nous sommes tous allés dîner dans un bar à tapas. J'ai découvert que l'une des personnes souffrait d'un cancer. Je n'avais rien vu et elle n'avait rien montré, elle

---

13   *Kif signifie se faire un petit plaisir en vue d'obtenir la béatitude.*

était si joyeuse. Nous avons parlé, elle m'a dit qu'elle avait aimé la méditation, et de la voir joyeuse, avec cette lumière dans les yeux, a rempli mon coeur.

Mercredi, je me suis arrêtée chez ma fleuriste, en voyant ces beaux narcisses, j'en ai voulu absolument. J'en ai acheté deux pots, pour avoir plein de fleurs chez moi, des couleurs, surtout ce jaune, cette odeur. J'ai ressenti un effet immédiat sur mon humeur, ma joie, mon enthousiasme. J'ai ainsi continué à m'offrir des petits plaisirs tout au long de la semaine. Chaque soir, je remerciais des bonnes choses qui m'arrivaient dans la journée.

C'est important, au milieu de sa journée, de se couper du stress, se poser, et trouver son plaisir de la journée. Un plaisir pour soi, pour un proche, en donnant de l'attention, du temps. C'est si facile, et notre quotidien s'en trouve transformé !

Réconciliations

(9 mars 2013)

Ce samedi 9 mars 2013, je m'apprête à partir dans ma famille en Normandie car je n'y suis pas retournée depuis Noël. J'appréhende de revoir mon père, avec lequel je me suis disputée la dernière fois pour des broutilles. Nous nous sommes parlé depuis, mais à chaque fois, j'ai senti une gêne. C'était la première fois qu'il y avait une vraie querelle entre mon père et moi. Mes parents me manquent, ainsi que ma soeur, Margot, et Jessica, mon autre nièce et filleule de vingt-deux ans. J'ai hâte aussi de revoir ma mamie, tombée malade récemment, mes chiens, Tara, une labrador sable, et Alex, un golden retriever blanc. L'environnement familial me manque, j'ai besoin de sa chaleur et d'en donner à ma famille, de me consacrer un peu à eux. J'ai hâte de m'amuser avec Margot, l'énergie des enfants me ressource. Dans le train, je pense à tout cela en poursuivant ma lecture, je regarde la campagne, le soleil chauffe mon visage à travers la vitre. Je souris, je suis bien, j'écoute la musique de Deva Premal, en me laissant aller à mes rêveries.

Jessica et mon beau-frère Daniel sont venus me chercher à la gare. Chez ma soeur, Margot attendait patiemment mon arrivée avec un dessin à la main, et un sourire radieux. Ma grand-mère et ma soeur étaient là aussi. Nous avons passé un bel après-midi tous ensemble. Mes parents nous ont rejoints pour dîner et me ramener ensuite à la maison pour la nuit. Je n'étais pas revenue depuis les fêtes de Noël. Il fallait que l'on se retrouve.

Avant le dîner, j'ai fait l'exercice du pardon avec mon père. Mentalement, je lui ai pardonné pour ce qui s'était passé, et j'ai demandé à ce qu'il me pardonne aussi de son côté. J'avais entretenu de la rancune envers lui, car après avoir préparé Noël avec tant de joie, j'étais si déçue par notre dispute qui a tout gâché. Je lui en ai beaucoup voulu… J'ai essayé de me mettre à sa place en me disant : « Et si lui aussi, il en souffre ? S'il n'est pas bien, qu'il ne dit rien ? Peut-être était-il à cran ce jour-là ? Cela ne lui ressemble pas de se comporter ainsi. Il avait peut-être des problèmes. » Dans la famille, nous ne sommes pas de grands communicants, nous n'osons pas toujours dire les choses.

Pendant le dîner, Margot était assise entre Jessica et moi. Ma grand-mère a dit à Margot : « Ma puce, tu es assise entre deux anges. » J'ai trouvé cela d'autant plus mignon que ma grand-mère exprime rarement des mots tendres. Pour moi, c'était comme une reconnaissance. On était bien, toutes les trois assises côte à côte. Margot m'a fait sourire lorsqu'elle a dit : « Tu es tata carotte, toi, et mamie est mamie citrouille ! » J'ai donné beaucoup d'amour à Margot, et j'ai été comblée de la voir s'ouvrir avec moi, car avant, elle était un peu dans sa bulle, renfermée sur elle-même. Elle m'a même demandé si je reviendrais le lendemain.

Après le dîner, nous sommes rentrés. J'ai câliné mes chiens qui m'ont fait la fête en arrivant. Puis, mon père est arrivé avec un cadeau… Surprise, je ne m'y attendais pas. En l'ouvrant, j'ai découvert un cadre avec des dauphins… C'était sa manière à lui de s'excuser, car il sait combien je les aime. Son geste m'a réconfortée. Je suis allée me coucher bien apaisée. J'ai essayé d'être la plus positive possible durant ce week-end, et de profiter. Le lendemain, mes parents avaient un déjeuner qu'ils ont annulé pour rester avec moi ; mon frère est arrivé, avec son fils Melvin, et nous avons passé un vrai bon dimanche en famille. Lundi, je suis repartie tôt, après avoir fait une séance de réflexologie à ma maman. Cela lui a fait du bien, et cela m'a fait plaisir de m'occuper d'elle, une autre satisfaction pour moi.

J'ai dû mettre mon orgueil de côté, prendre sur moi, mais cela en valait la peine. Je suis rentrée à Paris très heureuse, le coeur rempli. C'est si bon de sentir que vos proches vous manquent, que vous leur manquez, de se concentrer sur les bons côtés et non les mauvais… Ce week-end fut pour moi celui de la réconciliation. Comment aurais-je pu continuer mon chemin, m'occuper des autres, leur ouvrir les bras, si je n'étais pas capable de donner à mes proches, de leur pardonner ? Qui serais-je, dans ce cas, pour donner des conseils, si moi-même je ne les appliquais pas, si je ne montrais pas l'exemple ?

L'argent, le détachement

Par moments, je me trouve inconsciente d'avoir pris le risque de quitter mon travail. Côté finances, tout a changé.

Il y a quelques années, je m'offrais des après-midi shopping, je pouvais régulièrement partir en voyage, en week-end, acheter de beaux vêtements. J'arrivais souvent les bras chargés de cadeaux lorsque je visitais ma famille. Je vivais plutôt bien, j'invitais ma mère à venir quelques jours à Paris ; je pouvais alors lui offrir le voyage, les sorties, des petits cadeaux.

Lorsque j'ai commencé mon travail sur moi-même, j'ai dépensé un peu moins pour pouvoir m'offrir des soins, un chaque semaine au début, car j'en avais besoin, j'étais sur ma lancée, je voulais aller vite. Ensuite, j'ai espacé avec un ou deux par mois. J'avais une voiture, que j'ai revendue, c'était une charge lourde à assumer. Au début, cela m'a un peu peinée, c'était un renoncement, mais une partie de moi me disait : « Vends-la. » Je devais libérer un peu d'argent tous les mois pour mes projets en soldant mon crédit. Bizarrement, cela m'a soulagée, c'était un poids en moins. Je ne voulais pas que le matériel m'empêche d'avancer, être liée par des choses non nécessaires. Mon bien-être avant tout, les voyages. J'ai gardé mon scooter, car Paris sans scooter, pour moi, ce n'était pas pensable.

Après quelques semaines, je m'y suis habituée. Entre-temps, j'avais commencé mes formations de réflexologie, yoga, soins énergétiques, tout cela avait un coût. Ainsi, ce que je dépensais autrefois en vêtements et cadeaux, je l'ai dépensé pour mes cours, pour mon bien-être personnel. Je vivais bien, mais je m'achetais moins de choses. C'était le prix de ma nouvelle liberté. Je devais réfléchir à deux fois avant de faire un achat, mais pour moi, ce n'était pas une privation car les soins m'apportaient beaucoup. Finalement tout ce que je m'achetais en excès n'était qu'une compensation au vide qu'il y avait dans ma vie, que j'essayais de combler. Je sentais les changements, je savais qu'il fallait en passer par là pour que ma vie future soit meilleure. J'ai commencé à être un peu plus serrée financièrement lorsque j'ai travaillé à temps partiel. J'avais perdu une partie de mon salaire, mais avec les soins de réflexologie que je donnais, il m'arrivait de compenser, et je pouvais continuer à m'offrir mes vacances grâce au comité d'entreprise.

Petit à petit, j'ai commencé à me détacher des aspects matériels. J'ai renoncé à certains plaisirs, comme mes rendez-vous réguliers chez l'esthéticienne, en faisant mes soins du visage moi-même. J'ai commencé à échanger des réflexologies contre des soins visage, des massages avec des personnes que je connaissais. J'ai bien aimé ce principe. Lorsque j'ai quitté Rémy Cointreau, je n'avais pas d'argent de côté, ce qui n'était pas très raisonnable, mais je devais partir, c'était le moment pour moi. Je savais que je passerais des moments difficiles. Cela fait trois mois que financièrement, je « rame » un peu. Ce mois-ci, je n'ai pas eu beaucoup de clients. Daniele m'a aidée, mais je l'ai mal vécu. Il m'a soutenue avec des petites choses, comme payer le train pour aller voir mes parents, et m'a prêté un peu d'argent. C'était difficile d'en arriver là, d'être obligée de mettre ma fierté de côté.

L'autre jour, ma banque a rejeté un chèque, cela m'a mise dans une situation délicate. La banquière m'a dit : « Je dois réduire votre découvert. Je suis désolée, j'ai l'impression de ne pas vous accompagner mais je n'ai pas le choix, c'est ma hiérarchie, et cette situation m'ennuie. Je ne sais pas pourquoi, je sens que ça va marcher pour vous, je le sens, j'y crois ! » C'était gentil de sa part, je ne pouvais pas lui en vouloir, ce n'était pas sa faute si j'étais à découvert. Je me suis fixé une date limite pour mes projets car je ne veux pas aller vers une grosse perte financière. J'ai entrepris des démarches commerciales et je sais qu'il y aura des retombées positives, mais les banques semblent ne pas pouvoir attendre.

Cette journée m'a mise à bout, et en rentrant ce soir-là, j'ai jeté mon tableau de rêves par terre, et j'ai hurlé. Je voulais tout abandonner. J'avais l'impression d'avoir une chaîne de montagnes infranchissable à gravir. Je ne me sentais plus dans ma lumière. J'avais de mauvaises pensées. Je suis partie courir. Lorsque j'ai un trop-plein d'énergies négatives, je pars les évacuer en faisant du sport. Je suis allée me défouler au parc. J'en ai profité pour m'adosser à mon arbre préféré à la fin. Il est grand, avec plein de jolies branches qui partent dans tous les sens, il est bien équilibré, on dirait un arbre asiatique. J'aime beaucoup cet arbre, je me sens protégée sous ses branches. Chaque fois que je cours, je prends toujours cinq minutes à la fin pour aller près des arbres, sentir leur énergie, me reposer. Ce jour-là, j'ai passé quinze minutes dans le silence, à écouter le bruit des oiseaux, à bien respirer les odeurs, sentir le vent. Des petites choses simples pour se ressourcer et retrouver des pensées positives.

À mon retour, apaisée, j'ai ramassé mon tableau en me disant : « Tu ne peux pas baisser les bras maintenant, tu as fait le plus dur, et c'est souvent lorsqu'on est près du but que l'on rencontre ces obstacles. Sois forte, tu dois démontrer ta foi jusqu'au bout. Tu as beaucoup avancé, tu as semé, tu auras forcément le retour de travail. »

Je suis heureuse d'avoir changé ma vie, même si cela m'a coûté beaucoup d'efforts. Un thérapeute m'a dit que je ne devais pas m'en vouloir d'accepter de l'aide ; lui aussi s'était reconverti, avait passé de mauvais moments, avait dû mettre son orgueil dans sa poche pour accepter l'aide qu'on lui offrait. Cela fait quinze ans que je roule en scooter dans Paris. Mon petit scooter vient de rendre l'âme, et je n'ai pas le budget pour le réparer. La voiture de Daniele, elle aussi, est tombée en panne. Vu son âge, nous avons décidé de la vendre, de ne pas nous engager dans des frais. Moi qui rêve d'une Fiat 500 et d'une belle Vespa rouge, ce n'est pas pour aujourd'hui ! J'ai peur d'entraîner Daniele dans tout ce qui m'arrive, je crois que c'est ce qui me gêne le plus. Je n'ai pas envie de lui faire subir mes choix. Je veux qu'il me considère comme une gagnante.

Ce matin, j'ai voulu retirer vingt euros au distributeur, je n'ai pas pu. J'ai eu les larmes aux yeux. Des gens me regardaient, je me suis sentie humiliée : « J'arrête tout, je vais chercher du travail, je ne peux pas vivre ainsi ! » J'ai marché un peu, et d'un seul coup, je me suis reprise, je me suis raisonnée : « C'est la Christelle d'avant qui pleure, et qui se laisse abattre lorsqu'il y a un problème. Tu n'es plus cette Christelle ! Tu as changé, tu es forte. Ce matin, tu as reçu une bonne nouvelle, un partenariat avec une société qui va proposer tes séances de réflexologie en événementiel. En plus, tu as des rendez-vous pour d'autres partenariats. Ne laisse pas vingt euros saboter la joie que tu as eue ce matin. Tu t'es levée en sentant qu'il y avait une bonne énergie, de bonnes vibrations, reste sur cette fréquence ! » Je me suis remise en chemin, avec le sourire. C'est vrai, la Christelle défaitiste, c'est celle d'avant. J'ai choisi de changer, et le jour est venu de mettre en pratique ce que j'ai appris. Ce genre d'événement nous permet de le tester. Je me suis dit : « Tu n'as besoin de rien, tu es heureuse, c'est ce qui compte. En plus, tu as la chance d'avoir Daniele auprès de toi. » Je devais acheter du shampooing et je n'ai pas pu, je n'avais même pas de quoi m'acheter une demi-baguette. C'était la première fois que cela m'arrivait, c'était dur à vivre.

J'avais sûrement à passer cette épreuve pour une bonne raison : tester ma force, ma volonté d'aller jusqu'au bout, être dans le détachement ? Je suis rentrée, et j'ai utilisé des échantillons que nous avions rapportés de nos voyages, nous en avions une boîte pleine. J'ai préparé mon déjeuner : des oeufs de la ferme donnés par mes parents, des gâteaux italiens de Daniele, et des compotes maison préparées par mon père. J'ai mangé ce que j'avais car je ne pouvais rien acheter, et j'étais vraiment bien. J'ai réalisé que, même dans les moments difficiles, j'avais ce qu'il faut. J'ai dégusté, apprécié mes produits maison. Puis, je me suis posée un instant, j'ai respiré, j'ai regardé mon appartement avec toutes ces décorations d'Asie : « Cet appartement est petit mais il est mignon, c'est ma coupole que je partage avec Daniele. Je l'aime, j'ai de la chance de l'avoir. » Les fenêtres étaient ouvertes, j'ai respiré l'air frais, j'ai fait brûler de l'encens et j'ai regardé la photo de Master Choa Kok Sui. Puis, j'ai fermé les yeux, j'étais sereine.

Je n'ai plus de scooter et je commence à m'y habituer. Je fais autrement, je prends les transports en commun. Pour moi qui n'aime pas me retrouver dans la foule, c'est une bonne occasion de travailler sur cela. Je crois que j'ai atteint un stade où je peux me passer de beaucoup de choses. J'ai interprété ce qui m'arrivait de manière positive : après tout, si plus tard je veux une nouvelle voiture, il faut lui faire de la place, la nouvelle Fiat 500 ne peut pas arriver si l'ancienne est toujours là ! La roue va tourner, je vais bien recevoir les retombées de ma persévérance. Je sème, je sème, et je sais que les récoltes arriveront à point !

Aujourd'hui, même si je devais reprendre la vie d'avant, redevenir assistante de direction pour quelques mois ou pour une année, je le ferais, mais je sais que ce serait du dépannage car j'ai bel et bien trouvé ma voie. Et si cela devait durer, ce serait dans un secteur qui me convienne, et mes relations avec les gens seraient différentes, avec mon recul je serais à même de gérer les situations d'une autre façon. Bien sûr, ce ne serait pas facile car j'aime mon rythme actuel, je suis avec les chevaux, je fais de belles rencontres, je travaille sur mon livre. Je sais que cette voie est la mienne, ce n'est plus comme avant, quand je me demandais ce pour quoi j'étais faite. Là, je sais ce que je veux, je dois juste avoir plus d'argent devant moi pour tenir.

J'ai beaucoup changé, j'ai évolué spirituellement. J'ai parfois rencontré des difficultés, j'ai eu mal au coeur pour ce que je n'ai plus, mais je suis riche de ce que je vis, c'est le plus important. Cela n'a pas de prix !

Compassion envers son ennemi

(11 mars 2013)

Le jour est venu de m'installer avec Christine dans le cabinet du 7e arrondissement. Nous proposions un concept de soins complémentaires : Christine s'occupant du visage, et moi des pieds. Cet endroit est vraiment joli : beau parquet au sol, meubles en bois, ambiance cosy, il est très chaleureux et situé, en plus, dans l'un des quartiers les plus chics de la capitale.

Cette première journée a été un peu particulière. Le matin avant d'arriver, nous avions toutes les deux une boule au ventre, sans savoir pourquoi. La propriétaire des lieux, elle aussi thérapeute, nous a accueillies un peu froidement. Malgré cela, nous nous sommes installées, comme si de rien n'était, contentes que notre projet aboutisse : avoir un endroit pour poser nos affaires, déployer notre énergie. J'ai posé mes cartes de visite sur le bureau, mes bougies, ma statue de Ganesh, mon agenda. J'ai préparé la table de massage, créé une atmosphère très chaleureuse. En attendant mon premier client, j'ai savouré cet instant.

La journée s'est déroulée plus ou moins bien avec la propriétaire. Nous la sentions stressée, tantôt enfermée dans son bureau, tantôt faisant les cent pas. Lorsqu'elle a vu les coupes de champagne que nous avions apportées pour fêter notre collaboration, cela lui a fortement déplu. Elle a refusée la sienne, prétextant que nous n'étions pas chez nous et seulement là un jour par semaine. Il n'est pas dans nos habitudes d'apporter du champagne dans un espace dédié au bien-être, nous voulions seulement être conviviales.

En fin d'après-midi, Daniele et Nicolas sont venus en tant que clients pour nous encourager, très élégants, avec des fleurs. J'étais aux anges. « Madame » a de nouveau montré son mécontentement et ne les a pas accueillis aimablement. Quand je lui ai annoncé que j'avais pris un peu de retard sur l'emploi du temps, elle m'a sermonnée pour mon manque de professionnalisme, puis m'a fait comprendre qu'elle voulait s'en tenir à des relations professionnelles.

Un évènement qui devait être joyeux s'est achevé ainsi, dans une ambiance tendue. Malgré notre déception, nous sommes tout de même allés, tous les quatre manger une pizza, pensant que c'était un mauvais jour pour elle.

Le lendemain, à 8 h 30, j'ai été stupéfaite de lire ce message : la propriétaire m'annonçait que son mari avait décidé de mettre en vente le local, qu'elle en était désolée. Tout s'écroulait, je n'y croyais pas. Quand je l'ai appelée pour en savoir plus, elle m'a demandé si nous pouvions reprendre nos affaires...

Quand Christine et moi sommes arrivées le lundi pour une explication, elle était avec l'acheteuse potentielle du cabinet. Elle avait trouvé cette solution pendant le week-end, obligée d'aller vite à cause de ses problèmes d'argent. Nous étions choquées. Puis, ce fut un dialogue de sourds : nous lui disions que nous voulions rester, que nous avions fait des démarches pour démarrer nos activités, contacté des clients, investi dans la pub... Elle avait déjà emballé notre matériel, et nous devions partir sans préavis. Son attitude était incompréhensible. Nous soutenions qu'elle n'avait pas le droit, que nous irions consulter un avocat et reviendrions travailler comme si de rien était.

Je déteste les conflits. Il y a quelques années, je me serais effondrée devant une telle situation. J'aurais perdu espoir, énergie... Les deux premiers jours, j'étais tout de même en colère, un peu triste, mais cela n'a pas duré. J'ai vite repris le dessus, inversé les énergies pour gérer au mieux dans le calme. Je ne voulais pas entretenir de ressentiments, qui rongent, déstabilisent, et ne font que générer encore plus de circonstances déplaisantes.

Nous sommes arrivées le vendredi avec nos compagnons, qui voulaient lui faire part de leurs points de vue. Mais la situation était absurde. Elle et son mari nous disaient une chose et son contraire. Avec Christine, nous avons défendu nos arguments et nos intérêts de manière posée, mais froide. Nous ne voulions pas nous laisser faire.

Cette femme m'a dit :

— Vous devez me détester.

— Ce n'est pas vrai, j'ai de la compassion pour vous, comme pour chaque être humain, mais je n'apprécie pas ce que vous faites, en la regardant droit dans les yeux.

Je me demandais comment cette histoire allait se terminer, si nous allions rester, partir, être dédommagées pour le temps perdu, la confusion semée chez mes patientes.

Nous sommes parties du rendez-vous sans accord. Pendant la semaine, j'ai mis en application l'exercice du pardon. Je méditais, j'envoyais de la lumière, de l'amour, je demandais de l'aide à mes anges pour résoudre ce problème de la façon la plus juste pour tous. Je visualisais l'affaire s'arranger dans la sérénité. Je n'envisageais pas de procès, sauf si elle ne nous laissait pas le choix, car on ne peut pas tout laisser faire non plus.

Je me suis dit : « Si nous ne restons pas, c'est que l'Univers a de meilleurs plans pour nous. » J'essaie toujours de voir le meilleur en chacun. Je me disais si cette femme en est là, c'est qu'elle est à plaindre. Si elle fait du mal sans le voir, elle a besoin de lumière, pas de haine. On ne répond pas à la méchanceté par la méchanceté. Dans la tempête, j'essayais de rester centrée, de faire confiance à ma bonne étoile pour l'issue de cette situation. Finalement, j'en étais arrivée à ne plus vouloir rester, car démarrer une activité dans ces conditions n'aurait pas été un bon départ. Il ne servait à rien de naviguer à contre-courant. Dans la vie, il faut mieux suivre le mouvement des vagues. Nous sommes finalement parvenues à trouver un accord amiable et nous sommes parties.

Grâce à ce que j'ai appris, je suis fière de réagir comme je le fais. Je ne souhaite pas vivre dans la haine, être envahie par un esprit de vengeance. Pour beaucoup de personnes dans mon entourage, ce n'est pas simple à comprendre. Je ne lui souhaite pas de mal, j'espère qu'elle trouvera son chemin. Chacun réagit avec ses potentialités du moment. Peut-être que cette femme ne se préoccupe pas de son karma[14], moi oui… J'ai choisi un chemin de lumière, de paix et d'amour. Je ne

---

14 *Le karma désigne la conséquence de nos actes, selon la loi de cause à effet. À chaque action correspond un résultat. Si l'on appuie sur l'interrupteur, la lumière s'allume. On illustre souvent le karma avec une image de la nature : « on récolte ce que l'on sème ». Si l'on est à l'origine d'actions, émotions et pensées positives, elles agiront comme des graines qui tôt ou tard nous donneront les fruits du bonheur et de la réussite. Inversement, nous rencontrerons des difficultés comme le manque d'argent, la maladie, causées par des actes antérieurs négatifs, volontaires ou involontaires. La loi du Karma fait que tout nous est rendu de la même manière. On peut imaginer un compte bancaire sur lequel nos actions sont enregistrées. Plus on commet d'actes positifs envers soi-même et envers les autres, plus on génère un karma positif, et des chances d'avoir une vie riche et sereine en annulant le karma négatif.*
Sa définition varie selon les religions. Pour ceux qui croient aux réincarnations successives, on dit que certains de nos petits malheurs dans cette vie proviennent d'un «compte karmique» négatif de nos vies précédentes. Générer du bon karma par de bonnes actions, permet de poser les bases d'une prochaine vie et d'améliorer la présente. Les tibétains disent : « Si vous voulez savoir ce que vous étiez dans les vies antérieures, regardez ce que vous êtes actuellement ; si vous voulez savoir ce que vous deviendrez dans les vies futures, regardez ce que vous faites maintenant ».

suis pas parfaite mais je m'efforce de respecter le plus possible mes principes.

L'amour ouvre bien des portes. Il est écrit dans de nombreux ouvrages que l'amour est la clé, je le confirme pour l'avoir expérimenté. Ne pas détester cette femme m'a permis de m'améliorer, de me tester. Je l'ai regardée avec des yeux différents, comme un être faisant partie d'un tout.

S'il est vrai que les portes s'ouvrent lorsque nous sommes dans notre vérité, cela n'empêche pas de rencontrer des difficultés. Cela fait aussi partie de la vie, du cheminement. Les épreuves ne signifient pas forcément que nous ne sommes pas sur la bonne voie. Parfois elles servent à voir si nous avons intégré certaines leçons de vie, à mettre en pratique nos qualités. Nous pouvons être testés dans notre volonté d'aller jusqu'au bout, être amenés à revoir des aspects de notre personnalité. Par exemple, une personne peut avoir un souci dans son travail parce qu'elle doit améliorer son relationnel, sa capacité d'adaptation, sa rigueur sans pour autant devoir changer de job.

Dans le cas du cabinet, il peut y avoir plein de raisons à cette complication. Peut-être était-ce trop tôt pour moi, peut-être devais-je juste apprendre à mieux gérer le conflit, sans m'affoler, me déstabiliser, ou n'était-ce simplement pas le bon endroit, qui sait ?

Ce qui est important, que je retiens de cette expérience, c'est que je me suis imposée, j'ai su prendre du recul, lâcher prise, faire qu'une situation négative m'aide à grandir. Je n'ai pas laissé mon impulsivité prendre le dessus.

Peu importe que je trouve ou non un autre cabinet. Cette épreuve n'a fait que renforcer ma motivation. En cela, j'ai changé… Je me sens accomplie, je suis prête à déplacer des montagnes, à continuer ce chemin. J'ai choisi de continuer à me battre pour faire ce que j'aime, aider, ouvrir les bras, mon coeur, donner, soigner…
Un caillou dans une chaussure ne veut pas dire arrêter la course.

C'est en aidant les autres que l'on s'aide soi-même

(21 mars 2013)

Aujourd'hui, je reçois un peu le contrecoup de ce conflit, j'y repense, car malgré ma volonté de chercher le positif, il en reste tout de même une frustration. J'aimais ce cabinet, il correspondait à ce que je recherchais. Je n'aurais rien pu y faire de toute façon, je ne voulais pas travailler dans l'incompréhension et la mésentente. Pour mon activité, je dois recevoir les personnes dans un lieu où règnent de bonnes énergies. Il ne servait à rien de lutter contre l'évidence : cet endroit n'était pas pour moi, ni pour Christine, même si nous l'avions pensé au début... J'avais tellement envie de me lancer ! D'un autre côté, je suis convaincue qu'une solution meilleure m'attend. Il faut pouvoir admettre que l'on s'est trompé et se détacher de ce qui aurait pu être, pour avancer. Il faut faire avec le présent, pas avec le passé. Je pense que je dois me laisser aller, me laisser du temps, décompresser, accepter ce qui arrive pour mieux rebondir, arrêter de remuer tout cela dans ma tête.

Ce midi, je déjeune avec une amie, Sandrine, que j'ai retrouvée. Nous nous sommes connues quand j'avais quatorze ans et nous avons passé de belles années ensemble. Sandrine vivait chez ses grands-parents, en Normandie, dans la maison juste derrière celle de mes parents. Elle était toujours là pour me conseiller, me soutenir, m'aider à grandir. Nous passions de longues heures ensemble, à parler, refaire le monde, aller danser. Puis elle est partie à Paris pour ses études. Nous nous sommes retrouvées lorsque j'y suis venue pour étudier aussi.

Nous avons eu la chance de passer de merveilleuses vacances ensemble, à Santorin, en Grèce. Comme deux étudiantes insouciantes, nous avions réservé au dernier moment, et aussitôt pris l'avion pour vivre une semaine de rêve ! Nous arrivions à nous offrir de petits restaurants pas chers, où nous étions traitées comme des princesses. Cette semaine n'a été que légèreté, aventure, à nous laisser vivre au gré de nos envies, entre plage, couchers de soleil et découverte de l'île en scooter. Sandrine dessinait, moi je faisais des photos avec mon vieux Canon et mon téléobjectif pour immortaliser nos vacances.

Au retour, nous nous sommes perdues de vue et j'ai recroisé Sandrine il y a quelques mois en Normandie. « Ce serait sympa de prendre un café ensemble à Paris ! » Cela faisait un moment que je pensais la recontacter. Je me suis décidée à lui téléphoner et le hasard a bien fait les choses, car elle effectuait un stage de trois semaines juste à côté de chez moi ! C'est notre second déjeuner depuis qu'on s'est rappelées.

J'avais rêvé de Sandrine plusieurs fois, qu'elle n'allait pas très bien. Même si nous ne nous voyions plus, elle était toujours présente dans mon esprit. C'était agréable de se retrouver là, à parler, comme avant. Nous n'avions pas trop changé, mais j'ai remarqué qu'elle avait un peu perdu le merveilleux sourire que je lui connaissais. Quand elle sourit, elle irradie. J'ai eu envie de l'aider, comme elle l'avait fait pour moi quand nous étions plus jeunes. De quelle manière ? Je ne savais pas, lui offrir une séance de réflexologie, un sourire ?

Je lui ai donné le mantra OM à écouter chez elle ou à chanter, lui ai conseillé les trucs et astuces que je connaissais : purifier la maison, mettre de l'encens, se relaxer dans un bain au gros sel avec des huiles essentielles, etc. Nous avons bien ri pendant ce déjeuner. En y allant, je n'étais pas très en forme, mais j'ai retrouvé le sourire, et à la fin, j'étais pleine d'énergie. Je pense que nous nous sommes aidées mutuellement. Sandrine est une belle personne, créative et sensible. J'avais envie de la revoir, de lui donner un peu de bien-être aussi. Nos histoires familiales sont similaires, nous avons rencontré les mêmes difficultés et incompréhensions, Sandrine était très mature, elle m'aidait beaucoup. J'étais contente d'avoir échangé des petits conseils avec elle, j'ai eu l'impression de lui avoir apporté un peu de soutien. Elle a réussi à me donner le sourire.

Après l'avoir quittée, je cherchais encore quoi faire, quoi lui dire de plus. Des mots me sont venus, comme

une voix qui me parlait, je lui ai envoyé ce message : «
Ne perds pas cette lumière que tu as en toi, tu as une
vraie force, tu vas y arriver ! Peu importe ce que les
autres pensent, agis comme tu le sens. L'essentiel est de
croire à ce que l'on fait, de garder la foi. » Je voulais
aider Sandrine, et en l'aidant je me suis aidée aussi.

Ces mots qui me sont venus comme ça peuvent
s'appliquer aussi à moi, à tous !

Chez le coiffeur

(26 mars 2013)

Ce matin, j'ai rendez-vous avec David, mon coiffeur, qui fait des coupes spécifiques. Il dit que les cheveux racontent notre histoire, les problèmes que nous portons, nos mémoires. L'idée, quand on va chez lui, est d'adapter la coupe à notre énergie du moment et à ce que l'on vit. Si par exemple nous voulons laisser pousser nos cheveux, peut-être que ce n'est pas le moment, qu'ils ont besoin de renouveau.

David est le seul coiffeur qui m'a permis de garder les cheveux longs. Dans son travail, il s'implique avec coeur, tient compte de nos envies. Il pratique aussi le shiatsu et nous fait bénéficier de son savoir-faire. Avant la coupe, il prend le pouls chinois, régule les méridiens pour nous rendre plus en harmonie avec nous-mêmes et nos cheveux. J'aime y aller, je me sens légère en sortant.

Aujourd'hui, je ne m'attends à rien de spécial, je n'ai aucune demande particulière. Je ne supporte simplement plus mes cheveux, trop épais, assez lourds, avec des noeuds. En même temps, si l'on considère le rapport entre les cheveux et le mental, vu toutes les questions que je me pose, c'est un peu normal ! Ces noeuds ne sont que le reflet des noeuds dans ma tête

! En commençant, David me dit : « Tu respires mal, ferme les yeux pendant que je coupe, tu les ouvriras quand j'aurai terminé. N'aie pas peur, je coupe juste ce qu'il faut, fais-moi confiance... Ta respiration est complètement bloquée, laisse-toi aller ! »

J'ai fermé les yeux, commencé à respirer. J'ai senti, petit à petit, mon corps se remettre à vivre, l'énergie circuler. Pendant qu'il coupait, je me sentais comme un arbre qui perd ses vieilles feuilles, que l'on taille, qui prépare le printemps. Plus il coupait, plus je voyais d'images, mon esprit a voyagé...

J'étais à bord du beau voilier en bois de mon ami Giampaolo, le Dovecesto. Nous longions le golfe de Cala Gonone. Tout à coup, les dauphins arrivaient, s'agitaient autour du bateau. J'étais heureuse, émue de les voir. J'ai plongé dans l'eau pour m'amuser avec eux. Mon coeur était plein de joie... Et je me suis mise à pleurer, vraiment, dans la réalité. Les dauphins se sont-ils connectés à moi pour m'aider, me libérer de quelque chose ? Était-ce le signe que j'allais les revoir bientôt ? En tout cas, mon corps évacuait des émotions, je me sentais plus légère, j'avais besoin de pleurer vraiment. J'ai continué à voir des images, cette fois en Égypte, je me promenais dans les souterrains des pyramides, je voyais des Égyptiens, je touchais des tombeaux... J'ai continué à pleurer à chaudes larmes et, gênée vis-à-vis de David, j'ai dit :

— Je ne comprends pas ce qui m'arrive.

— Chut, ne te pose pas de questions, laisse aller...

Je me suis concentrée sur ma respiration, puis j'ai vu des Amérindiens, des chevaux, une guerrière sur un cheval blanc... ensuite, des images du Moyen-âge, des châteaux... Je n'arrêtais pas de pleurer, c'était comme une libération. Soudain, une voix intérieure m'a chuchoté : « Tu as accumulé des savoirs de tant de vies, tu ne vas pas t'arrêter juste par peur. Retrouve ta foi, ta confiance, tu sais déjà tout... » Au même instant, la coupe était terminée.

C'était une expérience très particulière. En arrivant au salon de coiffure, je n'étais pas très bien, je perdais confiance en moi, je ne me sentais plus à la hauteur, j'envisageais de reprendre ma vie d'avant. Je suis repartie avec ces mots, qui se sont ancrés en moi. David avait accompli un beau travail, au-delà de ma coupe de cheveux. Il m'a vraiment libérée. J'étais à nouveau pleine de confiance, avec un beau sourire !

Notre ami moine Piya à Paris

(31 mars 2013)

Aujourd'hui, Daniele et moi nous recevons à la maison Piya, notre ami du temple Golden Mount.

Il vient en Europe pour étudier à Birmingham pendant un an ; nous avons profité de l'occasion pour l'inviter. Depuis Bangkok, nous étions restés en contact avec lui. Nous lui avons envoyé un guide de Paris, avec une petite tour Eiffel pour la symbolique, en espérant qu'il pourrait nous rendre visite. Il n'a pas tardé à nous demander nos disponibilités. Très contents qu'il vienne à Paris, nous avons participé à son voyage.

Rendez-vous à l'aéroport pour le récupérer, il va passer trois jours chez nous. En attendant son avion, j'ai du mal à masquer mon inquiétude, je me demande comment cela va se passer, avec un moine dans notre petit appartement. De quoi allons-nous parler ? Qu'allons-nous faire avec lui ? Comment bien s'occuper de lui ? J'espère que nous ne commettrons pas de bêtises avec la différence de culture, de mode de vie, qu'il sera à l'aise chez nous. Après quelques minutes d'attente, nous l'avons enfin aperçu franchir les portes.

Quel soulagement ! Il nous a tout de suite fait un grand sourire, nous étions heureux. J'ai regardé ses vêtements : il portait son habit traditionnel et semblait ne pas avoir de pantalon pour couvrir toute la jambe : « Le pauvre, il va souffrir du froid à Paris, ce début de printemps est glacial ! » J'étais contente, c'était la Thaïlande, le Golden Mount qui venait à nous.

Nous sommes rentrés à la maison pour déposer son bagage et prendre un café, puis nous sommes partis au château de Versailles, qu'il voulait visiter.

Nous avons eu beaucoup de chance d'y accéder sans faire la queue, grâce à une amie d'Alexandra. Au hasard d'une conversation, elle a entendu Daniele parler de la visite de Piya et de notre intention de lui faire visiter Versailles. Elle lui a dit : « J'ai une soeur qui travaille au château, je vais la contacter pour voir si elle peut vous faire entrer gratuitement. » Sa soeur nous attendrait pour nous donner les billets. Lorsque nous l'avons appelée, une fois sur place, non seulement nous n'avons pas payé, mais nous avons évité au moins deux heures de queue. Très gentille, elle nous a conduits au point de départ de la visite. Avec le froid, cela m'aurait peinée que Piya attende tout ce temps à l'extérieur.

Pendant la visite, je le voyais joyeux, il prenait des photos, s'émerveillait, se sentait bien de découvrir le château. J'étais ravie de passer le dimanche de Pâques de cette manière. Pendant que nous marchions, je voyais des gens le regarder, curieux et intrigués par son habit. J'étais assez fière d'être aux côtés d'un moine thaï !

La visite terminée, nous nous sommes promenés dans les jardins un moment, pour nous relaxer. Puis, nous nous sommes posés dans une brasserie, et lui avons fait découvrir le bonheur de savourer des crêpes en buvant un thé. Nous sommes restés tous les trois silencieux, nous étions juste bien. Tranquillement, nous nous sommes mis en chemin pour le retour, en poursuivant notre promenade dans les allées du parc, bercés par des musiques d'époque. D'un seul coup, j'ai frissonné, et je suis entrée en état quasi méditatif ; j'étais comme expédiée dans une autre époque. J'avais la sensation que mon âme se souvenait de cet endroit, j'avais l'impression d'y avoir dansé. Je me suis laissée envahir par les musiques... J'étais souvent venue me promener dans ces jardins, mais je n'avais jamais ressenti cela. Les sensations étaient fortes. Intérieurement, j'étais persuadée d'avoir passé du temps ici, et je me suis surprise, quand j'ai eu envie de danser en robe d'époque, à songer : « J'aimerais vivre, revivre au moins une fois l'un de ces bals. » Lorsque nous sommes repartis, les musiques résonnaient encore en moi.

De retour à la maison, j'ai préparé un repas léger pour le dîner, mais Piya n'a presque rien mangé. Pour lui, les repas principaux sont le matin et le midi. En général, le soir, il mange peu ou pas du tout.

Il a ouvert sa valise, quasi vide, en a sorti des cadeaux : pour moi, un châle de méditation en pashmina marron, et pour Daniele un mala[15]. Nous avons été touchés par ses attentions. Je me suis dit : « Moi qui déprime parce qu'en ce moment mes projets prennent du retard, qu'est-ce qu'il a, lui ? Il pourrait avoir des raisons de déprimer car il ne possède presque rien, n'a plus de famille… mais il voyage, il a sa foi, c'est ce qui l'aide. Il donne, rit de bon coeur, paraît heureux. N'est-ce pas là encore une belle leçon de vie ? Au fond, de quoi avons-nous besoin pour être heureux ? » À cet instant, j'ai pensé que j'avais de la chance d'avoir encore mes parents, de vivre avec un homme qui me soutient, qui m'aime, d'être en bonne santé. J'ai la chance d'être bien entourée. « Et lui, qui le serre dans ses bras quand il a besoin de réconfort ? »

À notre manière, nous lui donnions, je pense, un souffle dans son quotidien, de la douceur. « Il est guidé par sa foi, c'est peut-être tout ce qu'il a, mais c'est beaucoup », pensai-je.

La soirée s'est terminée autour d'un thé. Nous lui avons posé des questions sur sa vie, ses coutumes et

---

15 *Le mala ou japa mala est un collier bouddhiste ou hindouiste, que l'on porte pendant la méditation, pendant les prières, ou pour la récitation des mantras. En général, il compte cent huit perles, qui correspondent au nombre de fois où l'on doit réciter un mantra. Il peut être en bois, en verre, en graines, ou en pierres semi-précieuses. On le tient d'une main, on fait rouler les perles, il se recharge en énergie, nous aide à mieux nous concentrer. Les malas sont à porter pendant les méditations, ils nous aident à retrouver cette atmosphère spirituelle.*

préparé un peu la journée du lendemain. C'était une belle soirée. Avant de m'endormir, je me suis remémoré la cérémonie au Golden Mount, et le moment où il était venu à l'école m'apporter le temple miniature, qui est toujours sur notre étagère. Ce cadeau tient une place chère dans mon coeur, je l'adore vraiment.

En ce lundi de Pâques, nous sommes allés à la cathédrale Notre-Dame de Paris. Nous avons allumé des cierges, pour nos proches et nous-mêmes, et en avons offert un à Piya pour qu'il fasse ses voeux. Il était tout content ! Parfois, il réagit comme un enfant, attendrissant quand il comprend, découvre des choses. Après Notre-Dame, direction la basilique du Sacré Coeur à Montmartre. C'était dur de se promener dans ce froid que Piya supportait mal. Nous nous sommes arrêtés pour déjeuner dans un très bon restaurant indien. Piya a demandé à emporter son cheese nan, qu'il ne voulait pas gaspiller. En Thaïlande, les moines partent le matin chercher leur nourriture, comptant sur la générosité des habitants, et ce qu'ils récupèrent leur sert pour toute la journée.

En haut des marches du Sacré Coeur, un homme faisait un numéro avec un ballon, debout sur un mur, en musique. Piya s'est tout de suite arrêté, fasciné, et nous aussi, car le numéro était impressionnant. À la fin, des gens sont partis sans mettre la moindre pièce dans le chapeau de l'homme. Piya s'est approché de lui, et a mis ce qu'il avait dans ses poches. « Il n'a pas grand-chose et il trouve le moyen de donner le peu qu'il a. »

À l'intérieur de la basilique, Daniele et Piya ont échangé leurs connaissances sur les symboles religieux. Dehors, le temps était vraiment glacial. Nous avons ensuite pris la voiture pour faire le tour des monuments : le Louvre, la Tour Eiffel et le Trocadéro, puis nous sommes rentrés pour une pause-café à la maison. Piya adore boire un café Nespresso avec du miel. Ensuite, chacun s'est mis à méditer de son côté. Le soir, nous n'avons pas dîné, nous avons juste pris un thé, pour en profiter, nous aussi, pour alléger nos repas.

Piya nous a parlé de ses voyages, nous a montré des photos des bouddhas construits avec de la neige par les moines. Il nous a fait connaître un site Internet amusant dédié aux chiens. À vingt-huit ans, il s'émerveille devant des choses simples, cela devrait être le cas pour tout le monde. Je suis contente qu'il soit venu. Je me suis sentie hors du temps pendant son séjour, loin de tout, dans une bulle.

Le lendemain, dernier petit déjeuner ensemble, Piya repartait pour terminer son tour en Europe. Je m'étais habituée au good morning matinal échangé avec lui. Nous lui avons demandé s'il avait passé une bonne nuit. Il avait dormi au sol, jugeant notre canapé trop souple ! Il disait que cela rend fainéant car après on a du mal à se lever ! Nous avons parlé spiritualité. Il nous a montré la photo d'un moine indien trouvant que Daniele lui ressemblait, cela le faisait rire. À l'heure du départ, j'étais un peu triste. Nous l'avons accompagné jusqu'à son train. J'aurais aimé le serrer dans mes bras, c'était comme un frère de coeur, mais cela ne se fait pas.

De retour à la maison, nous avons trouvé l'appartement bien vide. On s'était occupé de lui, c'était bon de s'oublier, de se consacrer à quelqu'un d'autre. Le lendemain matin, au lever, pas de good morning… Je ne m'attendais pas à ce qu'il nous manque autant. Ce fut un très beau week-end de Pâques, sous le signe du partage, à faire que la vie d'un autre soit meilleure.

À quoi bon apprendre des valeurs spirituelles, bénéficier d'enseignements riches, si ce n'est pas pour les appliquer ? Je ne vois pas l'utilité d'apprendre qu'il faut donner, sans le faire au quotidien. Ces deux jours m'ont donné l'envie de repartir en Thaïlande ou de refaire un grand voyage spirituel. J'adore les temples, y passer du temps à méditer, flâner, faire des offrandes, allumer de l'encens. Cela me régénère, je suis vraiment en manque de tout cela… J'ai envie et besoin de toutes ces choses qui nourrissent mon âme.

La Sardaigne
(avril 2013)

Aujourd'hui, 4 avril, Daniele et moi partons pour une semaine en Sardaigne. Je suis toujours impatiente d'arriver sur cette île qui a changé ma vie, mon coeur. J'ai tellement besoin de respirer l'air de Cala Gonone. Je ne me lasse pas de contempler le ciel, ses couleurs, qu'il soit bleu, gris ou rose d'un jour à l'autre, d'écouter le bruit de la mer… Je n'ai pas besoin qu'il fasse beau pour y être bien, l'énergie de cet endroit me suffit, je m'y ressource. Les habitants ne le quitteraient pour rien au monde. Quelle que soit la saison où je suis venue, j'ai toujours aimé être là. Je suis reconnaissante d'avoir eu la chance de découvrir ce lieu, par hasard, il y a maintenant trois ans.

Cela fait quelques jours que nous sommes arrivés. Je me suis posée dans un café, en bord de mer, j'ai commencé à écrire la fin de mon livre, c'est l'objectif de ce voyage. Le bruit des vagues me berce… J'ai de la chance d'être là, à cette période. Il y a seulement quelques touristes, ce qui permet de mieux profiter du paysage naturel et du calme. Je me suis assise tellement de fois ici pour un petit déjeuner, un apéritif, un déjeuner, un café. Je n'imaginais pas qu'un jour, je serais là, en train de raconter mon histoire. Le soleil me chauffe légèrement le visage, puis se cache… des frissons de bien-être m'envahissent.

Des cormorans sont sur leurs rochers, paisibles, il y en a un noir, un gris et blanc et des couples se tiennent là, depuis hier. Un petit voilier passe, le soleil ressort doucement de derrière les nuages et son reflet provoque de magnifiques scintillements sur la mer. J'aurais aimé être peintre pour mettre sur toile ce que je vois, ce cadre est vraiment inspirant. Le soir, j'aime me poser ici, regarder le coucher du soleil, une coupe de Prosecco[16] à la main. Je ne pensais pas que je reviendrais tant de fois, surtout avec Daniele, lui aussi a changé ma vie… À chaque fois, je repars d'ici le coeur rempli. Je n'imagine pas passer une année sans venir ici, j'en ai besoin, même si je fais d'autres voyages. Pourtant, je ne suis pas du genre à retourner plusieurs fois au même endroit.

Hier, nous avons passé une journée magnifique : balade en Zodiac avec Ilaria et Maurizio, nos amis. Nous nous sommes arrêtés à la jolie calanque de Cala Luna, et les garçons se sont baignés dans une eau couleur émeraude. J'espérais voir les dauphins, qui ne se sont pas montrés. Au retour, je me demandais pourquoi je ne les avais pas vus, je trouvais cela injuste, j'espérais vraiment qu'ils sortent jusqu'à la fin. Je ne peux pas avoir la chance de les voir à chaque fois, je dois l'accepter. J'aurais aimé ne rien attendre, mais c'était plus fort que moi. Il y a sûrement une meilleure

---

16 *Le Prosecco est un vin blanc pétillant italien.*

occasion qui m'attend ? Cela ne m'a pas empêchée d'être heureuse, de passer de belles journées ici, d'être si bien, zen. C'est bon de prendre les premiers bains de soleil, et de revenir à Paris avec de belles couleurs.

C'est notre dernière soirée, le soleil commence à décliner, il ne nous reste que quelques instants avant de quitter la plage, profiter encore de sa douce chaleur. Allongée sur le ventre, les rayons du soleil me caressent le dos, je suis presque endormie. En fermant les yeux, j'ai senti l'énergie de la Terre sous la paume de mes mains. J'ai eu l'impression que tout mon corps englobait la Terre, qu'il se régénérait.

J'ai envoyé à la Terre amour, douceur, une énergie paisible. Revenue doucement à la réalité, j'ai balayé la mer du regard, en aller-retour jusqu'au bord de l'eau, puis j'ai fixé l'horizon. Le ciel était rose. J'ai demandé à la mer : « S'il te plaît, prends mes énergies négatives, accepte mes faiblesses, aide-moi à me purifier pour être bien à mon retour en France. Merci à toi. » J'ai respiré profondément, laissé l'eau me toucher les pieds, les jambes, imaginant qu'elle absorbait mes mauvaises énergies. Je l'ai remerciée.

Demain, nous rentrons à Paris. J'ai l'impression que ce voyage marquera vraiment la fin d'un cycle, le début d'un renouveau, dès mon retour. Je sais que ma nouvelle vie est là, tout est prêt.

« Quand vais-je revenir ? » Le départ est toujours si difficile. Il n'y a qu'ici que j'arrive, sans délai, à me détendre, tout oublier… Je vis l'instant. C'est mon petit paradis. Aujourd'hui, j'ai eu le plaisir de faire une séance de réflexologie dans le solarium de l'hôtel Cala Luna.

Cette semaine m'a redonné des forces, je sais que je vais en avoir besoin pour tout ce qui m'attend maintenant. Je vais sûrement revenir cet été, faire de la réflexologie. Je rêve d'ouvrir ici un centre de bien-être, yoga, méditation, de mettre en place la thérapie avec les chevaux. Ce lieu m'inspire vraiment pour tout cela.

Pendant le séjour, j'ai rendu visite à mon ami Giampaolo. Je l'ai connu la première année que je suis venue en Sardaigne, en achetant une excursion sur son magnifique bateau, un moment inoubliable. Il m'a trouvée en forme : « Tu sembles aussi épanouie intérieurement qu'extérieurement, tu as l'air d'être bien. » Je lui ai confirmé que j'étais heureuse, lui ai parlé de mon projet de livre sur les changements :

— Tu trouves vraiment que j'ai changé depuis la première fois que tu m'as vue ?

— Oui, vraiment. Avant, on sentait qu'il y avait une souffrance en toi, tu étais plus timide. Aujourd'hui, tu sembles épanouie, dans une énergie positive, tu dégages de la sérénité, m'a t-il répondu avec certitude.

C'est toujours bien d'avoir un regard extérieur, Giampaolo n'est pas le premier à me dire que j'ai changé. Je suis repartie heureuse.

Il y a trois ans, j'avais rencontré Philippe, je portais sa bague, pour me rassurer. Trois ans… C'est le temps qu'il m'a fallu pour changer. Cela me convient bien.

Promenade nocturne en forêt,
feu sous les étoiles
(14 avril 2013)

Le week-end après notre retour de Sardaigne, je suis partie en stage. J'étais en forme, chargée d'énergie, heureuse, prête à partager tout cela avec le groupe et les chevaux. Nous avons pu monter sous le soleil, sentir les premiers rayons chaleureux du printemps. Pour clôturer cette belle journée de promenade à cheval, nous avons fêté les anniversaires de Vincent et Delphine, autour d'un apéritif.

Après le dîner, Hubert et Vincent ont allumé un feu. Nous nous sommes tous installés à l'extérieur, pour écouter de la musique, danser, profiter de la belle lumière et de la chaleur des flammes. Nous nous tenions par les mains, nous étions bien, dans l'instant. J'aime beaucoup les feux nocturnes, c'est un vrai moment de plaisir et de partage. Vincent nous a remerciés d'être là pour son anniversaire. C'était bon de se contenter de si peu pour être bien, heureux ensemble, profiter du moment… Parfois, c'est si difficile. J'avais très envie de danser autour du feu, comme dans un rite, me laisser envahir par la musique et laisser mon corps s'exprimer, pour qu'il fasse ce qu'il sent. Je n'ai pas osé devant les autres. J'ai simplement fermé les yeux et je me suis concentrée sur le crépitement des flammes.

Une scène d'une vie passée chez les Amérindiens, m'est apparue. Je me suis vue en guerrière, pleine d'assurance, détenant un certain pouvoir. Cela m'a fait pleurer, car il m'était difficile, ces derniers temps, de retrouver ma confiance en moi. Je me disais : « J'aimerais être comme avant, j'aimerais revivre cette époque, mais ce n'est plus possible. Je dois être dans cette vie, faire avec ce que je suis, les outils que j'ai. » Néanmoins, je ressentais l'énergie monter dans mon corps, et en même temps qu'il se libérait d'un poids. Nous avons jeté au feu nos soucis, nos faiblesses. J'avais le sentiment d'avoir toujours pratiqué ce genre de rituel, j'étais dans mon élément.

Il faisait doux sous le ciel couvert d'étoiles, les chevaux étaient là, près de nous. J'avais envie de dormir dehors, avec eux, de me remplir encore de cette douceur, de profiter de ce joli ciel. Lorsque certains ont commencé à partir doucement, j'ai dit : « Je voudrais que la soirée ne s'arrête pas. » L'ambiance était magique.

Angeline a proposé : « Et si nous allions faire une promenade nocturne en forêt ? » Malgré ma peur du noir, j'ai répondu : « Allez, pourquoi pas ?... » Je ne pensais pas qu'elle était sérieuse, mais elle l'était. Nous étions quatre à être motivés : Vincent, Angeline, Emily et moi. J'ai pris sur moi car je n'avais pas envie que la soirée s'interrompe. J'étais dans le bon état d'esprit pour profiter des moments qui se présentaient à moi.

Nous avons commencé un parcours de nuit en forêt, sans lumière, guidés par Vincent qui ouvrait la marche, et par le chemin que nous sentions sous nos pieds, les flèches que l'on devinait sur les arbres, la lune que l'on entrevoyait à travers les arbres espacés. Au départ, j'ai eu un peu de mal à profiter, j'avais le ventre tendu, le stress bloquait ma respiration, j'avais hâte que cela se termine. Vincent nous tenait la main pour passer les fossés. Au moindre bruit, je sursautais. On distinguait à peine nos silhouettes. J'avais pris mon téléphone pour éclairer, mais Vincent m'a dit : « Non, tu vas perdre les perceptions que tu commences à découvrir, essaie de sentir. » J'ai décidé de lui faire confiance et je me suis laissée aller. Nous nous guidions mutuellement, parlions. J'ai commencé à m'amuser, à me détendre, je prenais plaisir à observer la forme des arbres de nuit. Ces sensations m'étaient inconnues.

J'ai aimé écouter les bruits des oiseaux, de nos pas dans les feuilles, des branches qui craquent. J'ai dit à Angeline : « Tu as eu une super idée, c'est agréable et très intéressant au niveau des ressentis. » Il y avait un côté mystérieux, enchanteur. Vincent nous précédait toujours, glissant par endroits, ce qui nous faisait rire ! Il explorait les recoins pour nous. J'ai arrêté de me demander quand la balade allait finir pour rester à l'écoute du plaisir que je prenais. Plus loin, Vincent m'a laissé passer devant, sans que je m'en rende compte. J'avançais par intuition dans le noir, sans chercher à comprendre, avec plus d'assurance. J'étais dans un état de plénitude, je découvrais la nature autrement. Quand nous sommes arrivés à la fin du parcours, Vincent m'a dit : « Tu vois, tu nous as sortis de la forêt ! » Je lui ai souri, reconnaissante de ce qu'il avait fait pour moi. Il m'avait laissée seule devant, me détacher de mes peurs, l'air de rien.

Nous sommes rentrés, tous contents de cette promenade nocturne, le regard rempli d'éclat. J'ai aimé mon rapprochement de nuit avec dame Nature. Encore une initiation pour moi, lors de ce week-end, et encore des peurs surmontées !

Semaine d'immersion avec
les chevaux
(24 avril 2013)

Je vais passer une semaine chez Hubert et Angeline, pour m'immerger un peu plus, essayer de bien progresser et me préparer aux savoirs éthologiques car les examens de juin approchent. Je me réjouis à l'idée de voir les chevaux dès le matin, à mon réveil, d'aller leur dire bonjour, les brosser, leur donner à manger, leur parler.

En une semaine, une véritable communication s'est installée entre nous. Je sais maintenant que je souhaite de tout mon coeur être à leur contact. J'aime les sentir, m'imprégner de leur odeur, les entendre respirer, écouter leurs battements de coeur, ressentir leur énergie pénétrer dans mon corps, poser ma tête sur leur ventre, les embrasser entre les yeux avec tout mon amour. J'aime leur donner de l'énergie, recevoir la leur, rester à côté d'eux, les observer, les apprécier.

Cette semaine a été décisive. Maintenant je n'ai plus peur des chevaux, je les comprends. Je sais qu'ils m'ont acceptée pour ce que je suis et réciproquement. J'ai progressé dans le travail en liberté et dans ma façon de monter, mes gestes sont de plus en plus précis. J'ai réussi, dans la semaine, à faire une magnifique balade sur Vanilla, complète cette fois, dix mois après ma rencontre avec elle. Ce rêve, tant attendu, est devenu réalité. Elle anticipe mes demandes, elle est désireuse de bien faire : quand je pense à trotter, elle se met au trot

avant que je fasse un geste. J'ai senti une vraie connexion entre nous, une symbiose totale, un vrai bonheur.

Un jour, Hubert m'a dit de rentrer seule du pré sur Oscillo, à cru, pour raccompagner Noé à la maison, en passant par la forêt. Je n'avais ni selle, ni bombe, ni filet, juste son licol. Surprise, j'ai accepté en me disant que s'il me faisait faire cela, c'est que j'en étais capable. Avant, je lui aurais posé trois fois la question, par peur, pour voir s'il était sûr de lui, en espérant qu'il change d'avis. Maintenant, je suis d'accord avec tout ce qu'il me propose, car il sait ce qu'il fait, et moi je dois progresser. Monter à cru était pour moi un moyen de dire au cheval : « Fais-moi confiance, moi je te fais confiance. » Avant de partir, j'ai parlé à Oscillo : « Tu es grand, impressionnant, regarde, je monte sans protection, je n'ai pas de selle, rien pour me tenir, j'ai juste ma voix, mes jambes et mon intention. On va passer un merveilleux moment tous les deux, aide-moi... » Je me suis mise en route, le cheval semblait veiller sur nous, Noé était devant, à vélo. Nous étions paisibles en traversant la forêt. J'ai réussi à faire ce que je pensais impossible et j'ai apprécié d'être à cru sur lui, de tout ressentir, mon instinct reprenant naturellement le dessus. Ma balade sur Oscillo m'a procuré une incroyable sensation de liberté. Je m'entraînais à trotter, lui demander des arrêts. C'était de nouvelles sensations, j'étais dans le plaisir.

Le lendemain, j'ai monté Kitty, de son vrai prénom Nikita, qui me faisait peur mais qui m'interpellait aussi ; je la trouvais belle et intéressante. Elle a souvent les oreilles en arrière et peut montrer les dents car elle est très sensible à certains endroits, elle n'aime pas trop qu'on la touche à l'arrière. Mais je la sens gentille, cela fait plusieurs fois que je la trouve changée quand je la revois, je l'observe, j'ai envie de la découvrir. J'ai souvent essayé de lui envoyer de belles énergies. Elle est mignonne dans sa robe blanche à taches grises, comme un dalmatien. Fière et gourmande, elle apprécie les compliments ; on dirait une vraie princesse avec ses équipements rose et son filet orné de strass Swarovski ! Le fait qu'elle soit la maman de Vanilla me donne aussi envie de me rapprocher d'elle. J'aime sa fille et je voudrais avoir le même contact avec elle qu'avec les autres chevaux.

Quand Hubert m'a annoncé que j'allais monter Kitty, je suis allée la voir, je me suis tenue devant elle pour lui parler : « Je vais te monter. Je sais que cela fait plusieurs jours que tu me tournes autour, que tu me cherches. Je t'ai promis que je m'occuperai de toi avant mon départ, je vais le faire, mais tu dois m'aider. Je vais te préparer, alors sois gentille avec moi, d'accord ? »

Elle a fait un mouvement de la tête comme pour dire oui. J'ai souri. Je ne la craignais plus. J'ai pris le cure-pieds, lui ai fait les antérieurs, et j'ai continué : « Je sais que tu n'aimes pas qu'on te prenne les postérieurs, aide-moi à le faire bien. Cela me fait plaisir de travailler avec toi, montre-moi que je peux te faire confiance. » Je l'ai préparée dans le calme, j'ai pu lui nettoyer les pieds, même à l'arrière, ce qui était ma hantise. Elle est restée très douce.

C'était chouette, car Kitty m'avait toujours impressionnée. Au dernier moment, Hubert m'a proposé Jenny. J'adore cette jument, mais je lui ai répondu : « J'aurais bien voulu, mais Kitty me tourne autour depuis plusieurs jours, et je lui ai fait une promesse, que je veux tenir, surtout qu'elle a été gentille avec moi. J'aurais l'impression de la trahir en partant avec une autre jument après l'avoir préparée, je suis désolée, mais je continue avec elle. » Nous sommes partis, j'ai partagé un beau moment de balade avec elle, je chantais, je lui parlais, en imaginant qu'elle me comprenait. Souvent, on garde une distance entre elle et les autres chevaux. Cette fois-là, j'ai senti qu'elle en avait assez d'être à l'écart. Pendant la promenade, elle cherchait à se rapprocher, et dès que nous étions loin derrière, elle trottait pour rejoindre le groupe. Je lui ai dit : « Ça y est, tu veux être comme les autres maintenant ? Alors tu dois bien te tenir. » Au retour, Angeline m'a dit : « Demande-lui si elle veut être au paddock ou au pré ? » Lorsque nous ramenons les chevaux, en général Kitty va au paddock avec Oscillo car elle s'entend bien avec lui. Dans le petit pré, c'est plus difficile car elle râle souvent après les autres ; au grand pré, ça va, elle a de l'espace. C'était drôle qu'Angeline me fasse cette demande, car sur le chemin du retour, je pensais que le moment était peut-être venu de faire confiance à Kitty en la remettant avec les autres. J'ai demandé à Kitty : « Veux-tu aller au paddock ? » Elle a secoué la tête de gauche à droite, comme pour dire non. « Veux-tu aller avec les autres au pré ? » Elle m'a fait un signe ressemblant à un oui ! Je l'ai accompagnée au pré et, avant de la lâcher j'ai dit : « Allez, sois gentille avec les autres, avec le sourire... » Je l'ai vue s'élancer, courir vers Vanilla, marcher près d'elle. J'étais très émue car leur relation a été longtemps difficile ; Kitty, ayant vécu un accouchement douloureux, était souvent distante avec elle. J'ai aimé voir Kitty retrouver les autres. Je suis repartie pour dîner, les yeux remplis de larmes de joie... J'ai beaucoup de chance d'avoir pu vivre cela. C'était merveilleux de passer ce moment avec cette jument qui me faisait peur auparavant, de la voir retrouver les siens.

Dans la soirée, je suis sortie de table pour aller récupérer Câlin et le remettre au pré. Il faisait nuit. Je l'ai relâché et là, Kitty qui était au fond du pré, a couru vers moi et s'est approchée de la barrière. Elle a regardé quelques instants le paddock où elle était avant, je lui ai dit : « C'est fini ça, maintenant c'est le passé, ta nouvelle vie est au pré avec les autres, va... » Elle a émis un hennissement joyeux, puis elle est repartie. C'était comme dans un film...

Avant que s'achève cette superbe semaine, Hubert m'a dit : « Le totem cheval t'a acceptée... » C'est comme si la famille, le troupeau des chevaux, m'avait acceptée. Une vraie reconnaissance, pour moi, d'avoir gagné ma place parmi eux ! Depuis les quelques jours que je les ai quittés, j'ai l'impression d'avoir laissé une partie de moi. Mon coeur est resté là-bas, avec les chevaux. Comment ne pas être en manque de leur présence, après une telle semaine ? J'espère obtenir mes savoirs éthologiques, parfois je me mets trop la pression, mais j'avoue que ce que je vis là représente bien plus. Ce sont de vraies expériences, magnifiques, de vraies initiations.

Parfois j'oublie le chemin parcouru, heureusement Hubert, Angéline, les autres sont là pour me faire remarquer où j'en étais il a seulement quelques mois. C'est bien de vouloir toujours plus, mais apprécier les étapes, prendre le temps de savourer nos petites victoires, c'est encore mieux !

Réaliser que les changements sont là

(mai 2013)

Pendant une séance de réflexologie, j'ai raconté à Monique, l'une de mes fidèles clientes depuis le début et que j'apprécie beaucoup, que j'irais passer mes vacances en Sardaigne, et à quel point j'aime cet endroit. Je lui ai dit :

— Je vais sûrement y rester un mois cet été, pour faire de la réflexologie dans un hôtel que je connais bien, avec vue sur la mer, où je me sens bien.

— C'est une nouvelle vie pour vous !

— Oui ! Ai-je répondu avec un grand sourire, mais je n'ai pas relevé sur le moment.

Monique a une certaine sagesse, elle est toujours de bon conseil. À quarante ans, avec trois enfants, elle a repris ses études en histoire et communication. Malgré ses engagements envers sa famille, les découragements de l'extérieur, elle y est parvenue. J'ai réalisé qu'il lui avait fallu beaucoup de volonté pour s'y remettre, elle voulait changer, elle s'en est donné les moyens, elle a persévéré.

Puis, ses mots ont résonné en moi. Pendant que je la massais, je lui ai demandé :

— Vous trouvez que ma vie a changé ?

— Oui, il y a les chevaux, vous allez à Cannes, en Sardaigne, vous avez des projets, il y a le livre. Avant, vous alliez au bureau, c'était votre quotidien, organisé, cadré. Tout était fixé. Maintenant vous allez partout, vous faites plein de choses.

Je sais, au fond, que j'ai commencé à changer ma vie, mais ses mots ont fait écho en moi. Je n'avais pas pris ce recul, regardé ma vie avec des yeux nouveaux. Cela fait si longtemps que j'y travaille, que je sème, que je n'ai pas vraiment relevé la tête pour me dire : « Regarde tout ce qui a changé ! »

Ce même jour, j'ai relu un message d'Aurélie, reçu il y a quelques jours, lorsque je lui ai dit que je partais une semaine en Sardaigne : « Nouvelle vie pour toi, Cannes, le soleil, les chevaux. Tu le mérites, tu es allée jusqu'au bout de ton projet, de ce que tu voulais. » J'avais lu son message sans réaliser le sens de ces mots. Un autre signe pour me montrer que les changements étaient bien là.

Je me dis : « Tu as tout changé, Chris, tu y es. » Même s'il est certain que rien n'est figé, tout va évoluer, mes capacités, mes envies. Beaucoup de choses ont déjà changé, je dois m'en rendre compte, le valoriser, l'apprécier. Je n'avais pas encore réalisé ce changement, je ne l'avais pas vraiment savouré. En ce moment, tout le monde me trouve changée, moi, ma vie. Quelquefois, des inquiétudes refont surface, mais cela ne dure pas. Le 16 mai, ma voix intérieure a parlé : « Je ne doute plus de moi, je suis capable de mener à bien ma mission de vie. Être attachée à la spiritualité ne m'empêche pas d'avoir de l'argent. On veille sur moi, je ne suis pas seule, il y aura toujours des solutions. Je suis là pour apporter amour, paix, et c'est ce qui compte. J'illumine les autres autour de moi. J'ai la chance d'être née pour faire ce que j'aime. L'argent sera pour mon bien-être et celui des autres. »

J'ai écrit ces mots sur un post-it que j'ai retrouvé par hasard, dans mes notes.

Je suis émue, c'est vrai. Je n'ai pas atteint tous mes buts, mais tout a changé. C'est vrai, tout est là, j'y suis arrivée ! Je ne sais pas si demain je ferai plus de réflexologie, si je serai plus avec les animaux, mais je suis heureuse et j'ai à ma portée tout ce que j'aime, tout ce que j'ai toujours voulu.

Message à Dieu, aux anges

(12 août 2013)

Trois ans après le début de mon histoire avec Daniele, nous donnons notre première méditation des Coeurs jumeaux à Cala Gonone, organisée par Ilaria.

Nous sommes un groupe de sept, sur la terrasse de l'hôtel Cala Luna, c'est un bon groupe. Maddalena et Serenella, nous ont gentiment prêté le solarium pour l'occasion. Je rêve toujours de créer un beau centre de méditation et de bien-être à Cala Gonone… Qui sait ? Il n'y a que trois ans que, sur cette même terrasse, j'ai commencé à masser des premiers pieds, dont ceux de Daniele, alors que nous n'étions qu'amis.

Ce soir, nous allons admirer le ciel étoilé, à l'occasion de la nuit des étoiles. Un spectacle féerique : la voie lactée, et plein d'étoiles filantes qui passent devant nos regards émerveillés. Nous sommes à Cala Fuili, lieu idéal pour être dans le noir complet. Je sens que cette date est à graver, trois ans après, du bonheur, des moments inoubliables. Je n'aurais jamais pensé vivre tout cela, animer une méditation, à l'endroit même où tout a changé pour moi.

Ce matin, je suis très heureuse, la journée a bien commencé, je suis de bonne humeur. J'ai prononcé des affirmations positives, j'ai fait mes étirements, mes respirations, me suis rechargée. En allant à l'hôtel pour ma séance de réflexologie, je me suis arrêtée à l'église pour prier, faire une offrande. J'ai échangé une séance de soins avec Marco, qui fait des massages sportifs à l'hôtel. Son massage m'a fait beaucoup de bien. Ensuite, j'ai pris un café en bord de mer. C'est une belle journée, je suis heureuse…

J'espère que plein de bonnes choses vont m'arriver encore. J'ai beaucoup de clients, grâce aux filles qui ont parlé de moi. Je suis en Sardaigne, je me sens tellement bien ici, la vie est belle. Je réalise aujourd'hui que j'utilise de plus en plus les mots « je suis heureuse ». Avant je ne l'étais pas, du moins si je l'étais, je n'en n'avais pas conscience.

Merci, Dieu ; merci, Master Choa Kok Sui ; merci l'Univers, les anges, mes guides ; merci, Daniele ; merci, ma bonne étoile, et merci à toutes les personnes qui m'entourent pour tout ce que j'ai la chance de vivre.

L'Inde, le Darshan d'Amma

(24 septembre 2013)

Une nouvelle fois, Daniele a concrétisé l'un de mes plus beaux rêves, celui de l'Inde. Depuis des mois, nous préparons ce voyage, et cette fois nous y sommes. J'étais comme une enfant, j'avais envie de partir sans bagages, cela ne me gênait pas, être avec Daniele me suffisait. Je sentais que ce voyage serait important pour nous, que de belles choses nous attendaient, c'était une évidence. J'étais sûre d'y trouver l'inspiration pour d'autres projets, que j'allais y faire de belles rencontres. Je me disais que sur place, ce serait rempli d'émotions. Je craignais un peu de pleurer en voyant la pauvreté, mais je savais qu'il y aurait aussi des larmes de joie pour la richesse des moments.

À l'aéroport, j'étais toute joyeuse, nous avons pris un super petit déjeuner, fait des photos pour immortaliser notre départ, nos sourires. Dans l'avion, les émotions m'ont submergée. Au décollage, j'ai fermé les yeux, demandé aux anges leur protection sur l'avion et sur notre voyage. J'ai entendu une voix me dire : « Ne t'inquiète pas, nous veillons sur toi. Ne t'inquiète pas non plus pour la suite, pour les chevaux et le reste. Nous veillons sur tout, les résultats dépasseront tes attentes. » J'ai senti ces paroles résonner dans mon coeur, des larmes sont venues, j'étais chamboulée, je connaissais cette voix, elle m'était familière, comme si un être cher me réconfortait. Une voix si rassurante… un proche disparu ?

Une grande vague de chaleur a envahi mon corps et mon visage, j'étais si bien… J'ai fermé les yeux, apaisée.

Un peu plus tard, j'ai eu envie de regarder un film, j'ai choisi Jappeloup de et avec Guillaume Canet. Pendant deux heures, je n'ai pas lâché l'écran, j'avais l'impression d'être dans le film, de vivre toutes leurs émotions. Je me sentais proche de Pierre Durand, de ses doutes, son indécision et sa rage d'y arriver. Proche aussi de Jappeloup, pour sa puissance, j'ai aimé voir les entraînements qui m'ont donné envie de faire du saut d'obstacles. Le film était poignant, il m'a beaucoup émue. Une voix me disait : « Toi aussi, tu pourrais faire tout cela si tu le décidais. »

Nouer une relation avec un cheval, une vraie passion, avoir un cheval qui fasse partie de ma vie, j'en ai envie. J'aimerais tant que ce soit Vanilla. J'aimerais pouvoir l'acheter, et en même temps, à quoi bon vouloir la posséder ? Qu'est-ce que cela change d'en être la propriétaire ? Elle est dans mon coeur, c'est ce qui compte. Parfois je me dis qu'elle n'a été qu'un déclencheur dans ma vie. L'avenir me le dira. En regardant le personnage incarné par Guillaume Canet, j'avais l'impression d'être à sa place, sur le cheval, de ressentir les sauts. Je ne l'avais jamais envisagé. Peut-être, pour le plaisir, pourrais-je essayer ? Je me suis endormie sur ces pensées en rêvant des chevaux, impatiente d'arriver en Inde.

Nous avions organisé ce voyage pour faire la visite de tous les temples hindouistes, un long périple. Nous venions aussi pour le soixantième anniversaire d'Amma, car des festivités étaient organisées pour l'occasion. Mata Amritanandamayi, connue sous le nom d'Amma, est une grande figure spirituelle de l'Inde. Considérée comme une sainte en Inde, et vénérée en Occident, à l'instar de Mère Teresa, elle est surnommée « la grande prêtresse du câlin ». Amma est fondatrice d'une ONG à but humanitaire et écologique dont le siège est au Kérala. Son oeuvre est considérable. Elle donne l'étreinte, prend les gens dans ses bras en leur murmurant des paroles bienveillantes, partout dans le monde. Les gens font la queue pendant des heures, voire toute une journée, pour vivre ce moment. Je trouvais belle cette expérience de recevoir le Darshan dans son pays d'origine.

À l'hôtel, nous avons sympathisé avec Debbie, une productrice de Los Angeles, April, une jeune Anglaise très spirituelle, prof de yoga. J'avais hâte de voir Amma, je me demandais ce que j'allais ressentir. Des milliers d'Indiens affluaient de tout le pays pour qu'elle les serre dans ses bras, deux ou trois secondes. Amma est l'espoir de l'Inde.

De la queue, j'ai vu Amma étreindre tous ces gens avec un tel amour. J'ai eu envie d'arriver vers elle avec un grand sourire, de lui apporter, moi aussi, amour, réconfort. Lorsque mon tour est arrivé, c'était impressionnant. Je lui ai fait un grand sourire, elle m'a regardée, a souri, puis m'a serrée contre elle. Ce « câlin » m'a semblé durer une éternité. Une grande vague d'amour m'a parcourue, comme un courant électrique, de la tête aux pieds. C'était intense, très réconfortant. Une des personnes qui était avec nous s'est mise à pleurer. Daniele aussi a beaucoup aimé. Je la trouve admirable d'embrasser ces milliers de personnes. Elle dort peu, mange peu. Elle a tenu à embrasser, jusqu'au dernier, tous les gens qui avaient des tickets, sans s'arrêter. Elle aide les plus démunis, fait construire maisons, écoles, hôpitaux, universités. Elle voyage constamment. Après le tsunami, elle a apporté une aide importante. Où puise-t-elle toute son énergie ? Je me sens honorée d'avoir pu recevoir son étreinte, en Inde. C'est comme si une sainte m'avait embrassée.

Après le Darshan, nous sommes partis du Kérala pour commencer nos vacances. Nous avons gardé contact avec Debbie et April avec lesquelles nous nous sommes liées d'amitié. Puis ce fut le Tamil Nadu, sur la route des temples, où nous avons pu flâner, nous ressourcer, apprécier d'être heureux, nous offrir encore plein d'objets de décoration.

Bilan fin 2013

En juin, j'ai obtenu mes deux premiers savoirs éthologiques. J'ai eu de la chance de pouvoir les passer, car je m'étais cassé un doigt deux jours avant. Cette fois, le droit !

Au cours du dernier week-end avec les chevaux, avant les examens, nous avons accueilli des personnes en stage, dont certaines n'avaient jamais approché, touché, ni même monté un cheval. Nous les avons aidées à caresser les chevaux, certaines ont réussi à partir en promenade. L'une des personnes n'osait pas s'approcher de Falbala, je l'ai aidée. Elle avait le visage un peu craintif. J'ai dit : « Pose ta tête contre son ventre, écoute sa respiration, sens ce qu'elle peut te transmettre. » Elle a esquissé un sourire, et soudain, elle a fondu en larmes, cela a duré un bon moment ; elle a eu du mal à se reprendre. Je pense que la jument l'a aidée à évacuer des tensions, à s'ouvrir, l'a rassurée. Après, son visage était radieux, elle s'est même très bien débrouillée en selle. Ensuite, j'ai aidé une autre personne, juste pour toucher Câlin. En balade, je donnais des conseils de mon vélo, à quelqu'un qui montait Oscillo. Je parlais au cheval, lui demandais d'être compréhensif avec ce débutant, ce à quoi il se tenait parfaitement.

Pendant ce week-end, moi qui étais dans toutes mes

peurs, j'ai essayé – et je pense avoir réussi – de donner un peu d'assurance à d'autres personnes, en phase de découverte. Je les ai vues repartir avec le sourire, heureuses d'avoir eu ce contact avec les chevaux, d'être montées pour la première fois. Le cheval les a changées. J'ai compris que c'était ce que je voulais partager. Elles ont considéré le cheval d'une autre manière, ont vécu des instants qui les ont aidées à être mieux avec elles-mêmes. J'ai envie de faire connaître cela à beaucoup de monde.

Pendant l'été, comme prévu, je suis retournée en Sardaigne m'installer sur la terrasse de l'hôtel Cala Luna pour faire de la réflexologie. Que de bonheur…

Début septembre, j'ai loué un petit cabinet, un jour par semaine, le mercredi, pour lancer la réflexologie pour les enfants. Mes perceptions pendant les soins ont encore évolué. Ce n'est pas systématique, mais parfois c'est comme si le corps des personnes me parlait. Il m'est arrivé de recevoir des informations comme « elle a besoin d'amour mais elle a peur, son coeur est fermé », « il dort mal la nuit », « elle veut un bébé mais son mari n'est pas prêt », « il culpabilise de ne pas avoir assez fait pour sa maman avant qu'elle meurt », « elle s'est construit des murs de pierres autour d'elle, elle ne fait confiance à personne, mais elle voudrait les casser.» Les informations se confirmaient, elles arrivaient de manière imprévue, sans les chercher.

Fin septembre, Daniele et moi sommes partis fêter

nos trois ans en Inde. Quel plus beau cadeau aurais-je pu rêver ?

Cela fait un an que j'ai quitté Rémy Cointreau. Je relis les mots de chacun, fort touchants. Je ne suis pas nostalgique, cela me fait plaisir, toutes ces personnes m'ont souhaité le meilleur : « Tu vas écrire un nouveau chapitre de ta vie » (amusant cette formulation), « Profite de cette chance pour réaliser tes rêves », « Une nouvelle étape de ta vie commence », « Bonne chance pour la mise en place de ton projet », « Je ne te souhaite que du bonheur à vivre tes passions », « Good luck in everything you do », « Que l'avenir soit beau », « Réussite et sérénité pour ta nouvelle vie », « Je te confierai mes petits pieds bientôt », « Bonne chance pour ta nouvelle aventure proche de ta passion des chevaux ». Autant de mots qui me vont droit au coeur, et qui m'ont sûrement porté chance !

J'y suis, à vivre mon rêve d'enfant avec les chevaux, à les comprendre. J'aimerais tellement trouver l'argent pour acquérir Vanilla, chère à mon coeur... Je suis sûre que ce serait un partenariat de rêve, une belle aventure. Pendant cette année, j'ai découvert qu'il était possible de communiquer avec les animaux de manière intuitive. Est-ce que je vais poursuivre dans cette voie ?

Trois ans après, ma vie a bien changé, et ce n'est que le début...

Voici comment Lou, huit ans, me perçoit. C'est la fille de Christine, et ma plus jeune cliente. Un jour, en attendant sa maman, elle m'a dessinée spontanément, en train de méditer dans la nature avec des animaux. Quel beau cadeau…

Conclusion : les changements

Rien n'est figé, tout peut changer, tout peut arriver. Nous pouvons tous changer, améliorer une partie de notre vie, si nous le voulons. Tout n'est que volonté : décider ou non de voir le positif, le bon côté des choses, créer sa vie et non la subir. Même si certains naissent dans des conditions moins favorables que d'autres, c'est possible. Combien de personnes ont réussi en partant de rien ? Cela n'arrive pas qu'aux autres. Nous pouvons choisir notre vie comme nous aimerions qu'elle soit, faire les choses que nous aimons.

Depuis que j'ai décidé de faire tout ce que j'aime, les choses se mettent en place, tout change progressivement. Je rencontre les bonnes personnes, celles qui auront une place dans mes projets, celles qui seront là pour m'aider, me guider, m'accompagner. Lorsque nous ne sommes pas à notre place, généralement nous rencontrons beaucoup d'obstacles. Même si les changements prennent du temps, cela n'est pas perdu, c'est une construction, une évolution sur notre chemin.

À chaque fois que je changeais de travail, en tant qu'assistante, les gens ont tenté de me dissuader, me disant que je prenais des risques, que je ne me satisfaisais pas de ce que j'avais. Ils m'ont découragée surtout lorsque j'ai entrepris de travailler dans l'immobilier.

Quand je me suis mise à la réflexologie, je n'ai eu que des encouragements. Tout le monde a cru en moi. On me disait : « Je te vois bien faire cela, être dans le monde du zen. »

Lorsque je m'entraînais pour mes soins, des amis m'ont dit : « Tu as quelque chose dans les mains » ou « tu m'apaises ». Au stage de Reiki, une des participantes, Liliane, kinésiologue qui travaille avec les fleurs de Bach – très dans le ressenti – m'a dit : « Tu as des mains en or, Christelle » et elle me l'a souvent répété. J'ai aussi entendu : « Tu as des mains magiques » ou « tu es une fée ». Cela fait toujours plaisir, même si au fond, je ne suis pas vraiment à l'origine, car je ne fais que canaliser l'énergie divine, je ne suis qu'un canal qui permet de donner.

Parfois je voulais arrêter le travail que je faisais sur moi-même, je me demandais : « quel est le but ? » J'ai continué, j'ai été régulière, c'est ce qui m'a permis de devenir thérapeute. Je peux donner du bien-être parce que je suis bien. Pour aider les autres, je devais avant tout m'aider.

Pour mon projet de soins et des chevaux, tout le monde a cru en moi. Que ce soit chez Rémy Cointreau, parmi mes amis, tout le monde m'a encouragée – peut-être un peu moins ma famille, pour qui j'allais être à nouveau dans l'insécurité. J'espère qu'un jour, ils comprendront ce que je fais, pourquoi je le fais, et qu'ils seront vraiment fiers de moi, parce que je fais ce que j'aime, que je suis douée pour cela, parce que j'apporte plein de bonnes choses aux autres.

Avant, je n'agissais que pour faire plaisir à mon entourage, je cherchais toujours l'approbation, je voulais que mes parents soient fiers. Aujourd'hui, j'agis pour moi, avec mon coeur, j'ai décidé de faire ce que j'aime, de ne plus subir ma vie, de ne pas passer une année de plus à faire autre chose que ce que j'aime.

Ce qui compte, c'est moi, mon envie, ce que je veux apporter aux gens, le reste importe peu. J'ai mis tant d'années à trouver ma voie que je ne souhaite pas revenir en arrière, juste pour lire de la fierté dans le regard des autres.

Je pense que c'est aussi un énorme changement pour moi, de m'accepter telle que je suis, de ne plus avoir quoi que ce soit à prouver.

Même si j'ai dû renoncer, pendant une période, à un certain confort matériel, à mes avantages, je ne le regrette pas. Je ne peux pas toujours m'offrir ce qui me fait plaisir, je fais des cadeaux moins chers, mais c'est justement parce que cela me demande des efforts que c'est beau. Je sais qu'il y a un moment où je vivrai bien de ce que j'aime, ce n'est qu'une transition.

Je me lève le matin en sachant que je vais faire ce que j'aime. Je me pose moins de questions. Je suis heureuse, je me dédie à tout ce que j'aime. Je choisis de vivre de mes passions : soigner, écrire, être avec les chevaux, aider.

Mon amour pour les chevaux m'a poussée à changer de vie. Mon envie a été plus forte que mes peurs. Plus rien n'a autant d'importance que d'être à leurs côtés, après ces rencontres qui m'ont délivré des messages. Celui de Vanilla était très fort : comment résister à l'appel de cette jeune jument magnifique, douce, qui m'a choisie, et a ouvert une autre partie de mon coeur...

La vie est une succession de changements, mais avec Vanilla, ce fut un basculement total. J'ai prié pour cela, le ciel m'a entendue...

Nous pouvons être le papillon qui sort de sa chrysalide, vivre notre destinée, déployer nos ailes.

Une belle vie nous attend, tous. Nous pouvons choisir de passer plus de temps à vivre dans la joie, au lieu de passer trop de temps à ne pas être heureux, nous plaindre, nous focaliser sur nos soucis. Donnons-nous ce droit, cette chance, permettons-nous...

Si ce livre tombe entre vos mains, qu'on vous l'a offert, que vous l'avez acheté, vous êtes déjà sur la voie du changement. J'ai mis mon énergie et mon coeur dans ce livre, pour que plus rien ne soit plus comme avant...

L'essentiel est de croire, avoir la foi, ne pas perdre cette force, cette lumière qui est en nous. Chacun doit mettre en pratique les techniques, trucs, astuces, méthodes qui lui conviennent. Il faut croire, ressentir, car vouloir appliquer pour appliquer ne sert à rien. La foi mène à toutes les réussites.

En écrivant ce livre, j'ai raconté comment j'ai pu changer ma vie, amorcer de réelles mutations. J'ai compris aussi que l'essentiel n'est pas le but final mais ce que l'on vit sur notre chemin.

Ces changements ne sont pas terminés, je pense que c'est maintenant que ma vraie vie commence. Je peux dire que c'est une renaissance, je suis une nouvelle Christelle.

J'ai eu la chance de rencontrer des personnes qui m'ont aidée, mise sur le chemin, soutenue. D'autres m'ont rendu la tâche plus difficile pour tester ma motivation, j'ai été mise à l'épreuve. Malgré les obstacles, j'éprouve une grande gratitude d'avoir avancé.

J'ai aussi beaucoup travaillé personnellement, je me suis investie dans mes projets, j'ai gardé ma motivation, mes rêves. Quand j'entendais : « Garde les pieds sur terre », je n'écoutais que d'une oreille. Il est vrai qu'il est important d'être ancré à la terre, mais le secret est de rêver. Quand on ne rêve plus, pour moi, la vie est terne et monotone, il ne se passe plus rien. Je passe du temps à rêver et je ne m'arrêterai pas, car mes rêves ont créé les événements de ma vie, tout comme mes peurs ont créé les obstacles, les freins à mes rêves. Je suis responsable de tout ce qui se passe dans ma vie.

On doit écouter ses rêves, lorsqu'ils résonnent dans notre coeur. C'est parce que je rêve qu'il m'arrive tout le temps quelque chose. Je considère que ma vie est un rêve éveillé.

Peu importe combien de temps prennent les changements. Dès que l'on décide, ils commencent sur-le-champ. Ce qui est important, c'est de croire.

Certains ont voulu me dissuader d'agir, par bienveillance, et peut-être qu'ils avaient raison, car j'ai rencontré des difficultés. Néanmoins, j'avais besoin de faire ma propre expérience, d'apprendre de mes échecs. Personne n'est aussi bien placé que nous-mêmes pour savoir ce dont nous avons besoin. Les douleurs, les problèmes font aussi partie de la vie, de la construction de notre âme. Ils participent à notre évolution, au même titre que nos joies et nos réussites.

Il y a quelques mois, ma banque rejetait mes chèques. Aujourd'hui, j'ai passé un accord avec le comité d'entreprise de cette même banque pour être partenaire et proposer mes soins. Amusant non, si on pense à la symbolique ? D'un côté, cette banque ne m'a pas suivie, de l'autre, elle me propose un partenariat. Je le prends comme un signe d'encouragement de l'Univers.

Je me suis toujours posé des questions sur la vie, comment tout fonctionne. J'ai essayé de m'améliorer, de changer les choses. J'ai voulu tout changer à l'extérieur, travail, petit ami, appartement. Aujourd'hui, j'ai changé à l'intérieur, j'ai trouvé la sérénité. Mon changement n'est pas que professionnel. Il est avant tout personnel, intérieur. J'ai pris conscience de qui j'étais, de ce que je voulais, et je sais où je vais.

Pour ceux qui pensaient que j'étais paumée, j'avoue être contente de m'être paumée ainsi.

Aujourd'hui, j'ai reçue ma première commande de

livres... Trois livres... pour Philippe. Je serai heureuse d'aller lui déposer en personne à son restaurant.

Si je devais résumer en peu de mots ce qui m'a aidée, pour être mieux dans ma vie ce serait :

L'amour
La famille
Les amis
La méditation
Les chevaux, les animaux
La joie
La gratitude
Pardonner
Donner
Le plaisir
La foi
Les rêves
Les livres
La musique
Accepter l'aide que l'on reçoit
Être dans l'action
Les enfants
Les voyages
Les rencontres

Un jour, cette phrase m'est venue après une méditation :

Soyons un, soyons unis avec le tout,
Laissons-nous guider dans la foi par l'espoir,
L'amour est notre force...

QUATRIÈME PARTIE

Techniques utilisées

Je ne suis pas là pour enseigner des techniques, je souhaite juste faire partager les méthodes que j'ai utilisées et qui ont fonctionné pour moi. Il y a tellement de livres que ce n'est pas évident, lorsque nous devons choisir, de savoir par lequel commencer. Je cite plus loin quelques ouvrages avec lesquels j'ai débuté, dont je me suis servie comme base, que vous pouvez lire, offrir à vos proches. Je vous donne des astuces que j'ai utilisées pour concrétiser ce que je voulais, comme éprouver de la gratitude, pratiquer la visualisation créative, méditer, être dans la joie, se montrer généreux, pardonner. J'espère que mon expérience vous donnera envie d'essayer.

Ensuite, le résultat dépendra vraiment de vous, de votre intention, de votre motivation et de l'énergie que vous y mettrez. Si vous le faites sans conviction, juste parce qu'il faut, n'essayez même pas. Je ne prétends pas avoir les clés qui ouvrent toutes les portes, ni détenir la moindre vérité, je ne fais aucune promesse, je fais juste partager des connaissances acquises. Ce qui fonctionne pour une personne ne fonctionne pas forcément pour toutes.

Apprenez, croyez, mettez en pratique. Soyez patients, car selon ce que l'on cherche, il peut arriver que cela soit plus long. Ne vous concentrez pas seulement sur le résultat, mais sur le chemin qui vous mène à votre rêve. Parfois, les étapes seront beaucoup plus riches. N'ayez pas peur de voir trop grand, l'Univers n'est pas limité.

Chacun doit trouver la méthode dont il se sent le plus proche. Vous sentirez celles qui marchent le plus rapidement pour vous. Chacun doit tenir compte de ses atouts, de sa personnalité. Des personnes plus à l'aise avec l'écriture notent des affirmations positives, d'autres se servent de la visualisation créative, ce qui est mon cas. Pour certains, ce sera de répéter des phrases, des mantras. Il est vrai que les mots ont un pouvoir, une énergie, surtout prononcés à voix haute. Sentez ce qui vous correspond le plus. Fiez-vous à votre intuition...

I – Réaliser ses rêves, visualisation créative

J'ai toujours été une grande rêveuse. À l'école, j'avais souvent la tête dans les nuages, l'esprit qui vagabondait. J'ai toujours eu de grands et beaux rêves et certains pensent que je rêve trop. J'ai réussi à réaliser beaucoup de mes rêves au fil du temps. Pour moi, le rêve est important, vivre sans rêves serait comme vivre sans espoir. Je ne mets aucune limite, pour moi tout est possible dès lors qu'on y croit, que l'on reste focalisé sur ce que l'on souhaite, que l'on rêve avec le coeur.

J'utilise différentes méthodes pour matérialiser mes rêves, du monde énergétique des pensées au monde physique, matériel. La visualisation créative est celle qui me convient le mieux. Il existe de nombreux ouvrages, des CD de méditations guidées sur ce sujet. Le principe est de visualiser ce que l'on veut, ressentir les émotions, la joie d'obtenir ce que nous voulons. On peut se projeter dans la vie que l'on souhaite, imaginer dans quel état on serait si on nous donnait telle ou telle chose, si on gagnait tel voyage tant attendu, si l'on recevait une somme d'argent, si l'on était guéri. Fermez les yeux, projetez-vous, faites comme si c'était réel, comme si c'était arrivé, ressentez cette excitation, le plaisir de vos proches quand vous leur apprenez une bonne nouvelle...

Pour aller mieux, j'ai fait de nombreux coachings,

afin de rester centrée et ne pas perdre de vue mes objectifs. C'est dans l'un des premiers coachings que j'ai découvert la visualisation créative. La personne m'a fait découper des photos qui me plaisaient dans les magazines pour faire un collage sur une feuille blanche. Spontanément, j'ai découpé la photo d'un bouddha, une image avec des livres, une bague, j'ai pris les photos qui m'ont inspirée, que j'ai trouvées belles. J'ai conservé ce collage, que j'ai retrouvé il y a peu de temps. Dans les mois qui ont suivi, j'ai effectivement fait mes formations, représentées par les livres, j'ai rencontré l'amour, représenté par la bague, et je me suis ouverte à la spiritualité, représentée par le bouddha. Pourtant, je n'attendais vraiment aucun résultat de ce collage.

Je découpe régulièrement des photos dans les magazines, des choses que j'aimerais recevoir, cela peut être un voyage, un bijou. Dans ma chambre, il y a un tableau d'affichage où j'ai fixé les photos qui forment l'objet de mes rêves, pour que je puisse les voir tous les jours. Le tout est que cela soit des choses que l'on désire avec le coeur. Des rêves peuvent se concrétiser vite, d'autres prendront plus de temps. Commencez par des petites choses, vous verrez !

En plus de mon tableau d'affichage, je me suis trouvé une jolie boîte, qui ressemble à un coffre, où je range toutes les choses dont j'ai envie, ainsi qu'une pochette rouge que j'ai toujours avec moi, que je peux emmener en voyage, pour en regarder le contenu au cours de ma journée. Régulièrement, j'envoie de l'énergie sur mon tableau, ma boîte et ma pochette, pour nourrir mes projets. Je dirige les paumes de mes mains en direction de ma pochette, de mon coffre, j'imagine envoyer de belles énergies, bénir ces objets, pour que ce qui se trouve à l'intérieur se concrétise. Je remercie d'avoir reçu ce que je souhaitais.

Un jour, j'ai mis dans ma pochette un arbre à bijoux que j'avais découpé dans un magazine, juste parce que je le trouvais joli. À Noël, j'ai été couverte de bijoux. J'avais complètement oublié cet arbre, je m'en suis souvenue en faisant le tri. À chaque fois que j'obtiens une chose, je jette la photo. Tous les deux ou trois mois, je trie ma pochette pour la renouveler. Si je n'ai pas eu ce que je voulais après deux ou trois mois pour les petites choses, je change les photos.

Une autre fois, j'ai mis un joli téléphone dans ma boîte. Un peu plus tard, le frère de Daniele m'a offert un téléphone quasi identique, qu'il n'utilisait pas.

J'avais aussi placé une publicité des bijoux Tiffany. Je n'en avais parlé à personne, ni montré la photo, comme pour toutes les choses qui sont dans ma pochette. Au retour d'un voyage à New York, Daniele m'a offert deux bijoux Tiffany, en me disant : « Je ne sais pas pourquoi, je me suis retrouvé chez Tiffany et j'ai eu envie de t'offrir des bijoux ! »

Je ne dis à personne ce que je mets dans ma pochette. Je rêve, je visualise, j'énergise, et l'Univers se charge du comment. Existe-t-il une méthode miracle ? Je ne sais pas.

Pour moi, croire, rêver, désirer avec le coeur, aimer ce que l'on souhaite est déjà beaucoup. Je me suis inspirée de livres sur le succès, la loi d'attraction. Je me suis servie de ces enseignements que j'ai mis en application, et j'y ai ajouté ma touche personnelle. J'ai remarqué que même le fait de lire ces livres, les toucher, les garder près de nous, certains ayant une belle énergie, fait bouger les choses. Parmi tous ceux que j'ai lus, Le Secret de Rondha Byrne m'a apporté énormément de connaissances sur la loi de l'attraction. Il y a aussi le film Le Secret. Lorsque j'ai vu ce film, je n'avais pas les connaissances que j'ai aujourd'hui. J'ai bien écouté ce que disent les intervenants du film. À la fin, il y a un exercice à faire : dresser une liste de ce que l'on désire. J'ai fait ma liste. À ce moment-là, j'étais célibataire, je rêvais d'une belle histoire d'amour, de construire, d'être heureux à deux. Ma liste décrivait l'homme avec qui je souhaitais partager ma vie : un Italien, gentil, doux, attentionné, sérieux, spirituel, qui aime voyager. J'ai essayé de ressentir la joie que j'éprouverais si je rencontrais cette personne, les sensations d'être à deux, de partager des moments précieux. Ensuite, j'ai déposé la liste dans le tiroir de mon chevet. Je l'ai complètement oubliée. Plus tard, en rangeant mon chevet, j'ai retrouvé cette liste. Je l'ai relue, cela faisait un an que j'étais avec Daniele. En fait, je l'ai rencontré peut-être deux mois après l'avoir rédigée. Il est exactement comme je me l'imaginais, je n'y avais plus pensé, j'avais lâché prise...

Régulièrement, j'écris mes envies, mes désirs, je remercie comme si tout s'était déjà réalisé. Je relis de temps en temps mes listes pour voir ce qui est arrivé, tout en lâchant prise sur le résultat.

Je n'arrête jamais de rêver, tous les jours je dédie du temps à mes projets, mes rêves, mes envies.

Il y a quelques mois, Emily de Cannes, rêvait d'avoir plein de billets de cinq cents euros dans son tiroir caisse. Je lui ai offert un paquet de serviettes en papier avec les dessins de billets de cinq cents euros. J'ai tout disposé dans son tiroir caisse. Quelques jours après, elle m'a appelée, une cliente venait de la payer avec un billet de cinq cents euros !

Lors de ce même séjour à Cannes, je prenais un café avec Emily dans un petit bar à côté du centre. Francesca, qui nous a servies, m'a donné une revue qu'un client avait oubliée sur la table d'à côté. Elle m'a dit : « Tiens, c'est pour toi. » Sur la couverture, il y avait une photo du Taj Mahal et de femmes indiennes. J'étais étonnée mais je l'ai gardée, trouvant que la couverture était belle. Daniele et moi rêvions d'aller en Inde, et nous sommes partis fin septembre. Mais à ce moment-là, nous n'avions encore rien prévu !

Quelques mois auparavant, Stéphanie, la soeur de mon amie Aurélie, m'avait offert une boîte d'allumettes avec la photo d'Amma, qu'elle avait fabriquée elle-même et décorée, que j'ai gardée. Elle fait de jolies créations spirituelles, cadres, objets avec pour partie des matériaux récupérés. Dans la chambre où je dormais chez Hubert et Angeline, il y avait beaucoup de décorations indiennes. Je me sentais bien dans cette chambre, j'adorais dormir là. Il y avait aussi un portrait d'Amma accroché au mur. J'ai eu la chance de rencontrer une personne qui travaille aux côtés d'Amma, et deux mois plus tard, je partais en Inde avec Daniele !

Beaucoup de belles circonstances, d'éléments qui ont contribué à ma visualisation créative au quotidien, à faire que mes souhaits sont devenus réalité !

II – Joie et affirmations positives

Dans tout ce que je demande et entreprends, je mets de la passion. Je demande lorsque je me sens inspirée, que je sens le désir très fort en moi, que cela résonne dans mon coeur, mon corps. Par exemple, si je dois envoyer un mail important pour un projet, je le fais toujours dans cet état d'esprit. Si je suis fatiguée, que je n'y crois pas vraiment, je m'abstiens. Même dans l'écriture, notre énergie passe et se ressent.

Avant d'être reçue pour mon entretien dans le magnifique centre de cure en Italie, j'ai mis une telle énergie dans le mail que j'ai envoyé, j'étais tout excitée, j'y croyais, j'en avais très envie, j'étais persuadée que je devais y aller. Cela a fonctionné, j'ai reçu une réponse immédiatement. Il faut se sentir gagnant en partant. J'ai lu un livre très intéressant sur la façon de gérer ses pensées et de partir gagnant, qu'Aurélie m'avait prêté : Pensez, gérez, gagnez, de Daniel Sévigny.

Le matin, j'essaie de me lever en faisant des affirmations positives. Le soir, je m'endors toujours en pensant aux belles choses de la journée, je visualise, je rêve de ce que j'aimerais recevoir. Je m'endors aussi avec des affirmations positives.

Le fait de réussir à transformer nos pensées négatives en pensées positives aide à concrétiser, change notre fréquence. Le positif, la joie, sont des énergies qui apportent l'abondance. Le négatif retarde ou nous apporte des problèmes. Nous attirons l'énergie que nous émettons.

Je prie beaucoup pour demander des choses, oralement, en méditation, ou sur un cahier sur lequel j'écris parfois des prières. En arrivant vers la fin de mon livre, j'étais dans la phase de concrétisation de mes projets en réflexologie, et j'ai vécu des moments où les forces me manquaient. J'ai consulté un coach intuitif américain basé à Los Angeles, Gary Quinn, très reconnu dans son domaine. Il m'a transmis une telle énergie positive, par sa voix, son attitude, son sourire, il m'a encouragée. Il m'a donné des phrases positives à me réciter tous les jours, qui me sont propres comme « Je suis forte, j'ai confiance en moi », « J'attire de belles opportunités chaque jour », « Tout vient à moi facilement. » Depuis notre rendez-vous, j'essaie de penser à cet enthousiasme qu'il a. C'est vraiment la clé. Il est tellement positif, communicatif, cela m'a donné à moi aussi une énergie incroyable. Lorsque j'ai une baisse de forme, je relis ces affirmations en souriant, je me sens incroyablement mieux et je sens mon énergie s'inverser. J'essaie d'avoir le même ton de voix pour décréter. Il m'a dit que je n'ai pas le droit de déprimer, que j'ai parfois une tendance à l'auto-sabotage. C'est vrai. Parfois, nous bloquons nous-mêmes nos projets. Il m'a affirmé que j'avais tout pour réussir, que maintenant l'essentiel de mon travail serait de rester toujours positive, de changer ma façon de penser. Même trois ans après le début d'un travail sur moi-même, alors que j'ai beaucoup appris et changé, il me reste toujours des principes à mettre en application. Tout se présente au bon moment, dès que nous sommes prêts.

Récemment, Daniele m'a fait découvrir un livre magnifique de Torkom Saradayrian, sur le pouvoir de guérison de la joie Joy and Healing. J'ai vraiment senti mon énergie changer en lisant ce livre. C'est impressionnant. Ce livre traite beaucoup de l'importance de la joie pour concrétiser, avoir de bonnes relations, pour attirer ce qui est bon. Je ne m'étalerai pas sur le sujet, car ce livre est tellement bien fait que je n'ai rien à ajouter, cela vaut la peine de le lire. Il est en anglais, mais il devrait bientôt être disponible sur le marché français.

Si nous nous mettons sur la fréquence positive de la joie, nous n'attirons que des circonstances et des personnes positives. En arrêtant de penser aux mauvaises choses, aux mauvais moments, aux factures, nous faisons plus de place au bonheur. Alors, pourquoi ne pas commencer dès maintenant ?

III – La gratitude, donner, recevoir

Pour attirer encore plus de choses, je remercie tous les jours pour ce que j'ai reçu dans la journée, pour être en accord avec l'Univers. J'essaie d'éprouver un maximum de gratitude au quotidien pour la moindre petite chose positive. Je prends le temps de penser aux bonnes choses qui me sont arrivées, aux sensations que j'ai éprouvées, de sentir avec le coeur, d'avoir de la gratitude. Je remercie d'avoir la chance de vivre tout ce que je vis, des rencontres que je fais, de tout ce que j'ai.

Chaque soir, je fais des listes de tout ce qui m'est arrivé de bon, des bonnes nouvelles. Je remercie aussi pour tout ce que j'ai envie de recevoir comme si je l'avais reçu.

J'ai trouvé cette idée dans les livres de Rhonda Byrne, en la personnalisant à ma manière. Cela fait plus d'un an que je fais ces listes de gratitude. Après, on se sent bien, on réalise que nos journées ne sont pas si mauvaises que cela.

Je remercie pour une personne qui m'a ouvert une porte, fait un sourire, donné un cadeau. Je remercie d'être en bonne santé, pour l'amour que je reçois, de faire ce que j'aime. Je remercie pour tout ce qui est en chemin vers moi. Je remercie une personne aimable qui m'a bien accueillie dans une administration.

Faire les listes de gratitude m'aide vraiment à voir les bonnes choses, à sourire. Quand tout va mal, on se focalise sur ce qui ne va pas, et non sur ce qui est beau, ce qui va. On finit par ne plus apprécier les bonheurs tout simples. Je reçois souvent un cadeau, une bonne nouvelle, lorsque je fais ces listes. Avant de demander toujours plus, apprécions ce que nous avons. Faire des listes de gratitude, c'est prendre conscience de ce que nous avons, de notre chance.

J'essaie d'appliquer au mieux les grands principes de la gratitude, de donner. Et en donnant, on reçoit.

Il est important de donner ce que l'on a envie de recevoir. Vous voulez de l'amour ? Donnez-en. Vous voulez de l'argent ? Donnez-en. Le montant n'est pas important, vous pouvez faire en fonction de votre budget, l'essentiel est de montrer sa volonté de donner, de le faire avec le coeur. Un jour, je voulais donner mais je n'avais pas le budget. J'étais dans un magasin, une vendeuse m'a remis un bon, me disant que si je répondais à une enquête de satisfaction, ils donneraient un euro à une association. J'ai pris le temps de répondre. Ces gestes bougent les énergies, celles de l'abondance. Même dans les moments difficiles de ma vie, je me suis toujours accordé les moyens de donner. C'est important que l'argent circule. Un autre jour, j'avais à peine de quoi déjeuner, j'ai vu une femme sans abri, d'un certain âge, je suis allée lui donner deux euros. Elle m'a serré la main très fort, je lui ai fait un grand sourire, cela m'a émue : elle en avait plus besoin que moi.

Lorsque je donne, que je remercie, que je fais de bonnes actions, je me sens vraiment bien. Ces énergies du bien-être ouvrent les portes pour recevoir.

Vous avez envie de nouveaux vêtements, mais vous n'avez pas le budget ? Faites le tri dans votre armoire, donnez les vêtements que vous ne mettez plus. On ne peut remplir des tiroirs déjà pleins !

De mon expérience, je vous assure que lorsque j'aide une personne, que je fais un don à une association, que je donne un soin, que je me dédie aux autres, il m'arrive toujours quelque chose de bien ensuite. Une fois, j'ai mis en vente sur Internet des objets dont je ne me servais plus. Cela faisait un moment que je ne vendais plus rien quand, un après-midi, j'ai eu envie de faire un don au Secours populaire. Trente minutes plus tard, une femme me contactait pour m'acheter un sac à main que j'avais complètement oublié. Le lendemain, il était vendu.

J'ai parlé de la loi de l'attraction lors d'une formation que je suivais sur la prise de parole en public. Il fallait parler cinq minutes d'un sujet devant les autres. J'ai décidé de donner quelques informations sur ce sujet, de partager des astuces, cela me plaisait. J'avais un sujet en tête, et au dernier moment j'ai pris celui-ci, car j'étais très inspirée. Les gens étaient réceptifs, alors que sur les autres présentations, j'avais eu du mal à capter leur attention. Lorsque je suis sortie du cours, j'ai trouvé de l'argent par terre !

Il y a peu de temps, le gardien de mon immeuble

est retourné en Thaïlande. Je lui ai donné de l'argent pour mettre dans les temples, de ma part et de celle de Daniele, car cela nous faisait plaisir de faire des offrandes. Arrivé sur place, il m'a envoyé des photos de lui en train de mettre l'argent dans les boîtes d'un temple. Dans les jours qui ont suivi, nous avons reçu un cadeau de Thaïlande envoyé par notre ami Piya. C'étaient des petites médailles de son temple et un petit Bouddha en train de méditer ! Des exemples comme celui-ci, j'en ai vraiment beaucoup, où j'ai donné avec le coeur, où j'ai reçu énormément en retour.

J'ai souvent donné des ateliers de méditation gratuitement. Parfois je payais la salle de ma poche mais cela me faisait plaisir. Au cours de ces ateliers, j'ai toujours rencontré de belles personnes, certaines m'ont aidée pour le livre, ou sont devenues des clientes en réflexologie. Même si je n'ai rien reçu, je suis ravie d'avoir pu expliquer la méditation, de voir que les gens se sentent bien après, apaisés.

Nous recevons régulièrement, il nous arrive de belles choses mais nous ne les voyons plus, et parfois nous critiquons ce que nous recevons. En ouvrant nos yeux, tout devient magique ! Cela ne tient qu'à nous de les voir sous un autre angle. Une même situation peut paraître négative au premier abord, mais avec un autre regard, devenir tout aussi positive.

S'il est important de donner, il est important d'accepter de recevoir. Beaucoup d'entre nous n'acceptent pas l'aide des autres, moi y compris. Nous avons tous notre fierté, mais ouvrir les bras pour recevoir l'aide d'un proche, d'un ami, fait partie du travail sur soi. C'est ouvrir les bras au bonheur, au ciel, à tout ce qui peut nous venir en aide. Tout est un cycle : nous aidons, nous sommes aidés. Accepter, reconnaître que l'on peut avoir besoin d'aide à certains moments, c'est faire preuve d'humilité. Hubert m'avait proposé de venir sans payer pour continuer mes stages. J'ai longtemps refusé car je ne voulais pas me sentir redevable. Aujourd'hui, je suis prête à accepter. Il m'a dit qu'il avait eu la chance d'être aidé à un moment donné et qu'il souhaitait en faire autant à son tour. Peut-être qu'un jour je pourrai lui rendre, ou peut-être pas, ou que ce sera à quelqu'un d'autre. Hubert m'a envoyé une lettre signée Vanilla, disant qu'elle m'attendait...

Daniele m'a beaucoup soutenue, il m'a aidée financièrement dans mes projets. Au début, c'était difficile pour moi. Et un jour, je me suis dit que nous étions un couple, que nous allions faire notre vie ensemble. Il m'aide parce qu'il le peut et je le lui rendrai sûrement un jour. Si ce n'est lui, j'aiderai sûrement quelqu'un d'autre dans son projet, j'en aurai les moyens. Quand je ne voulais pas de son aide, Daniele m'a dit : « Dieu est en nous, je représente une partie de Dieu si je t'aide, je suis un canal de Dieu pour te venir en aide. » J'ai été très touchée, j'ai réalisé la chance que j'avais, et qu'il avait raison. Il a dit : « J'accepte d'être un outil du divin pour t'aider... »

Désormais, je prends l'aide que l'on me tend, et je vis avec l'espoir que bientôt, moi aussi, je pourrai rendre la pareille, peu importe la forme. Lorsque j'y pense, le but de ma vie est d'aider les gens, la Terre, les animaux, pour que tous vivent en paix, en harmonie.

IV – Les mantras

Un mantra est un son, un mot ou un groupe de mots, très puissant, avec un pouvoir particulier. Les mantras sont souvent utilisés pendant les méditations.

J'écoute beaucoup de mantras, même en dehors des méditations, en fonction de mes objectifs. J'utilise régulièrement la musique pour aller mieux, pendant mes soins, pour me détendre : des chants dévotionnels et des mantras chantés de manière moderne, comme le font Jai-Jagdeesh ou Deva Premal.

1. La pratique des mantras

Traditionnellement, pour faire une méditation complète, on chante les mantras cent huit fois. Ils peuvent être récités intérieurement ou à voix haute, avec ou sans mélodie. Généralement, il est bien d'alterner une fois à voix haute, puis une fois intérieurement. Notre attention accompagne le pouvoir des mantras. Ces mantras m'ont procuré beaucoup de moments de calme, de paix intérieure, j'en ai vraiment ressenti les effets au niveau de mon énergie. J'évite cependant de réciter plusieurs mantras différents à la suite. Je me concentre plutôt sur le mantra que je pratique et sur sa signification, en essayant d'agir en conscience, de le ressentir.

Ce n'est pas une obligation de les réciter cent huit fois. On peut réciter les mantras pendant quelques minutes, ou seulement quelques fois, avant de commencer la journée ou avant de dormir.

2. Voici ceux que j'ai utilisés le plus souvent :

OM

Le son originel, le son primordial, la source, il représente DIEU, la vie.

Réciter ce mantra, c'est laisser Dieu agir en nous.

Ce mantra peut être prononcé : OM, AUM ou AOM. Il peut purifier, éliminer les impuretés. Je m'en sers beaucoup quand je suis stressée, que j'ai des mauvaises pensées. Je m'en sers aussi pour nettoyer les énergies de la maison. Le OM peut aussi purifier un lieu. Je le diffuse sans le chanter environ vingt minutes, je mets de l'encens.

Il peut être bon de le réciter le matin avant de commencer la journée, et le soir pour s'endormir avec de belles énergies. Entre deux OM, il est bien de se concentrer sur le silence. On utilise aussi le OM pour commencer une méditation ou une prière.

OM MANI PADME HUM

J'ai beaucoup utilisé ce mantra qui signifie « le joyau du lotus ». Il nous permet de devenir plus altruiste, d'être plus dans la compassion, l'amour. Ce mantra aide, entre autres, à dissiper les problèmes, c'est le mantra amené par Buddha Kwan Yin, le « Buddha de la compassion. »

GAYATRI MANTRA
C'est l'un des plus anciens et des plus sacrés mantras de l'hindouisme, il est très transformateur. C'est aussi l'un des plus complets, une forme de prière qui nous amène à une sagesse plus élevée. Nous l'écoutons beaucoup. Le mantra est : « Om Bhur Bhuva Suvah, Tat Savitur Varenyam, Bhargo Devasya Dheemahi, Dhiyo yonah prachodayat. »

Dans les temples, en Thaïlande, j'ai eu l'occasion de découvrir d'autres mantras, dédiés aux divinités Ganesh et Lakshmi. Beaucoup de mantras font référence à des divinités. Le mantra de Ganesh est souvent invoqué pour lever des obstacles, le mantra de Lakshmi pour la prospérité, la fécondité. Il m'arrive souvent maintenant d'invoquer Ganesh et Lakshmi, lorsque je rencontre des problèmes, des situations compliquées ou pour recevoir l'abondance.

À la maison, nous avons plusieurs statuettes les représentant, parfois je dépose des fleurs à leurs pieds en guise d'offrandes !

V – La méditation des Coeurs Jumeaux ou méditation pour la Paix universelle et l'Illumination (de Master Choa Kok Sui)

Je pratique depuis trois ans la méditation des « Coeurs Jumeaux » ou « Méditation pour la Paix universelle et l'Illumination », présentée par Master Choa Kok Sui, celle qui m'a apporté la lumière et m'a conduite à m'intéresser à la spiritualité.

C'est un outil précieux pour apporter la paix et l'harmonie à la Terre, ses habitants ainsi que pour s'éveiller. La méditation des Coeurs Jumeaux est un service pour l'humanité. Mon but est de la partager avec tous. Je ne l'enseigne pas, je la fais simplement découvrir à ceux que cela peut intéresser, désireux d'aller à la rencontre d'eux-mêmes. J'explique ici quel en est le concept.

1. Présentation de la méditation des Coeurs Jumeaux, concept

<u>Pourquoi « Coeurs Jumeaux » ?</u>

La « méditation des deux coeurs » fait référence au chakra du centre du coeur, centre de la compassion, de la joie, du pardon et au chakra de la couronne qui se réfère au coeur divin, à l'illumination et à l'unité divine.

Afin d'atteindre l'illumination, le chakra de la couronne, situé au sommet de la tête, doit être pleinement activé. Ceci ne peut se faire que si le chakra du coeur est aussi activé. En utilisant ces deux chakras pour bénir la Terre entière, celui ou celle qui pratique la méditation des Coeurs jumeaux devient un canal d'énergie spirituelle. Cette énergie se distribue dans les chakras.

Ainsi, cette méditation développe l'intuition, la connexion avec le Divin, ouvre le chakra du coeur, de la couronne. En la pratiquant régulièrement, notre énergie devient plus forte et nous équilibrons notre corps physique, émotionnel et mental.

Prière de saint François d'Assise

La méditation des Coeurs Jumeaux est basée principalement sur la prière de saint François d'Assise. C'est une bénédiction pour la Terre et ses habitants, qui met en application le principe « c'est en donnant que l'on reçoit ».

Envoyer de l'amour sur la Terre en la visualisant face à soi, en dirigeant nos paumes de mains vers elle, envoyer de la lumière, bénir notre Terre avec amour, joie, chaleur, tendresse, abondance, prospérité. Créer l'unité avec le tout, voir le positif, le beau, quand tout est négatif. Aider les gens qui souffrent, qui sont déprimés. Aider la Terre à se purifier et à se régénérer. Bénir la Terre avec paix, harmonie.

Voici une partie du texte de la prière de saint François utilisée :

« Seigneur, fais de moi un instrument de ta paix.
Là où il y a la haine, que je mette l'amour.
Là où il y a l'offense, que je mette le pardon.
Là où il y a le doute, que je mette la foi.
Là où il y a le désespoir, que je mette l'espérance.
Là où il y a les ténèbres, que je mette ta lumière.
Là où il y a la tristesse, que je mette la joie. »

Bienfaits de la méditation

Notre énergie circule mieux, nous sommes moins stressés, le coeur s'ouvre. Je me suis rendu compte, au fil du temps, que nous profitons de ce que nous envoyons à la Terre. Je me suis sentie de plus en plus joyeuse, avec des pensées bienveillantes, généreuses, je suis moi-même plus apaisée. Ce que l'on fait pendant la méditation s'ancre en nous. Ce que l'on fait pour la Terre se répercute sur nous. Nous donnons de l'amour, nous avons de l'amour. Nous envoyons de la gentillesse, nous recevons de la gentillesse. Pendant la méditation, nous sommes vraiment dans une bulle de sérénité. Souvent, on ressent l'énergie dans les mains, même les personnes qui n'ont jamais pratiqué.

Voici les bienfaits de la méditation des Coeurs Jumeaux de manière synthétique :

1. active le chakra du coeur et le chakra couronne ;
2. active les chakras des mains, bien pour les thérapeutes ;
3. aide à réduire le stress, les angoisses ;
4. permet de se centrer ;
5. augmente notre énergie vitale ;
6. aide à une meilleure clarté de l'esprit ;
7. améliore la santé physique, émotionnelle, mentale ;
8. nous purifie énergétiquement ;
9. augmente la dimension de l'aura ;
10. améliore nos relations avec nos proches ;
11. permet d'arriver à l'Illumination, augmente la connexion au divin.

Pour bénéficier de tous ces effets, il faut pratiquer régulièrement. Dans ce cheminement, méditer ne suffit pas. Maître Choa Kok Sui recommandait aussi un travail personnel pour développer un bon caractère, des vertus telles que la compassion, la générosité, l'honnêteté.

2. Mon expérience personnelle de la méditation

La méditation a changé ma vie. Elle m'a donné la force d'entreprendre, de faire des choix, les assumer. J'en ai ressenti les bienfaits, c'est pour cela que j'en suis venue à la pratiquer régulièrement.

Beaucoup de personnes pensent que méditer est très difficile. Je pensais aussi que ce serait dur de tenir des positions compliquées, mais ce n'est pas le cas. En fait, cette méditation est plus simple que je ne l'avais imaginée.

Après mon premier essai, j'ai eu envie de recommencer rapidement car j'ai aimé sentir l'énergie, j'ai trouvé cette méditation belle. Je me suis sentie bien, dans un état de profonde relaxation. Pendant la méditation, il faut observer un moment de silence d'environ trois minutes pour faire le vide, lâcher prise. Au début, je n'arrivais pas à me laisser aller, j'avais plein de pensées sur ma journée, les choses que j'avais à faire, les questions que je me posais. Petit à petit, j'ai réussi à libérer mon esprit. À partir de là, j'ai vu de belles images. Je n'avais plus envie d'ouvrir les yeux. Quelquefois j'ai des images, d'autres fois non. Ce n'est pas systématique.

La première fois que j'ai médité, j'avais envie de rire, j'avais du mal à me concentrer, garder la position, les yeux fermés. J'appréhendais, à cause de l'image que je m'en étais faite, mais c'est devenu facile.

Lorsque je médite, je fais un petit voyage, loin de tout. Au fil du temps, j'ai senti les changements sur moi. Mon intuition s'est développée, j'essaie d'être plus à l'écoute, plus indulgente, dans le partage. Il y a des moments où je fais des pauses, car je n'ai pas envie, je ne suis pas courageuse, mais très vite, je sens le stress reprendre sa place, et la méditation me manque.

Ce que je pensais être un devoir est devenu un plaisir. La méditation fait maintenant partie de mon quotidien. Je pratique régulièrement. Quand je pense que c'était juste pour essayer la première fois, presque un jeu ! Je ne pensais pas m'y mettre aussi facilement et devenir assidue. Je ne m'attendais pas non plus à ces effets, à cette évolution. La méditation me fait voyager dans mon intérieur.

Il m'est aussi arrivé de pleurer pendant la méditation, ou après. Le but étant d'ouvrir le coeur, s'il y a des émotions trop lourdes qui pèsent, elles finissent par être libérées.

Je pense que si ma vie a changé, c'est grâce à cela. J'ai changé ma façon d'être, de percevoir, ma vision des gens, le regard que je porte sur les situations. Je gère mieux les conflits, les mauvaises nouvelles, les difficultés. J'arrive maintenant à voir le bon en toutes choses dans les épreuves.

Je pense que l'énergie que je donne pendant mes soins a changé aussi, elle est plus forte, j'ai de bien meilleurs résultats. J'ai fait découvrir cette méditation à des personnes de mon entourage, à des inconnus, des patients, qui en ont ressenti de nombreux bienfaits.

Maintenant, c'est mon but de la faire découvrir, car pour moi c'est un bel outil dont je me suis servie, que j'ai expérimenté, et qui apporte beaucoup. J'ai envie de donner à chacun cette chance, telle que je l'ai eue. Je ne connais pas toutes les méthodes de méditation, mais je sais ce que celle-ci m'a apporté. J'espère qu'il en sera de même pour ceux qui vont la découvrir.

Nous avons tous des hauts et des bas. En ce qui me concerne, méditer m'a aidée à affronter les périodes dures différemment, avec plus de force. Les temps où l'on va mal durent moins longtemps. Cela dépend aussi de notre force intérieure. Nous avons tous des capacités différentes pour affronter les situations difficiles. Pour certains, il faudra plus de temps avant de sentir les effets.

Maintenant, je dédie tous les jours du temps à la spiritualité, même si je ne médite pas, à remercier, envoyer de la lumière, de l'énergie, me recentrer, respirer, faire quelque chose de bien, aider une personne, donner un soin en fonction de mes possibilités. Je récite un mantra, une prière, je fais une liste de gratitude...

Je me sens de plus en plus guidée et il m'arrive de plus en plus de belles choses, de belles rencontres.

Vous trouverez sur Internet de nombreuses informations sur cette méditation. Master Choa Kok Sui voulait qu'elle soit accessible à tous. Lisez bien les précautions mentionnées, comme s'abstenir pour les femmes enceintes, les personnes atteintes de glaucomes, de troubles cardiaques.

VI – Technique du pardon

J'ai appliqué cette technique à de nombreuses reprises, avec des amis, ma famille, des collègues et comme je l'ai raconté dans le passage avec Aurélie, j'ai pu me réconcilier avec ma chère amie. J'ai vraiment vu des tensions s'apaiser lorsque j'ai pardonné, j'ai ressenti à chaque fois un grand soulagement, ma colère se dissiper. Il n'est pas dit que cela suffise pour vous réconcilier avec une personne, néanmoins cela peut apaiser vos âmes, et si des personnes sortent de votre vie, vos deux âmes seront apaisées et le lâcher-prise sera plus facile.

Mes parents étaient soucieux, la voisine ne leur parlait plus et leur posait souvent des problèmes. C'était une personne colérique. Je sentais que cette situation pesait vraiment sur mes parents. Je suis allée dans ma chambre, j'ai fait l'exercice du pardon avec leur voisine. J'ai pardonné à son âme pour ce qu'elle faisait. Ensuite, j'ai prié pour elle, demandant à ce qu'elle soit apaisée. Si elle était en colère, elle souffrait sûrement. J'ai fait cet exercice plusieurs fois. Peut-être deux semaines plus tard, elle s'est adoucie avec mes parents, ils ont recommencé à se saluer.

Pardonner, c'est laisser partir. Mais laisser aller la situation, cela ne veut pas dire tout accepter. Cela n'empêche pas de rester dur et ferme avec quelqu'un, lui dire ce que l'on pense, remettre de l'ordre, car on ne peut pas cautionner les actes négatifs.

Voici des exercices simples, pour savoir comment pardonner, ou comment vous faire pardonner.

1. Pardonner aux personnes qui vous ont fait du mal, trahi, etc.

Cet exercice libère vraiment, et peut générer du bon karma si on le fait sincèrement.

Fermez les yeux, pensez à une personne à pardonner qui vous a blessé. Visualisez cette personne en face de vous. Visualisez-vous en train de lui dire :

« Je suis sûr que ton coeur ne voulait pas me blesser (ou les termes que vous sentez plus appropriés). Je te pardonne, je bénis ta vie avec tout ce qui est meilleur pour toi, l'amour, la prospérité, la joie, la santé. Ainsi soit-il. »

Puis, imaginez-vous couper le lien qui vous unit à cette personne. Lâchez prise, laissez aller.

2. Demander pardon à une personne que vous avez vous-même blessée.

Fermez les yeux, visualisez la personne à qui vous souhaitez demander pardon. Mentalement, imaginez-vous lui dire :

« Je t'assure que mon coeur ne voulait pas te faire de mal (ou les termes que vous sentez plus appropriés). Je te demande pardon, humblement. Je bénis ta vie avec tout ce qui est meilleur pour toi, l'amour, la prospérité, la joie, la santé. Ainsi soit-il. »

Puis imaginez-vous couper le lien qui vous unit à cette personne. Lâchez prise, laissez aller.

N'hésitez pas à faire cet exercice tous les jours, si c'est très important pour vous, ou plusieurs fois dans le mois. Faites-le avec autant de personnes que vous le souhaitez, jusqu'à ce que vous sentiez le résultat. Vous devriez vite noter les changements avec les personnes concernées. Lorsque vous faites ces exercices, ressentez vraiment intérieurement ce que vous faites, ce qui se passe, prenez votre temps pour bien pratiquer ce pardon, avec sincérité, pour bien couper le lien. Faites-le avec le coeur, laissez votre être s'imprégner de ces sentiments, des sensations d'apaisement, de réconciliation, d'amour.

Cette technique peut aider par exemple à apaiser votre âme et celle d'une personne, lorsque l'une des deux ne veut pas sortir de la vie de l'autre. La technique du pardon peut aider à lâcher prise facilement, et la personne que vous aurez blessée sera en paix. Lorsque vous aussi aurez demandé pardon, vous ne vous sentirez que mieux, regardez-vous dans le miroir, vous verrez si vous aimez le reflet que vous voyez !

Je profite de ce passage pour, moi aussi, demander pardon aux personnes blessées, que j'ai quittées, fait souffrir, laissées sur le chemin, dont je me suis détachée.

Je suis loin d'être parfaite, mais tout cela faisait partie de mon cheminement.

BIBLIOGRAPHIE

Grâce aux lectures, j'ai appris beaucoup. J'ai parfois relu des livres à différents moments, j'ai compris et appris des choses, que je n'étais pas prête à voir avant. En lisant, j'ai le sentiment d'étudier, d'avancer, je remarque mon énergie changer. Par exemple, en lisant des livres sur le succès, je me sens plus prospère. Je m'imprègne de l'énergie de chaque livre. Voici quelques-uns des ouvrages qui m'ont ouvert des portes.

- Paramahansa Yogananda, Autobiographie d'un yogi, Comment rencontrer le succès.
- Master Choa Kok Sui, Réaliser l'impossible, La Transformation créative, La Guérison pranique.
- Rhonda Byrne, The Magic, The Power, The Secret.
- Docteur Wayne W. Dyer, Le Pouvoir de l'intention.
- Eileen Caddy, La Petite Voix.
- Jacques Salomé, Le Courage d'être soi.
- Torkom Saraydarian, Spring of Prosperity, Joy & Healing.
- Daniel Sévigny, Pensez, gérez, gagnez.
- Paulo Coelho, L'Alchimiste.

HOMMAGE À MASTER
CHOA KOK SUI

Découvrir les enseignements de Master Choa Kok Sui fut l'une des découvertes les plus enrichissantes de ma vie. Je considère comme un privilège d'avoir bénéficié de ses cours : yoga arhatique, guérison pranique, kryashakti. Ses enseignements sont précieux, il reprend les préceptes d'anciens grands maîtres, qu'il a modernisés pour les rendre accessibles au plus grand nombre.

J'ai bénéficié de ses cours par l'une de ses disciples, et par Daniele, aussi son disciple qui a eu la chance de le connaître. Je n'ai pas eu cette chance car il a quitté son corps physique. Au travers des méditations, parfois je le vois, je le sens proche de moi.

Grâce à ses enseignements, j'ai la vie que je souhaite, les changements ont été possibles, je me suis trouvée. À Master Choa Kok Sui… Merci, Namaste[17].

---

17 *Namasté est une forme de salutation, signifiant : « Je reconnais le divin en vous, je m'incline devant vous, je salue vos qualités divines. » Dans certains pays, selon la tradition, on utilise Namasté pour dire bonjour, au revoir ou merci. Dans ce cas, on joint les mains devant la poitrine en s'inclinant légèrement.*

REMERCIEMENTS

Je dédie ce livre à toutes les personnes rencontrées dans ma vie, celles qui m'ont aimée, celles qui m'ont aidée à devenir moi-même, qui m'ont accompagnée dans mon cheminement, celles avec qui j'ai partagé de beaux moments. Je remercie aussi celles qui ont semé des obstacles mais m'ont permis de grandir et de sortir ce qu'il y avait de meilleur en moi : la compassion, la force, la détermination.

Merci à Daniele qui partage ma vie depuis plus de trois ans, me donne beaucoup d'amour et de bonheur, me soutient, me conseille, me fait rire. Ensemble nous passons des caps, apprenons, évoluons. Merci de m'avoir fait découvrir la méditation, les riches enseignements de Master Choa Kok Sui. Merci pour son amour dans les difficultés, il n'a jamais cessé de me porter vers le haut... On dit souvent que derrière un grand homme se cache une femme, en ce qui me concerne, c'est un grand homme qui se cache derrière moi.

Je rends hommage à Master Choa Kok Sui, car grâce à ses enseignements j'ai su faire face aux changements dans la sérénité. J'ai découvert de merveilleux outils.

Merci à ma famille, qui m'accompagne, me donne tout ce qu'elle peut, me comprend.

Merci à ma bonne étoile, à mes guides, d'avoir

toujours mis les bonnes personnes sur mon chemin, au bon moment.

Merci à tous mes amis présents, et à ceux qui se sont éloignés : Aurélie et Stéphanie, Audrey, Caterina, Christèle, Mylène, Ilaria, Carole, Sandrine, Sylvain, Sophie et Vince, Fred, Laure, mes amies de TF1, Pierre, Sophie, Alexis, Emily, Yvan, Emmanuel, Emma, et bien d'autres. Malgré mon absence, merci à ceux qui m'ont comprise, pardonnée et aux autres, merci aussi de m'avoir aidée dans les étapes de mon cheminement.

Merci à tous les thérapeutes avec lesquels j'ai travaillé pour être mieux avec moi-même, qui m'ont débarrassée de certains blocages, m'ont mise sur la voie de la lumière et de ma mission de vie : Sylviane Desgens (Reiki), Nicolas Mauran (rêves), Chloé Chauvin (réflexologie), Stéphanie Casanova (soins énergétiques).

Merci à mon coiffeur, David Fabre, grâce à qui j'ai enfin les cheveux longs !

Merci à Véronique Vacelet pour ses conseils intuitifs.

Je remercie les chevaux, car ma rencontre avec eux, leur amour, a tout fait basculer. Merci pour les beaux moments partagés.

Je remercie Hubert et Angeline Bouteloup qui m'ont apporté leurs connaissances des chevaux pour les comprendre, être avec eux, partager de merveilleux moments. Ils m'ont donné temps et patience, m'ont formée pour que mon rêve devienne réalité. Merci à tout le groupe qui m'a merveilleusement accueillie, avec qui j'ai vécu de très beaux moments : Delphine, Philippe, Yvon, Chloé, Claudine, Christine, Ronan, Caro.

Merci à Alexandra et Éric, du centre Vital, qui m'ont laissé ma chance pour débuter en réflexologie et m'ont présenté de nombreuses personnes.

Merci à Emily Caranoni de Cannes qui a cru en moi, a tout fait pour que je vive de belles choses lorsque je venais, pour que j'aie une clientèle. Elle a toujours vanté mes compétences, m'a soutenue, aidée avec la presse.

Merci à l'équipe d'Energie Italie (Elena, Davide, Loretta, Antonello) qui m'a donné l'opportunité d'écrire mes premiers articles, m'a donné le goût d'écrire et m'a transmis les enseignements de Master Choa Kok Sui.

Merci à la famille de Daniele pour son soutien.

Merci à mes anciens employeurs, pour leur confiance, aide, patience.

Merci à Gilles, mon confrère réflexologue, qui m'a encouragée dans ce que je fais.

Merci à son ami Jimmy du Canada, pour sa générosité en m'offrant un soin aux bols tibétains, à un moment où je n'avais pas le budget.

Merci à Gilles Valentin, qui m'a donné de merveilleuses séances de shiatsu, et m'a remise en forme quand j'en avais besoin.

Merci à mes clients avec qui je partage beaucoup, qui m'ont suivie dans mes aventures.

Merci aux personnes qui m'ont coachée, Alix,

Dimitri, Chris Blouming.

Merci à Gary Quinn, pour son énergie super positive, avec le YES.

Merci à M. et Mme Chenot de m'avoir merveilleusement bien reçue à Merano.

Merci à Florence Haxel et à son super site « Mes Bonnes Copines », grâce auquel j'ai fait plein de belles rencontres, j'ai pu agrandir mes ateliers de méditation, recevoir de l'aide pour le livre, faire de supers échanges. J'invite les filles à s'y inscrire !

Merci à Piya pour ses bénédictions du Golden Mount.

Merci à Anne Sauvayre, Liliane Crapanzano, Joëlle Ratsimbazafy pour leurs corrections, conseils, implication dans le projet.

Merci à Sylvaine Reyre – qui anime les ateliers d'écriture « À Mots Ouverts » – pour sa touche finale dans le remaniement et les corrections du livre.

Merci à ma plus fidèle cliente, Monique Sauvayre, de me suivre, me conseiller.

Merci à Nathalie Thomas, pour la couverture du livre, pour ses illustrations, qui ont rendu ce projet vivant avant qu'il ne soit concrétisé.

Merci à toutes les personnes de l'hôtel Cala Luna (Francesco, Tiziana, Serenella, Madellena, Ilaria) pour leur accueil, leur amitié et pour m'avoir permis de m'installer sur cette merveilleuse terrasse pour pratiquer la réflexologie. Merci de m'avoir aidée dans la promotion de mon activité.

Merci aux habitants de Cala Gonone qui se sont occupés de moi, que j'aime.

Merci pour tous les cadeaux reçus dans ma vie.

Merci aux auteurs dont les ouvrages m'ont aidée.

Merci à Philippe d'avoir déclenché certains changements.

Merci à toutes les personnes qui m'ont envoyé plein de messages d'encouragement pour aller jusqu'au bout. Merci aux personnes que je ne connaissais pas, ou depuis peu, qui se sont impliquées et qui ont investi dans le livre.

Ce projet a pu aboutir grâce à l'oeuvre d'un groupe, grâce à l'énergie du groupe. Seuls nous n'avançons pas de la même manière. On avance mieux à plusieurs et c'est si bon de partager.

Merci donc à tous ceux qui ont participé à ce livre par leurs conseils, critiques, relectures, soutien. De nombreuses personnes ont consacré du temps à le relire, d'autres m'ont donné des contacts. Je suis ravie qu'il voie le jour de cette manière, dans l'entraide. J'ai été très chanceuse.

Que les personnes non citées m'excusent.

Pour tous ceux qui ont cru en moi : merci du fond du coeur.

Merci à tous ceux qui ont participé au financement de ce livre, et qui m'ont soutenue sur Mymajorcompany :

- Daniele Ruccia
- Sophie Carivaud-Rivou
- Aurélie Gasnot
- Émilie Caranoni
- Antonio Ruccia et Federica Bonadeo
- Caterina Petinati
- Francesco et Vittoria Ruccia
- Debbie Vandermulen
- Pierre Baillet
- Marie-Gladys Descamps
- Sophie Guenat
- Anne Brachet
- Yvan Chauvel
- Valentina Voigt et Andrea Pizzirani
- Alexis Seigneurin
- Emmanuelle Revelut
- Françoise et Claude Mustel
- Emily Moglia
- Geneviève Leclercq
- Nicolas Duran
- Béatrice et Daniel Arnoult
- Nathalie R.
- Melvin Mustel
- Christele Naegele
- Jessica Martowiez
- Sylvie et Jean-Noël Putois

- Sophie et Vincent Manguin
- Cassandra Thébault
- Audrey Heraud
- Nicolas Mauran
- Linda Koudia
- Adeline Palamaringue
- Cindy Nabias
- Antonio Kin-foo
- Florence Parriel
- Nathalie Parsy
- Alexandra Lecocq
- Éric Van Wely
- Philippe Ziegler
- Patrick Samyn
- Laurent Piovesan
- Jean-Philippe Serrano
- Annick Van Kerckhoven
- Elena et Davide Cortesi
- Gilles Valentin
- Serenella Marongiu
- Ilaria Masala
- Laure Baixas
- Chris Blouming
- Jai-Jagdeesh Khalsa
- Lionel Bard

Nous sommes l'auteur de notre vie,

nous en écrivons l'histoire, les personnages,
les chapitres.

Nous donnons un sens à l'histoire, nous y mettons les
rebondissements, de l'amour, nous

créons des attachements.

À nous de choisir ce que sera le livre de notre vie.

J'ai réécrit l'histoire de ma vie, écrivez la vôtre !

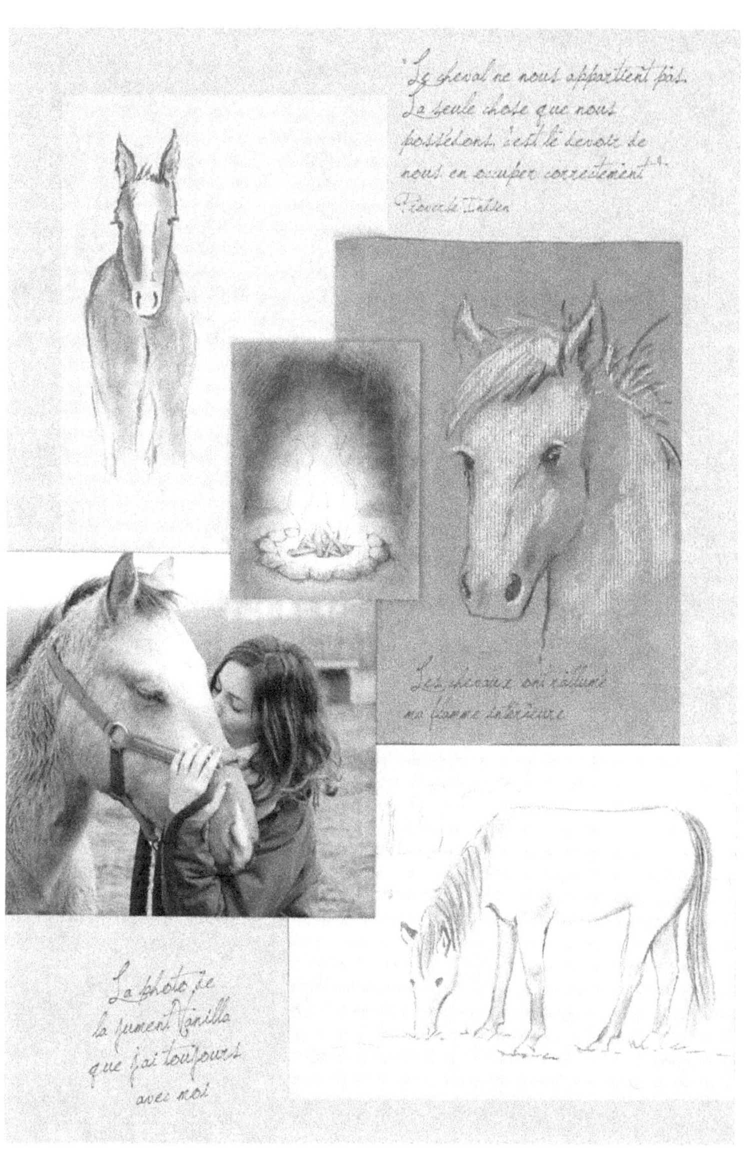

"Le cheval ne nous appartient pas. La seule chose que nous possédons, c'est le devoir de nous en occuper correctement".
Proverbe Italien
Les chevaux ont rallumé ma flamme intérieure
La photo de la jument Vanilla que j'ai toujours avec moi

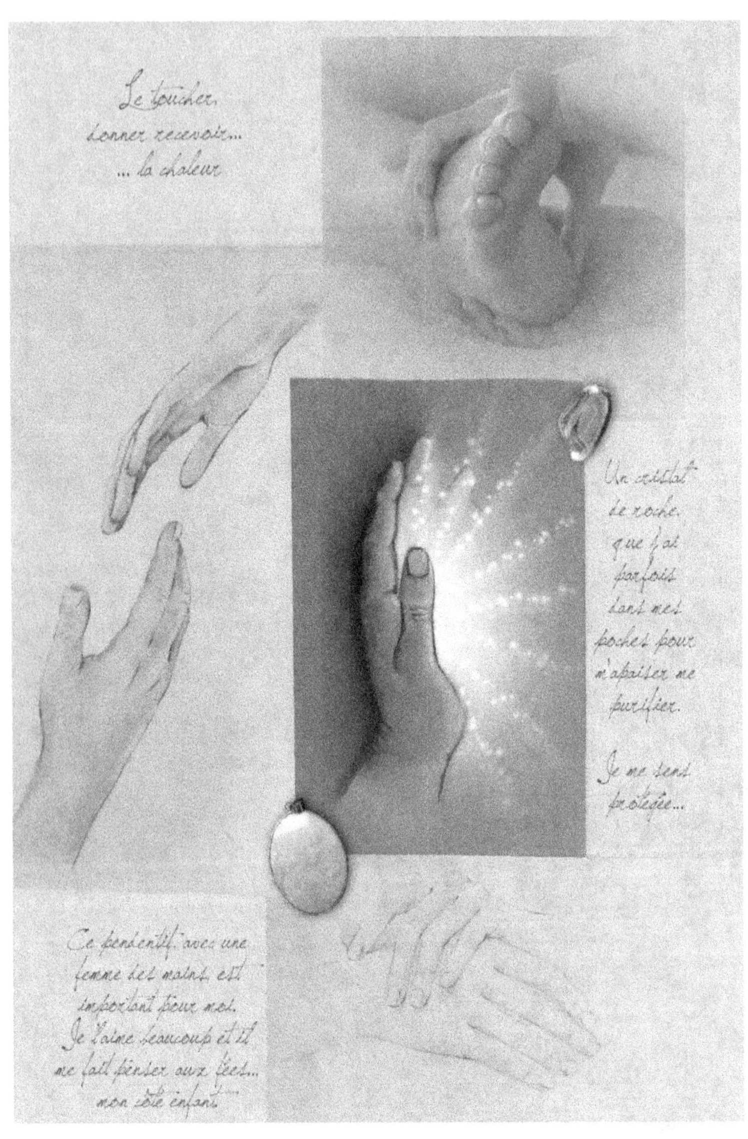

Le toucher,
donner recevoir...
... la chaleur
Un cristal
de roche
que j'ai
parfois
dans mes
poches pour
m'apaiser me
purifier.

Je me sens
protégée...
Ce pendentif avec une
femme les mains est
important pour moi.
Je l'aime beaucoup et il
me fait penser aux fées...
mon côté enfant

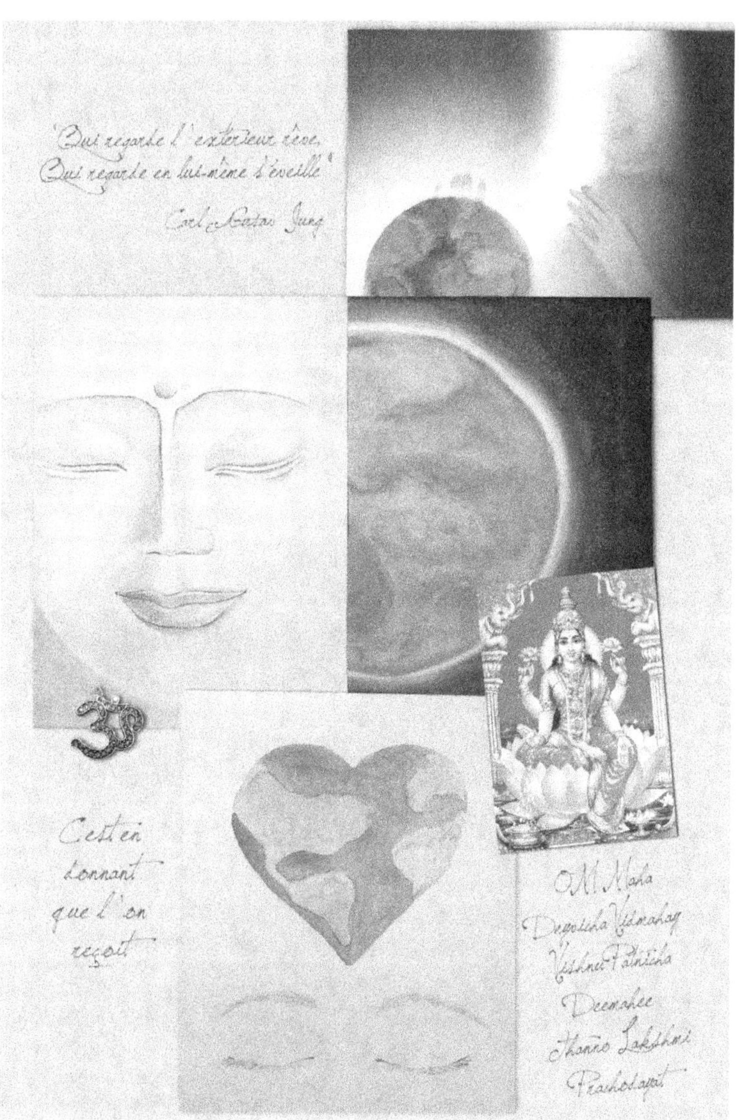
"Qui regarde l'extérieur rêve,
Qui regarde en lui-même s'éveille"
Carl Gustav Jung
C'est en
donnant
que l'on
reçoit
OM Maha
Deepicha Vidmahay
Vishnu Patnicha
Deemahee
Thanno Lakshmi
Prachodayat

363

Cala Gonone,
un lieu magique...
"Un pas
à la fois
me suffit"

Gandhi

Le Golden Mount...

J'étais très impatiente de
découvrir ce lieu, de monter
les marches pour y accéder.

J'ai aimé tout de suite
cet endroit.